回归本源
规范发展

——第二届财富管理征文大赛作品汇编

中国银行业协会理财业务专业委员会　编

社会科学文献出版社

SOCIAL SCIENCES ACADEMIC PRESS (CHINA)

回归本源 规范发展
第二届财富管理征文大赛作品汇编
编委会

前　言

我国银行理财业务经过十余年的发展，在支持实体经济转型、满足老百姓财富管理需求和促进金融市场稳定发展等方面发挥了积极的作用，已成为经济社会发展不可或缺的重要金融业态之一。并且银行理财业务也随着监管力度的持续加强，按照监管导向有序进行调整，逐步趋于更合理、更可持续的发展态势。截至 2017 年末，我国银行业金融机构理财产品存续余额 29.5 万亿元，同比增长 2%，增幅同比下降了 22 个百分点。其中，同业理财规模比年初净值减少 3.4 万亿元，降幅达 51%。同时，商业银行风险合规经营意识进一步加强，理财业务向回归本源、规范健康发展。但在业务规范方面也存在一些不容忽视的问题，如有些产品结构设计复杂、嵌套投资、杠杆偏高、业务运作不够规范、信息披露不够充分，以及尚未实现在卖者有责基础上的买者自负等，引起国内外高度关注。

党的十九大做出中国特色社会主义进入新时代、我国社会主要矛盾已经转化为人民日益增长的美好生活需要和不平衡不充分的发展之间的矛盾等重大政治论断。全国金融工作会议要求银行业金融机构必须加快回归本源、更加专注主业，把防范风险放在更加重要的位置，为新形势下银行理财业务转型提供了根本遵循，也将带来理财业务发展新机遇。然而，银行理财在产品形态、投资管理、风险管控、投研能力等方面也面临转型的重大挑战。这就需要银行理财工作积极适应新形势，把握机遇，应对挑战，进一步提升理财业务管理水平，回归本源，服务实体，为客户提供更加多元化的金融服务，实现业务合规经营、稳健发展。

面对新形势下银行理财转型发展新趋势，为了更好地落实银监会关于加强对理财业务规范指导、促进理财业务健康发展的有关要求，中国银行业协会联合《中国银行业》杂志举办了第二届财富管理征文大赛评选活动。本次活动得到了会员单位的积极响应和踊跃参与,共收到了1000多篇参赛稿件,经专家评委认真筛选、初评、终评,最终有120篇优秀稿件脱颖而出。获奖征文各抒己见,从不同层面为银行财富管理转型发展献计献策,字里行间展现了商业银行以客户需求为导向,为客户实现资产配置和财富保值增值目标的服务亮点,以及引导投资者树立投资风险意识,促进资产管理业务规范健康发展所做的不懈努力,这也正是本次征文活动的意义所在。

征文大赛是中国银行业协会深入学习宣传贯彻党的十九大精神,坚持与时俱进,促进新时代银行财富管理业务健康发展的一项重要举措。文可载道,以用为贵。为加强各会员单位之间的交流学习,我们精选了58篇具有代表性的获奖征文,按照国内外财富管理研究、财富管理转型与实践、资产配置策略、业务创新与服务、私人银行研究和投资者教育六大专题汇集成本书,以飨读者。希望本书的出版,使更多的金融从业者分享到科学的财富管理创新理念、资产管理转型发展的新探索,以及业务创新、风险防范和投资者教育的成功经验,并抓住新时代财富管理发展新机遇,主动适应监管趋势,加强合规建设,推进转型,回归本源,为全面建成小康社会提供更加有力的金融支持。

中国银行业协会

2018 年 1 月

目　录

国内外财富管理研究

财富管理转型与实践

资产配置策略

业务创新与服务

私人银行研究

投资者教育

国内外财富管理研究

我国商业银行公司理财业务的相关研究及建议

国家开发银行辽宁分行　孙抒音

随着利率市场化改革不断深化，商业银行以存贷利差为主要利润来源的赢利模式受到很大冲击，金融服务市场逐渐由卖方市场转变为买方市场。传统存贷业务不断萎缩迫使商业银行加快战略转型，从经营存贷款等重资产业务向发展理财、托管等轻资产中间业务转变。作为中间业务收入的一个重要来源，公司理财业务逐渐成为商业银行中间业务收入新的增长点。

一　公司理财业务的含义及发展历程

广义的公司理财业务包括理财顾问业务和理财产品销售，即商业银行向公司客户提供理财管理所涉及的账户管理、收付款、资金结算、投融资、风险管理、金融信息咨询等各种金融服务。而狭义的公司理财业务则特指商业银行向公司客户发行设定结构的理财产品。本文所讨论的公司理财业务泛指广义上的为公司客户提供各种综合金融服务。

我国商业银行公司理财业务从 2004 年发展至今，共经历了三个重要阶段。初期阶段（2004~2007 年）以利率类产品为主，结构类产品主要投资于国内外货币市场；调整阶段（2008~2009 年）于国际金融危机爆发后出现，产品趋向稳健保守，保本类产品销量大幅增加；加速发展阶段（2009年至今），此阶段银信合作产品走红，投资范围进一步拓宽至同业存款、委托贷款，与货币市场、衍生品市场的连接更加紧密，销量余额迅速增长，投资理财需求有增无减。

二　我国商业银行开展公司理财业务面临的机遇

（一）商业银行向综合化经营转型成为必然选择

随着我国全面深化改革步伐加快，商业银行面临的市场环境也在不断改变。利率市场化改革不断深化使商业银行以存贷利差为主要利润来源的赢利模式受到冲击，传统存贷业务不断萎缩，商业银行向综合化经营转型已成为必然选择。为了保持利润的稳定增长，商业银行只有不断进行业务创新，增强自身竞争力，寻找新的利润增长点。中间业务以其客观、来源广泛的手续费及佣金收入成为商业银行追逐的焦点。其中，公司理财业务作为商业银行中间业务的重要组成部分，是银行优化资产负债表、提高中间业务收入、留住客户、实现商业银行战略转型的重要途径。公司理财业务将使商业银行中部分存款转化为理财资金，使负债规模缩小，表外资产比重上升，商业银行的利润结构将发生较大变化，改变过去在资产运用中以贷款为主的赢利模式，提高了非利息收入。经统计，2016 年我国银行业非利息收入平均占比 30.27%，比 2015 年的 24.35% 上升了 5.92 个百分点。这对提高手续费及佣金收入等非利息收入占总收入的比重，对商业银行改变经营模式、扩展赢利渠道意义重大，是我国商业银行向综合化经营转型的必然选择。

（二）企业客户金融服务需求多元化和个性化

企业客户由于资金规模、资金结构以及风险偏好不同，形成了多元化、个性化金融服务需求。企业在创业初期，对银行的业务需求以融资为主，银行根据不同企业的信用等级和抵押担保情况，给予不同额度的授信；企业的日常经营则需要银行提供账户管理、现金存取、本外币结算等金融服务；待企业发展到一定规模，除了必备的流动资金外，将会产生一部分剩余资金，为了提高资金使用效率，企业势必会为闲置的资金寻求出路。如果将闲置资金作为企业存款存放在银行，利息收益较低，资金使用效率不高。如果将闲置资金投资股票、债权、基金等资产，企业则需要专门的人才在投资品种繁多的资本市场进行运作，不仅耗费人力、物力，而且面临的风险较大。商业银行的公司理财业务可以使企业的闲置资金获得比银行存款利率更高的收益，而相对于企业直接投资股票、债券等资产，商业银行有专门的团队进行资产管理，风险相对较低。为了实现资本有效配置，提高闲置资金使用效率，企业客户对商业银行的理财业务有着迫切的需求。

三 我国公司理财业务存在的问题

（一）刚性兑付环境

"刚性兑付"是我国理财市场面临的普遍问题。"刚性兑付"的实质是商业银行无法将公司理财产品的风险和实际收益情况传递给企业。企业认为商业银行发行的理财产品不应该存在收益甚至本金损失的可能，理财产品到期后，商业银行必须分配给投资者本金和预计的收益。这种刚性兑付环境，不利于我国商业银行公司理财的发展。

（二）以产品导向为主

目前我国的公司理财市场仍处于"产品导向"阶段，虽然国内商业银行较早地提出了"客户需求导向"的经营理念，但在实际操作中仍以销售设定结构的理财产品为主要目的，不会根据企业客户的预期收益、风险偏好、财务状况，为其量身定制专业的理财方案。

（三）产品同质化严重

目前商业银行的理财产品大同小异，产品同质性强，商业银行间互相模仿，一家银行推出的理财产品，在短期内就会被其他银行所模仿，许多银行的理财产品只是名称不同，实质内容基本相似，理财产品市场整体缺乏新意。在企业理财产品的开发过程中，商业银行基本上起到营销管道和平台的作用，作为合作方的代理商，在整个理财产品业务链中的中下游，产品附加值较低。

（四）专业人才缺失

公司理财业务是一项高技术含量的综合性金融服务，涉及外汇市场、期货市场、股票市场、债券市场等多个领域，需要从业人员不仅具备广泛的金融专业知识，熟悉各类金融产品和投资工具的操作技巧以及对金融市场的风云变化具有敏锐的洞察力，更要有良好的个人信誉。但目前国内商业银行拥有的理财团队普遍存在专业化程度不高、产品设计能力不足的问题，对不同的客户难以量身打造定制理财方案，影响了我国商业银行公司理财业务的发展。

四　解决我国公司理财业务问题的对策建议

（一）充分信息披露

商业银行在公司理财产品销售过程中，应严格按照《商业银行理财产品销售管理办法》的相关要求，规范自身的销售行为；要将理财产品的风险提示放在首位，充分揭示理财产品的各类风险，提高客户风险认知水平，真正实现"卖者有责，买者自负"；同时，应遵循投资信息充分披露的原则，向企业客户明确说明理财产品的投向，将投资行为的相关事项进行事前、事中和事后的持续性披露，并保证披露信息的真实性、准确性和完整性。

（二）由产品导向转为客户需求导向

商业银行应逐步从单一销售理财产品向提供金融资产管理服务转变。针对目标市场，将企业客户进行细致分层，根据不同客户群体的风险偏好与投资特点，开发新型理财产品并向不同层次的客户发行适合的理财产品。针对高端企业客户，不仅向其销售理财产品，更要根据不同客户的预期收益、风险偏好、财务状况，为客户量身定制专业的理财方案，提升客户满意度，以增值服务提高商业银行的综合收益率。

（三）实现理财产品差异化

理财产品设计和服务只有遵循差异化策略，才能给客户群体与众不同的体验。产品要多样化，产品结构不断完善，避免同质化现象，以满足不同投资者对投资品种、收益率和流动性的差异化需求。商业银行应通过对整个资本市场、理财市场和客户需求的深入研究，设计差异化并富有竞争力的理财产品，建立公司客户理财差异化服务模式，进而有针对性地为企业提供技术含量高、附加值高的综合化理财服务。

（四） 加强专业人才队伍建设

专业理财人员素质高低直接决定了公司理财业务的发展，商业银行应加强专业理财人员队伍的建设。专业理财人员的队伍建设应着眼于以下三个方面：一是要加强现有理财经理的培训。通过培训，理财经理将成为既懂专业金融知识、管理知识，又掌握营销技能，熟悉客户心理的全面人才。二是要建立和完善理财经理认证制度。商业银行应制定和完善相关制度，建立理财人才的绩效激励机制，稳定金融人才，鼓励人才成长。三是要积极引进人才，充实理财管理队伍。可以从证券、保险行业选取优秀的专业人才做兼职理财经理，为客户做好全方位服务。

浅谈财富管理业务的合规性发展

徽商银行铜陵分行　陶　晨

　　笔者是 2016 年调入零售银行部工作的，自此开始接触财富管理这门内容丰富的业务。虽然笔者还是一名财富行当的新兵，但在一年多的工作揣摩和探索当中，也逐渐感受到这门业务的深度、复杂性，尤其在业务的合规性方面，银监部门近些年多次发文进行规范，对财富产品的合规销售管理提出了更高的要求，在这个层次上，还是有一些话要说的。

　　银行业务的合规性要求主要是为了防范多方面的风险，从这几年大的趋势来说，商业银行的理财业务逐渐地从"刚性兑付"向"买者自负"的方向转变。所谓的"刚性兑付"规则，就是金融产品到期后，产品发行方对本金及收益进行隐性担保、兜底处理，也正是因为金融投资市场长期延续这一法律范围以外的规则，所以很多人认为购买"通道性质"的理财产品是稳赚不赔的，特别是银行的理财产品。但是在目前经济形势不太乐观的局面下，市场风险逐渐加大，一旦资本运作出现问题，各方面将面临刚性兑付带来的压力，这是目前银行财富管理业务道德和操作风险不断增加的大背景。

　　作为银行员工，即不是政策的制定者，也无法决定金融行业的走向，能做的就是在本职工作的每一个细节抓好风险控制，使自身操作合乎制度规范。记得曾经下支行检查时，笔者发现一些新上任的理财经理在给客户介绍本行人民币理财产品时，总爱用"利息"这个字眼代替"收益"，用"利率"代替"预期收益率"。经事后询问，他们都觉得这只是口头的习惯说法，但是笔者还是要求他们改过来。的确，这可能只是一个说法、一个词语，但是如果从销售合规的角度去细究，则暴露出很多典型的问题。一是员工受"刚兑"思想影响极深，对理财产品的特性没有真正熟悉理解，风险这根弦很脆弱。二是对于行业规章制度学习不够，或者说学习之后没有付诸细节执行。殊不知以"利息"字眼宣传理财产品，已经有误导销售之嫌了，最终会导致很多客户将理财和存款混在一起，这种言行正在潜移默化地影响客户的投资习惯和理念，应该慎之又慎。这两点也是目前财富管理业务违规事件具体成因的一个写照。

所谓财富产品的销售，一方面是宣传收益，使客户知其利；另一方面便是揭示风险，使客户知其险。风险等级评估和风险揭示永远贯穿财富产品的销售过程，在徽商银行实行银监会规定的"一专双录"制度后，在理财及代销产品销售过程中进行全程录音录像，这就是监管部门对目前金融市场风险最强有力的防控措施。我们无法规避市场潜在的不稳定因素，唯一能做到的就是在日常产品销售当中向客户充分揭示投资理财风险，充分披露投资理财产品信息。风险评估和揭示的过程就是一次投资风险教育的过程，在这当中，任何保证稳赚不赔的承诺都是不合理的，高收益必然伴随着高风险，所有产品逃不过这一铁律。一些客户的风险承受能力差，工作人员却给其推荐偏股型的基金产品；一些客户对产品不了解，工作人员就对产品的风险点加以掩饰，推销不合适的产品以获取单位的产品奖励，这是对投资服务专业性的极大侮辱和背叛，这不仅是违规操作，更是出于自私心态的道德沦丧。

有些员工反映过，"一专双录"实行过后，专业话术销售"双录"环节造成工作效率下降，平均半个小时才能服务一个客户，影响了日均销售量。首先，从最直接的方向去回答的话，事情都是熟能生巧的，在"双录"过程中，疏导客户莫名的紧张情绪，客户就不会有太大压力，我们的专业问题表述精准清楚，客户就不会似懂非懂。根据行业经验，一般"双录"销售的全过程大约有10分钟，对日常营业的影响微不足道。从另一个角度讲，合规与业务发展并非天生的对立，反而对行业的长远发展多有裨益。开展业务实施"一专双录"就是出于对财富队伍专业性建设的考虑，在长期使用专业话术的情况下，相关工作人员就会逐渐形成严谨的业务规范，提升徽商银行的服务形象，服务越是有专业范儿，客户就越是信任你。同时，在向客户揭示产品特性及风险的过程中，理财经理与客户一道进行了对产品的再学习，对于各类产品，无论是保本还是非保本，无论是货币型、债券型还是混合型，销售者本身都会逐渐烂熟于心，只有熟悉了就容易结合客户特征找到营销点，在制度允许的范围内给予客户最好的投资组合建议，"资产配置"便可达成。往常遇到客户的投诉和一些产品销售纠纷，双方往往是各执一词，没证据就会扯不清，高辨析度的"双录"监控系统将销售全过程的影像和声音无一遗漏地记录在案，并能够做到长期保存，将最直接的证据留给了大家，明晰责任，在很大程度上保护了客户和员工的权益。

以上都是从基层销售岗位的角度去谈论的，对一个地区财富业务的管理机构和管理人员来说，其肩上的责任也许更大。一是教导基层员工，引导其进行符合规范的产品销售操作，特别是组织好行内的专业技能培训，提升人员的整体素质，这一点尤为重要。目前，很多员工对于理财及代销产品的销售意识懵懂，今后必须从产品专业知识和行业制度规范两方面去抓培训，双管齐下，员工才会具备合规观念，以产品知识为基础、行业规范为框架，这就是本文标题中所提到的"合规性发展"的应有之义。二是作为管理人员自身来说，手头上有大量的系统录入、流程把控等操作环节。例如，新兴的代销黄金业务如同现金管理，对我们日常的库存操作、货品押运提出了很高的合规要求，只有把管理机构的流程梳理清楚了，各个分支网点的业务才能正常运行。

随着时代的进步和互联网通信技术的快速发展，大量的互联网金融理财平台走进了寻常百姓的生活，这个领域的经营主体不仅包括互联网金融公司、各类网络平台，还包括银行等专业金融机构，可谓鱼龙混杂。在这种情况下，严格市场准入是迫在眉睫的大问题，凡实质上从事法定的特许金融业务的，须一律申请获得相应的经营执照，并长期接受监管部门的监督；社会大众在接触网络理财平台时，也需加强对其准入资格的查验，查验的渠道可由监管部门官方平台提供。对于互联网平台的监管，必须是全流程监管，对于资金的募集、流转和最终使用都要进行监控，就如同近年来提及的金融"一体化监管"以适应混业经营的情况一样，对互联网金融平台的管制也必须加强各监管部门的协同合作，通过平台业务的表面现象观察其业务本质，一方面区分各自职责，另一方面也是为了向社会大众揭露一些违规业务操作的真面目。互联网上的很多理财产品往往具有高风险特点，而监管部门又不能过分打压线上金融资本运作的灵活性，此时应该引入一定的市场操作在一定程度上分担监管压力，同时还不能影响整个线上金融理财业务的蓬勃开展。比如，可以尝试设计针对互联网理财产品的保险品种，它可以是独立的专门针对互联网产品的保险，也可以定位成普通财产险或人寿险种的附加险，而具体的保费支出可以由客户自身资金和理财产品收益两个方面来解决。这种保险的目的就是给客户的理财产品收益附加一定的保障，保险公司按照产品的业绩表现测算出相应的亏损补偿条件，若客户达到规定条件，则可获得一定的亏损补偿，这无疑会将客户、互联网金融平台、保险公司三方有机串联在一起，有利于降低客户投资风险，为资本运作提供更多的变化空间。当然，这可能需要设计很多合规和具体的业务操作细节来解决。

作为一名银行人，其规范性服务就是对广大老百姓的钱袋子负责，效益从合规的销售中产出，风险从严谨的工作中降低，这就是我们的职业规划，让我们共勉之！

新市场形势下资管业务的几点思考

国家开发银行厦门分行　刘　铭　林　凌

近年来，在债券市场不断扩容、银行产品不断创新，以及经济增速减缓背景下的"资产荒"和较宽松货币政策导致通胀预期的多重因素推动下，资产管理业务和理财产品得到了迅猛发展。自 2010 年起，国内的银行理财产品余额已从 2.8 万亿元增长至 2016 年 6 月末 26.3 万亿元（见图 1），增长 8.4 倍，远远超过了债券托管量的增速。此外，资管牌照的放松，使得券商、基金、保险、信托等机构的资管业务得到大举扩张，以及互联网 P2P 的理财形式迎来爆发性增长，保守估计，目前我国金融机构和第三方理财已达近百万亿元的总规模。

图 1　近年来银行理财产品和债券市场增长情况对比

资料来源：中国债券信息网。

在过去数年，央行一直采取"面多了加水，水多了加面"的货币政策，金融机构和金融产品享受由充足货币带来的红利，信贷、债券和理财产品违约概率较小。监管部门对金融创新也采取较为宽松的监管政策，监管手段和强度的变化远远跟不上产品创新速度。由于融资成本相对较低，资管业务对资金投向、流动性管理、杠杆比例、资产负债匹配、投后管理的要求相对宽松，更多的机构将资管业务的重点集中在份额扩张和高收益上。

然而，理财产品在迅猛增长的势头下，隐藏并积累了较多风险。一方面理财产品规则不统一，投资评审不规范，投向横跨银、证、保、信各个领域，债务链层层嵌套，杠杆日益叠加，加剧了风险的传导性；另一方面理财投资人的风险承受能力与投资方向出现了不匹配的情况，而银行理财"刚性兑付"又给自身带来巨大压力。此外，理财产品评估体系依然难言清晰，当一些产品出现违约时，其感染性和涉及性较难预判，易引发更大的风险。

2017 年以来，央行和银监会等银行业主管部门的态度和政策都较以往有大幅度转变，在资金面和监管强度由"宽松"突然转向"收紧"的情况下，以往以规模扩张、追逐高收益的资管业务模式难以为继，新市场形势下的资管业务势必要主动革新，从"拼量"到"提质"，以实现长久的可持续发展。

一 新市场形势——货币宽松周期已近尾声

2017 年 3 月中国人民银行行长周小川在博鳌亚洲论坛上表示，"在实施多年量化宽松货币政策后，本轮政策周期已经接近尾声"，对未来货币政策选择已经给出了明确方向。

（一）从"资产荒"到"负债荒"

2017 年 3 月末，受美国加息、央行减少净投放、季末 MPA 考核等多种因素影响，银行间市场出现了类似 2013 年 6 月的"钱荒"现象。4 月，央行在公开市场连续 13 天暂停逆回购操作，资金维持高度敏感的紧平衡状态。尽管自 2016 年以来银行业饱受"资产荒"的困扰，但仅仅半年时间，市场已经从"资产荒"迅速转为"负债荒"（见表 1）。

表1　新市场形势：从资产荒到负债荒的宏观、微观表现

资产荒	负债荒
实体经济收益率下降	实体经济收益率上升
货币需求下降	货币需求上升
利率下降	利率上升
货币政策宽松	货币政策紧缩
金融资产泡沫（收益率下降）	金融资产泡沫破裂（收益率回升）
房地产价格快速上涨	房地产价格平稳
投资增速下降（企业去杠杆）	投资增速上升（企业加杠杆）
金融部门加杠杆	金融部门去杠杆
通胀下降	通胀上升
资金脱实向虚	资金脱虚向实

这种不寻常的转变，一方面由于当前国内金融市场依然不够成熟，存在制度性和结构性的问题；另一方面资管业务投资最大的市场——债券市场也出现了类似2015年A股市场所出现的问题，投资人变成了投机客，利用金融资产收益可以不依赖未来现金流的做法，依据简单价格上涨的逻辑，在产品嵌套和杠杆叠加的投机中快速累积了大量泡沫。

许多机构的资管业务在货币泛滥的"资产荒"环境下，受利益驱使不断加高杠杆，以理财空转和同业空转进行套利，金融交易链条被显著拉长，交易结构也日益复杂，甚至投资未经评估的高风险"非标债权"，形成了"市场利率下行"→"投资加杠杆"→"利率继续下行"→"提高杠杆率"的恶性循环。在这种"内部空转""以钱生钱"的套利模式下，仅剩不多的高收益金融资产往往短时间内被消灭，金融杠杆不断被加大，实体经济失血严重，"资产荒"愈演愈烈。其最终结果就是另一个极端——货币主管部门政策转向后的泡沫挤压甚至破裂，导致"负债荒"接踵而来。在从"资产荒"到"负债荒"的快速转换中，许多过度逐利的银行资管部门势必面临资金难以为继的巨大压力。

在当前宏观经济和货币政策下，资管业务面临资产与负债端的双重挤压。从激进的跨越式发展、追求余额规模增长和收益率最大化，到维持稳健的平稳发展或许是必须选择的道路。尤其对银行机构来说，资管业务更

要从监管套利的工具回归到"资产管理"的本质，以服务理财使投资人财富保值增值、助力实体经济发展和银行主体经营战略为基本目的。

（二）市场利率趋势上行，资金紧平衡

自 2016 年 10 月以来，市场利率一路上行（见图 2），5 年期国开债收益率从 3% 左右升到 4% 以上，整个市场包括上海银行间同业拆放利率（Shibor）、同业存单的利率皆大幅提高。货币市场波动日益剧烈，2017 年 2 月，7 天回购利率一度超过 5%，交易所国债逆回购 GC001 最高利率达到了 32%。由于更加市场化，银行资管部门融资成本增加的速度远比表内资金成本增加快得多，使得大量短借长投的资管机构面临着与资产端收益率倒挂的困境。

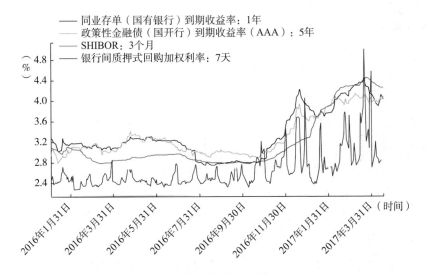

图 2　2016 年以来市场利率走势

资料来源：Wind 资讯。

这次利率上行并非短期波动，而是全球货币政策拐点来临。一是全球经济呈现稳健增长态势，欧洲、美国和日本三大发达经济体的同比增速已连续两个季度保持在 1% 以上，稳健增长的态势已基本确立。特别是欧元区经济增速，在 2016 年达到了 1.7%，首次超过美国。二是全球再通胀压力隐现，2017 年 2 月，美国通胀率（CPI）为 2.7%，显著超过美联储 2% 的目标值；欧元区 CPI 涨幅也于 2017 年 2 月快速上升到欧洲央行 2% 的目标值；日本 CPI 连续 4 个月为正，走出了通缩的泥潭。目前来看，为防止

长期非常规货币政策造成的金融资产泡沫负面效应继续发酵，各国政府对主导利率触底上行的认识已逐渐达成一致。

虽然中国央行短期内上调存贷款基准利率的可能性不大，但其在公开市场操作中主动上调中期借贷便利（MLF）与逆回购利率，货币净回笼的政策取向十分明显，货币政策更加强调中性和边际收紧。从中长期看，资金维持紧平衡、利率中枢逐渐走高的态势基本成定局。

利率大幅上行使得资管机构负债成本的压力大大增加。2016年四季度以来，银行理财产品的收益率已出现持续攀升，至2017年3月，银行理财产品的1年期收益率已经上升到4.5%左右，为近年以来最高水平。而且，不同规模和类型的商业银行理财产品收益率同步大幅上升，此前国有大银行的理财产品收益率显著低于股份制商业银行和城商行，这得益于大型银行的渠道和规模优势，而在此轮收益率上升周期中，大型银行的上升速度超过了其他中小银行，大型银行的收益率折价优势不复存在。

大型银行必须统筹发挥全行表内外资源优势，拓宽融资渠道，充分吸收企业客户资金，极力降低负债端成本，在本轮利率上行周期中取得差异化的竞争力。对银行内部资管架构来说，应为流动性管理部门建立相应的协作和激励机制，将投资收益在部门间合理分配，以鼓励流动性管理部门为资管负债端提供更多的资金支持；对投资标的的表内外综合收益，包括贷款、存款、表内中间业务、资管投资收益等，可考虑进行整体考量评价，全面判断该客户的整体回报率，有利于调动全行资源支持资管业务。

二 新市场形势——金融监管强度大幅增加

近两年，银行理财资金通过资管计划、信托计划等通道，投资各类基金等非标资产的体量逐渐扩大，因理财产品存续期通常低于3年，而非标资产存续期通常为8~10年，二者期限错配易形成资金池。在同业之间，则出现了利用各种金融产品交叉投资、相互套利的情况。银行理财资金投资非标和同业资产的比例不断增加，风险不断积聚；另外，通过委外、通道和同业业务形成影子银行疯狂扩张，一直游离于银行监管体系之外。

金融监管部门显然已经意识到这个问题。自2017年4月起，银监会连续发布《关于银行业风险防控工作的指导意见》等7份文件，直指理财和同业业务暴露的各类问题，监管力度空前加强。这与中央经济工作会议"把防控金融风险放到更加重要位置"的精神一致，意味着未来银行业监管将全面从严。

《中国银监会关于银行业风险防控工作的指导意见》要求：一是将理财业务等纳入流动性风险监测范围；二是不得开展滚动发售、混合运作、期限错配、分离定价的资金池理财业务；三是只有面向高资产净值、私人银行和机构客户发行的银行理财产品，才可投资于境内二级市场股票、未上市企业股权等权益类资产；四是严控杠杆和代销业务。按照该《意见》，禁止资金池、执行穿透原则考察底层资产、不支持银行理财成为简单的募资原则，同时还要求将理财业务纳入流动性风险监测范围。这些无疑对现有诸多银行理财资金投私募基金、产业基金的模式下达限制令。

《关于开展银行业"监管套利、空转套利、关联套利"专项治理工作的通知》专门要求对"空转套利"的理财空转相关行为开展整治，包括以理财产品购买理财产品，非银行机构用委外资金进一步加杠杆、加久期、加风险，用理财资金为监管套利提供支持，用同业理财资金购买本行同业存单等。

《关于开展银行业"不当创新、不当交易、不当激励、不当收费"专项治理工作的通知》对理财业务的"四不当"做出了更为细化的表述（见表2）。

严格的监管环境，从短期来看，对资管业务创新产生一定的抑制作用，尤其对从事所谓创新业务、监管套利较多的股份制银行与其他中小银行来讲，其业务的"灵活性"大大削弱，所受负面影响较大；而大型银行的投资端所受冲击虽然相对较小，但由于同业业务受到监管压力，同业资金来源将大幅减少，使融资端困境进一步加强。此外，监管部门的彻查，影响委外资金在未来一段时间不断赎回，银行资管也需要面对投资收益骤降的严峻挑战。

从中长期来看，银行资管部门被迫大幅提高自身专业技术和风险管理水平，这对于整个行业的长期健康发展是有利的。在强监管的思路下，应该对不同风险水平的银行给予一定内控的操作空间，比如严格禁止期限错配等有关"资金池"的规定，难免有"一刀切"之嫌，致使许多风控水平较高、能够把握合理错配和流动性管理的机构，无法发挥自身价值优势，为客户提供更优质的产品，带来更多的收益。

表 2　理财业务"四不当"整治

组织管理体系		银行理财业务的组织管理体系不完善，未按照单独核算、风险隔离、行为规范、归口管理的要求，设立专门的理财业务经营部门，负责集中统一经营管理全行理财业务
投资运作	资金池运作	未对每只理财产品实施单独管理、单独建账和单独核算；开展滚动发售、混合运作、期限错配、分离定价的资金池模式理财业务
	不当交易行为	理财产品投资本行或他行发行的理财产品；本行理财产品之间相互交易，相互调节收益；代客理财资金用于本行自营业务；本行自有资金购买本行发行的理财产品；本行信贷资金为本行理财产品提供融资和担保；理财产品与本行发生关联交易行为，不符合市场交易和公平交易原则
	理财投资合作机构	委托非金融机构作为理财投资合作机构对理财资金进行投资管理，或者由理财产品投资非金融机构发行的产品；未对理财投资合作机构实施名单制管理，未建立合作机构准入标准和程序、存续期管理、信息披露义务及退出机制
资金投向	债权类资产投资	理财产品直接投资信贷资产，直接或间接投资于本行信贷资产及其收益权；向非机构客户发行的理财产品直接或间接投资于不良资产、不良资产支持证券或不良资产受（收）益权；未准确统计理财资金非标准化债权资产规模，以及该项资产余额在任何时点超过理财产品余额的 35% 或本行上一年度审计报告披露总资产的 4%；未比照自营贷款管理流程，来对非标准化债权投资进行投前尽职调查、风险审查和投后风险管理；未按照规定向投资者充分披露理财产品投资非标准化债权资产情况
	权益类资产投资	面向一般个人客户销售的理财产品投资权益类资产
	隐性担保或回购	为非标准化债权资产或股权性资产融资提供任何直接或间接、显性或隐性的回购承诺

三　新形势下银行资管业务的应对

在新的宏观经济和金融市场形势下，银行资产管理业务将受到严峻考验，资管需要规范，更需要良性创新，只有主动变革，才能持久地生存与发展。

（一）建立与资管业务配套的投资评审制度及决策流程

无论是外部市场环境影响，还是强监管政策的实施，资管业务必然从繁杂、不清晰甚至较为随意的投资决策走向更规范、更透明，形成有规则的操作模式。尤其近期委外资金大批量赎回，迫使许多依赖专营投资机构的银行资管部门，提高自身专业技术水平，自行开展投资评审和决策。

银行资管部门需要建立完善的投资框架体系，与评审部门共同建立投资评审制度，在表内自营业务评审制度的基础上进行延伸创新，参考基金公司的投资评审架构和投资思维，合理设计投资方案。可考虑设立投资业务审议委员会等职能部门，识别并把控投资整体风险，推动其与授信等其他业务协同联动，实现风险与收益匹配。投资执行部门对不同标的投资，除了评级、价格和期限需满足一定要求之外，可建立一定额度的分配规则，考虑投资标的对银行主营业务的综合收益，对口银行分支机构对理财业务的综合贡献等。对投资额度较大的标的客户，可考虑纳入银行对其综合授信管理。

（二）加强流动性管理

对于银行来说，流动性管理是其资产负债管理的重中之重，国内外都有严格的管理体系和指标对流动性风险进行计量监控。而资管部门作为银行中的"银行"，在货币政策收紧、监管趋严的形势下，融资面临着巨大挑战，流动性管理甚至比投资收益显得更加重要。

对此，一是资产投向结构应尽量简单清晰，降低风险隐蔽性和传导性；二是做好资产负债匹配管理，严格限制以短搏长的期限结构错配，即使银监会放松"资金池"的相关规定，也应对错配缺口设定限制并保持监控；三是银行资管部门与流动性管理部门建立更好的协作机制，在必要时提供流动性支持。此外，监管部门应推动理财产品回归"风险自担"的本质，减缓金融机构"保证预期收益"和"刚性兑付"的流动性压力。

（三）创新信用违约掉期（CDS）等债券风险对冲产品

2016年末，在央行主推下，交易商协会推出了中国版信用违约掉期（CDS），首批拥有交易资质的金融机构有35家，但目前仅在十几家机构间的交易部门进行买卖，尚未发挥保护场外投资人的作用。

近年来，债券市场刚性兑付逐渐被打破，在长时间资金面偏紧的环境下，发行人违约事件将更加频繁。而当前银行资管部门已经逐步取代自营部门成为增量信用债最主要的投资主体，亟须CDS等市场化避险产品，对冲投资风险。未来金融机构主管部门应推动赋予 CDS 缓释银行资本的属性（比如减免对应债券投资以及保本型理财产品的风险权重），增强对 CDS 产品的吸引力，大幅扩充 CDS 参与机构名单；央行和交易商协会应支持大型金融机构主导 CDS 产品的创新应用，将 CDS 推广至整个债券交易市场，充分发挥避险功能。

目前，在经济下行、资金收紧、利率上行和金融去杠杆的过程中，资管业务面临相当一段时间的阵痛，理财产品增速势必逐步下降。可以预见，资管行业未来数年将经历从"拼量"到"提质"的转变，可持续性稳健经营比追求规模增长更为重要。银行内部管理体制和机制也期待着变革，提升资管业务管理水平，加强部门间的联动与配合，提高对资管业务部门的资源倾斜度是十分必要的。对于有竞争力的银行来说，无论是服务理财客户还是内部投资管理，以及支持其他主营业务的开展，资管作为银行内部市场化程度最高的业务，永远不可或缺。

回归本源，城商行资管业务转型思考

广东南粤银行总行　叶　镇

近年来，随着银行业的资产管理业务迅速增长，银监会有意将银行的资产管理部独立成为资产管理子公司。其中，光大银行、浦发银行成立资产管理子公司申请已上报银监会。银行设立资管子公司，有助于理财业务和银行自营业务分离。从风险隔离的角度来说，设立资管子公司是大势所趋。本专题所称的资产管理业务仅指银行的理财业务，资产管理部仅指城商行从事理财业务的部门。

2017 年以来，一系列监管文件及第五次全国金融工作会议，已对金融机构发展方向提出明确要求，如何解决与平衡国家导向、监管要求、规模、收入等诸多因素，是城商行资管业务面临的必经的转型之路。

一　城商行资管业务愿景

截至 2016 年 3 月末，在国内 16 家上市商业银行中共有 12 家获准设立基金管理公司，7 家获准入股保险公司，15 家获准设立或入股金融租赁公司，5 家获准入股信托公司，4 家获准设立消费金融公司，9 家入股证券公司。或许在不久的将来，监管部门将会出台相关法规，允许符合要求的银行设立资产管理公司。

随着资产管理部的收入占比逐步加大，各城商行无一例外希望将其资产管理部打造为国内领先的资产管理公司。

二　资管业务战略设计

实现愿景需做好四个层次的战略设计，即公司层战略、业务层战略与价值链分析、职能层战略和转型战略。

（一）公司层战略

1. 公司层战略的内容

资产管理部应选择专业化战略，具体为单一化战略，致力于将资产管理业务做大做强、做专做细。

2. 选择专业化战略的原因和条件

在国家未明确允许商业银行混业经营的情况下，各家商业银行只能走专业化道路，具体到城商行资产管理部也不例外，且只能开展单一化战略。

（二）业务层战略与价值链分析

1. 选择蓝海战略的原因和条件

2016年，共有523家银行业金融机构有存续的理财产品，管理的资产规模达29.05万亿元。这523家商业银行的资产来源渠道趋同（均来自货币市场、资本市场、信托、券商、基金等）、资产价格趋同（各类资产在市场上均有明确定价、透明度高），故成本趋同。唯一不同的是大类资产配置能力，即如何将合适的产品卖给合适的客户。具体到城商行资产管理部，大类资产配置能力为蓝海战略。要实现蓝海战略，需对客户进行精细分层，在风险可控的前提下，将合适的产品卖给合适的客户，为客户创造价值的同时，实现收入最大化。受网点、品牌、资源等限制，城商行资产管理部应聚焦私人银行和家族财富传承，并将其做大做强，形成资管细分领域的特色品牌。

2. 价值链分析

剔除不合适的岗位、不合适的员工、不合适的工作流程，以及减少不必要的工作量、重复的不合理的产品、低收益资产的采购等，这些看似正常却不正常的现象，会影响资产管理部的发展与创新。同时，需要新增专业人员、新的有竞争力的产品，以及创造新的有价值的岗位，利用低成本的网络宣传推广私人银行和家族财富等产品。

（三）职能层战略

1. 财务战略

应选择稳健发展型财务战略，尽可能优化对现有资源的配置，把提高现有资源的使用效率及效益作为首要任务，将利润积累作为实现母行（指各城商总行）规模扩张的资金来源之一。母行也应在人、财、物方面进行倾斜，继续加大对资产管理部的放权，帮助资产管理部做大做强。

2. 营销战略

各城商行存在一定的地域优势，存在一定量的高净值客户和私人银行客户，应将目标市场定为当地的高净值客户和私人银行客户。

3. 人力资源战略

各城商行的人员结构均不同，应着眼长远。在今后较长时期内，以自主培养、定向培养内部人才为主，适当招聘高端人才为辅。

4. 研发战略

发挥资产管理部相对独立的决策机制，针对高净值客户提供阶梯计息式理财产品，针对私人银行客户提供财富增值与财富传承服务。

（四）转型战略

要实施战略转型，需从五处着手，即企业文化变革、组织结构调整、战略控制调整、完善四道风险防线和科学的考核机制。

1. 企业文化变革

应从发展战略出发，按照有利于客户服务和价值创造的原则，推动全行战略和业务转型，持续提升竞争优势。

2. 组织结构调整

为应对环境变化和利率市场化挑战，应从自身发展战略出发，按照有利于客户服务和银行价值提升的原则，对业务流程进行重新思考和设计，建立条线化、专业化、扁平化、流程化的组织架构，形成责权明确、反应高效、管控到位的运行机制，构建前台营销服务职能完善、中台风险控制严密、后台保障支持有力的组织。

3. 战略控制调整

对资产管理部来说，战略控制主要包括激励完成目标、测量、考核业绩。根据母行的战略目标，结合母行内部资源，设定绩效标准，按月对绩效进行监控与偏差评估，并根据内外部环境变化，采取纠偏措施。具体方案是：对资产管理部实行人、财、物方面的相对独立，资产管理部可以自主招聘内外部人员、调整员工，按收入设定费率、在费率范围内自主支配，在资产投资、资产配置、产品设计等方面给予更大授权，母行提供相应资源作为支撑。

4. 完善风险防控机制

在放权的同时应加强风险控制，完善全面风险管理架构，建立覆盖风险的四道防线。资产管理部是风险管理的第一道防线，总行风险管理部门是风险管理的第二道防线，总行审计部门是风险管理的第三道防线，总行纪检部门是风险管理的第四道防线。

5. 优化资源配置和考核机制

部分城商行在对资产管理部门考核时，仅以三项指标进行考核，即风险、规模、收入，同时辅以较高的激励机制。该考核机制容易造成资产管理部门注重眼前利益、忽视长期风险，如潜在的利率风险和信用风险等。应建立科学的考核机制，如延期支付、责任终身追究等机制，同时应注重承诺的兑现，树立该城商行的品牌形象。

（五）外部环境分析

在做好战略设计的同时，应对外部环境进行分析。

1. 政治

2017年7月14～15日，第五次全国金融工作会议在北京召开。在此次会议上，习近平强调，金融是国家重要的核心竞争力，金融安全是国家安全的重要组成部分，必须加强党对金融工作的领导。要紧紧围绕服务实体经济、防控金融风险、深化金融改革三项任务，把握好四项重要原则，即回归本源、优化结构、强化监管、市场导向。

2. 经济

2017年，经济增速面临下行压力，金融资产扩张速度高于实体经济与社会融资增速，金融风险上升。货币政策正在转向，货币收缩、金融去杠杆可能导致短期金融风险暴露，加剧金融风险，考验政策定力。

3. 社会

2017年一季度，共有18家银行推出私人银行业务，管理资产89091.07亿元，共计605899名客户。

三　明确方向、回归本源

在做好资管业务转型的同时，一定要明确方向、回归本源，勿以规模和利润为主要考核指标，应符合国家政策导向，将服务实体经济、防控金融风险、深化金融改革放在首位。

（一）服务实体经济

每个城商行在注册地均有一定公信力和品牌影响力，放眼全省或全国固没有错，然而深耕本地市场更为重要。做到当地第一不是目标，要将第二名远远甩在后面才是第一阶段目标，在巩固大后方后才可以放眼全省或全国。故城商行资产管理部应将注册地作为重点，深耕本地市场。在聚集私人银行业务的同时，强化对当地小微企业、"三农"和偏远地区的金融服务，降低融资成本，推进金融精准扶贫，发展绿色金融，适时推出公益理财、绿色理财等产品。在风险与收益中找到平衡点，探索出一套行之有效、可复制的新模式，再在其他区域进行复制。

（二）防控金融风险

打破刚性兑付是监管部门的一贯要求，然而就理财产品购买者而言，仍以个人投资者为银行理财产品的投资主体。具体到每一个人，理财资金的用途不一样，有的是准备交学费、有的是准备交医药费、有的是准备交购房款等。打破刚性兑付，势必对普通民众的生活造成影响，甚至会引发家庭危机，造成社会动荡。这个问题是每一个城商行不得不面对的社会责任，具体到资产管理而言，切实防控金融风险，需从三点出发。一是通过各种方式，强化普通民众"理财有风险，投资需谨慎"的风险意识；二是需站在履行社会责任的高度，仔细筛选底层资产，不将有毒资产或有风险的资产放在理财产品中；三是建立理财风险准备金制度，未雨绸缪，在必要的时候，站在履行社会责任的高度，主动承担责任。

（三）深化金融改革

将本行的理财产品在国内外上市，是各城商行孜孜不倦追求的目标，或者说是部分管理层毕生追求的目标。然而我们应该清醒地认识到，商行在公司法人治理结构、股权结构、激励约束机制、风险内控机制等方面或多或少存在一些问题，而上市并不等于金融改革。城商行应面对现实，紧跟党的领导，按照中央统一规划，回归本源，在完善法人治理、股权结构、激励约束机制、风险内控机制等方面下苦功。

四　结论

城商行资产管理业务转型，应内外兼修。修内，应对企业文化变革，对组织结构进行调整，明确发展方向，强化风险控制；修外，应保持高度的政治敏锐性，在战略上应与国家政策导向保持一致，在行动上与中央保持一致。

严格监管背景下的银行同业业务发展趋势

交通银行　郝　昉　谢佶伽　张　莹　田宝峰

一　当前监管形势及其背景

经过多年改革发展，我国银行业实力大大增强，业务产品创新加快，业务结构和风险特征出现了新情况、新变化，对银行业金融机构、机构监管，有效识别和控制风险提出了新挑战，主要表现为金融如何更好地防范风险，金融如何进一步降杠杆，金融如何更好地为实体经济服务。在同业业务领域中，部分金融机构的风险防范意识和公司治理水平不足，在追求利润的冲动下，偏离了守住风险底线的稳健原则，激进经营，利用监管真空进行资金错配、加杠杆，通过表外、通道等方式规避监管，进入限制领域，滋生了资产泡沫。在快速扩张的同业链条上暗藏着潜在的风险：一是资金在金融体系空转并未进入实体企业；二是同业产品嵌套现象普遍，同业链条拉长，机构套利行为增加；三是资产端收益严重依赖宽松的货币环境和债券市场的高涨，同业链条脆弱；四是"刚兑"背景下银行承担潜在错配风险与资产波动风险，由此可能引发系统性风险。

2017 年 4 月，中共中央政治局就维护国家金融安全进行集体学习。习近平总书记对维护金融安全提出 6 项任务，第一项就是深化金融改革，完善金融体系，推进金融业公司治理改革，强化审慎合规经营理念，推动金融机构切实承担起风险管理责任。为进一步提升监管有效性，防范化解金融风险，促进银行业安全稳健运行，银监会按照中央经济工作会议精神陆续出台了 8 个监管文件（见表 1）。

表 1　2017 年银监会下发的监管文件

文件名	文号	是否需要各银监局检查	文件内容重点
关于提升银行业服务实体经济质效的指导意见	银监发〔2017〕4 号	自查	支持实体经济，回归业务本源
关于集中开展银行业市场乱象整治工作的通知	银监发〔2017〕5 号	需现场检查	对现有乱象自查总结，更多地侧重组织架构和人员管理角度
关于银行业风险防控工作的指导意见	银监发〔2017〕6 号	自查	提出很多全新的监管要求，分别从信用风险、流动性风险、债券业务、同业业务和交叉金融、理财和代销业务、房地产调控、地方政府债务等角度切入
关于切实弥补监管短板提升监管效能的通知	银监发〔2017〕7 号	自查	主要是针对监管自身方面
关于开展商业银行"两会一层"风险责任落实情况专项检查的通知	银监办发〔2017〕43 号	需现场检查	针对两会一层存在的问题，包括授权体系、信息报告、履职情况
关于开展银行业"违法、违规、违章"行为专项治理工作的通知	银监办发〔2017〕45 号	需现场检查	要求自查对现有法律规章制度的遵守情况。核心包括制度建设、合规管理、风险管理、流程及系统控制、整改问责落实情况。存在的业务问题：乱办业务、乱设机构、利益输送、信贷业务、票据业务、同业业务和理财类业务、信用卡业务
关于开展银行业"监管套利、空转套利、关联套利"专项治理工作的通知	银监办发〔2017〕46 号	需现场检查	要求自查存在的各种套利手段，如对银行假出表、调节监管指标、信贷与票据业务中的绕道监管、理财与同业的空转；从总的原则上看，对交叉性金融，规定资金方是谁，谁就要承担风险管理责任
开展银行业"不当创新、不当交易、不当激励、不当收费"专项治理工作的通知	银监办发〔2017〕53 号	需现场检查	对"不当创新""不当交易"自查，虽与前面"三套利"有所重叠，但侧重点有所差异。其中"不当创新"强调银行的创新业务方面是否具备完备的制度建设，而"不当交易"方面的内容比"三套利"更为细化

以上 8 个监管文件虽然各有侧重，但主体思想是对银行业内存在的风险进行摸底排查，引导行业支持实体经济的发展，并对下一步的监管工作

进行部署。核心内容主要包括：一是降杠杆、防风险，规范不当创新、交易、激励和收费行为，防范各类监管套利；二是缩链条、限投向，确保理财资金投向实体经济，回归本源，防止理财资金脱实向虚。这些监管文件的出台标志着中国银行业正迎来强监管时代，对当前银行的同业财富管理业务将产生深远影响。

二　监管加强对银行同业财富管理业务可能导致的问题

（一）对理财业务负债端影响较大

监管日趋严格后，关于理财运作模式的规定，对负债端影响较大。具体体现在以下三个方面：一是在资金运作方面，目前本行理财资金虽已经达到《中国银监会关于规范商业银行理财业务投资运作有关问题的通知》（银监发〔2013〕8号）要求的每个产品均单独管理、单独建账和单独核算，且能与投资资产实现对应，但尚未达到银监局要求的产品和资产"一一对应"，以及无法实现"不得滚动发售、混合运作、期限错配、分离定价"。二是在产品间交易方面，目前产品间交易在行业内普遍存在。月末特别是季末市场资金波动较大，因各种原因客户赎回压力巨大，资产变现速度无法满足兑付需求，为满足流动性需求，理财产品之间相互交易是补充流动性的手段之一。基于交行目前产品体系、客户实际需求等情况，短期整改难度较大。三是在保本理财产品方面，监管机构已经出台或即将出台一系列打破理财产品刚性兑付的政策。根据银监会2016年12月共享信息数据，交行表内理财产品余额占比达到52%，在主要同业中占比最高。同期表内产品占比的市场均值水平只有21%，其他同业表内产品占比最高仅为25%。理财业务发展领先的工行和招行，表内产品规模占比均在10%左右，交行表内产品规模过大问题非常突出，目前其运作模式已引起监管部门的注意，若后续监管部门仍认定应将该部分投向全部计入非标债权资产，则理财资金将无法新增非标债权投资。

（二）对理财业务资产端的影响可控

新的监管环境对投向存款、不良资产收益权、非标债权占比等方面存

在较大的影响。通过保险渠道投向存款，目前业务模式为理财投资保险资
管产品，由保险公司自行选择包括交行在内的交易对手。尽管在此模式下
交行相关分行吸收保险公司存款是符合监管要求的市场行为，其定价、期
限等要素均符合市场化交易原则。但此次监管检查文件中进一步明确了该
业务模式属于监管套利，将对此类业务模式产生较大影响。此外，2016 年
末交行非标债权资产比例约为 10.20%，但在 2016 年监管检查中主管部门
指出应将表内投资余额全部纳入非标债权统计，按此认定，交行非标资产
占比将远超监管指标。

（三）对票据业务活跃度产生一定影响

银监会《关于开展银行业"违法、违规、违章"行为专项治理工作的
通知》将"同业业务和理财业务""是否违规开展债券、票据、资管计划
代持业务"作为治理内容。票据市场参与者在月末开展的买断式回购交
易、向同一对手方卖出相同票据资产并在较短时间内买回两笔转贴现交易
等，均有可能被监管部门认定为违规代持业务，从而对票据市场交易量产
生较大影响。

银监会《关于开展银行业"监管套利、空转套利、关联套利"专项整
治的通知》将"监管套利—规避资本充足指标""是否存在以拆分时段买
入返售相同票据资产，减少风险资产占用"作为整治内容。同一担保品资
产与同一交易对手之间反复滚动续作期限极短的质押式回购业务，属于商
业银行的正常流动性管理，尤其是在债券质押式回购市场，期限为 7 天以
内的质押式回购交易量占比已达 95% 以上。按照票交所发布的交易规则，
可以将相同的票据资产与同一交易对手反复续作 1 日至 3 个月期限的回购
业务，该业务若被监管部门认定为"拆分时段回购"的违规交易，将对商
业银行的流动性管理和交易量产生影响。该通知还将"空转套利—同业空
转""是否存在通过同业存放、卖出回购等方式吸收同业资金，对接投资
理财产品、资管计划等，放大杠杆、赚取利差的现象"作为整治内容。目
前，市场上存在大量通过以同业存放、卖出回购等方式进行期限错配，吸
收同业资金对接投资非标资产的业务模式。如果这一模式被禁，未来对同
业市场的资金供需将产生较大影响，进而影响票据价格，可能导致票据资
产利率大幅上升，将对票据业务的活跃度产生一定影响。

（四）分行同业客户营销方向改变

在严格监管背景下，多家银行暂停购买同业理财，券商迫于监管指标压力，投资同业理财意愿降低，这会导致交行同业理财规模下行。未来分行要改变客户营销方向，把主体客户从银行、券商自有资金转移到券商资管、财务公司和保险资金上来。这样就会产生新的问题，券商资管是托管在交行的产品户，在没有投资用途的时候，钱趴在账上形成活期存款，要是为其进行营销的话就相当于把活期存款全部转成理财，这对交行的活期存款是较大的冲击，而且活期内部资金转移定价（FTP）利差较理财收益高得多，对客户收益也有影响。财务公司的地域性差别较明显，大的财务公司主要集中在北京、上海，这对大部分分行而言属于先天不足，很难开展起来。保险公司的资金对收益要求很高，另外要通过通道、支付额外的通道费用，会大幅增加交行理财业务的负债成本，在没有高收益优质资产的支撑下，只能压缩行内的收益，靠牺牲自身利益来维持理财规模的稳定。

三 适应监管的未来发展趋势，对同业财富管理业务的启示

面对严厉的监管形势，交行同业财富管理业务需要不断提升创新能力和战略决策能力，积极谋求产品、投资、经营模式、赢利模式的转型，提高差异化竞争能力。

（一）实现产品、销售、投资、管理和盈利模式的全面转型

目前交行理财产品以预期收益率型为主，产品种类单一且银行是风险主体。未来，要树立"以客户为中心"的理念，根据交行设立的"财富管理"特色，设计面向市场、贴近客户，符合客户需求的理财产品，特别是加强净值型理财产品的研发与运作，满足不同投资者的多层次需求。在产品形态转型方面，要实现信用风险可传递，产品募集期限与投资资产期限相吻合。

目前，理财产品销售主要依赖物理网点辐射实现获客以及产品销售。未来，要打造线上线下一体化营销渠道，提升客户体验，逐步实现"线上批量化营销，线下个性化服务"。第一，加强线上建设，实现标准化产品

的销售与交易。一是加强信息系统建设，简化业务办理流程，为客户提供良好的产品购买体验；二是加强与电商平台、社交网站、网络支付机构等的合作。第二，提升线下专业化能力，建立科学考核机制。一是通过在职培训、人才引进等方式打造专业化投资顾问团队，为客户提供非标准化产品资产管理服务；二是扭转过去"以销量论英雄"的管理考核体制，强调培养客户忠诚度，通过与客户的长期稳定合作实现利润增长。

当前，银行理财资产端业务的投资标的涵盖了存款、债券、信贷资产、权益投资、另类投资等；未来，要实现投资多元化，打造"资管投行"，加强组合管理，提高投研水平。第一，多元化投资。一是提高权益类、商品类、外汇类及另类投资等资产的配置比重，避免债权类资产过度集中；二是强化资产跨境配置，通过"走出去"学习发达国家资管行业的先进经验，分享新兴经济体增长成果。第二，打造"资管投行"。转变固有的买方思维，向产业链上游的投行业务逐渐渗透，从被动接受卖方产品转为主动获取资产，通过满足不同生命周期企业的融资需求，形成与银行信贷差异化的项目来源，实现与资金的无缝对接。第三，加强组合管理。一是转变"资金池—资产池"管理模式，通过产品独立建账与单独核算，实现产品与资金一一对接，解决"期限错配"问题；二是借鉴基金行业的FOF管理模式，通过自主管理的上层主动型产品投资于下层被动型产品（直接对接资产），实现对投资组合的主动管理和对资产的大类配置；三是对原有的投资组合管理工具进行升级改造，与新型投资组合管理模式相匹配。第四，提高投资研究水平。随着产品向净值型转型，决定产品业绩表现的投资研究团队将成为机构间重点争夺的资源。对此，要重视投资研究队伍建设，设立一套专门的人员培养机制，为业务部门提供坚实的人才保障。

目前，资管业务的"资金池—资产池"运作模式使其成为"银行的影子"。未来，要将资管业务与自营业务严格分离，通过改革组织架构、绩效考核、业务审批、风险管理、系统建设，防止风险跨部门扩散，真正实现资管业务"卖者尽责，买者自负"。一是制定市场化激励考核机制。资产管理作为知识密集型业务，主要依赖的是专业化的投资与研究能力。因此，要建立市场化的激励考核机制，通过良好的薪酬和待遇吸引人才，逐渐培养起以人才为主导的核心竞争力。二是优化业务流程。目前，资管行业正处在高速发展时期，机构、产品以及投资资产不断创新。为此，要注重针对创新业务的流程建设，设立创新业务专用通道，紧跟市场变化不断梳理、优化业务流程，实现业务与流程的同步创新。三是加强系统建设。不断完善会计核算系统以及产品估值体系，在确保能够及时、准确计量产品价值的基础上划清产品边界，对产品实行单独托管、独立建账，实现资产负债的"一一对应"。同时，借助量化工具为产品设置风险预警线，通过对相关参数实时监测，实现对产品的动态预警，达到业务发展过程中全面风险管理的目的。

目前，资管业务的赢利模式主要是赚取利差。未来，要转向以"固定管理费 + 业绩分成"为主要收入来源，以"交易手续费"为次要收入来源的赢利模式。所谓"固定管理费 + 业绩分成"模式，是指在以固定比例向客户所持产品净资产收取管理费的同时，与客户约定一个业绩标准和分成比例，对超过标准的部分，由银行与客户按照事先约定按比例分成，获取业绩分成收入。"交易手续费"模式是指在客户提出交易需求的基础上，银行通过标准化产品的内部交易平台，为客户提供撮合交易服务而收取的费用。在为客户提供撮合交易服务时，银行须秉承客观、公正、自主的原则，不得偏向任何交易一方，也不得为获取手续费而诱导客户进行交易。

（二）创建综合性金融服务工具和模式，构建金融同业生态圈

金融同业业务模式不应局限于某个金融产品的运用或一对一的资产对接，而是逐步整合市场供需双方，实现资源在全场内的高效配置，搭建涵盖资金、资产、客户的同业生态圈，以"开放、共享、共赢"的同业合作平台思维实现同业机构的共同成长。建设同业合作线上金融平台，通过将传统同业业务、代理业务和清算结算类业务线上化，突出综合化服务同业客户，增加渠道销售收入、代理收入等中间业务收入来源，提升收入占比，降低市场波动和监管约束对经营计划的影响。建立"网页 + App + 微信公众号"三大渠道的互联网营销渠道，实现同业合作线上平台互联网化发展。通过平台集中化运营同业业务，优化业务模式，实现集约化管理，做大做强同业业务，丰富同业业务经营内涵。交行应以合作银行为中心，在构建同业合作线上平台时在客户资源保护、权限设计、利益分成等方面注重满足合作银行的诉求，实现同业合作线上平台业务需求的实时匹配，

高效促进同业业务合作共赢。

（三）打破传统条线划分，真正实现"一个客户，一个交行"的理念

首先，应尽快通过系统的整体上线，做好前期准备工作，从而使这一理念在硬件上得到保障。其次，行内各部门内部业务及管理要求的割裂造成一些符合监管要求、风险可控且赚钱的业务最终无法开展。在全行范围内推进这一理念，树立全行利益最大化的思想，创新考核机制，协调解决部门内部之间的利益。

商业银行理财产品信息披露问题研究

中国邮政储蓄银行内蒙古分行　　王予琦

一　研究背景及内容

21 世纪以来，中国经济保持长期较高的增速，居民收入水平不断提高也强化了居民的投资需求，但目前我国金融产品投资渠道仍相对狭窄，商业银行理财产品不断成为居民投资的重要途径。

据中央国债登记结算公司统计，2016 年全国商业银行机构共存续人民币理财产品 5.32 万款，商业银行人民币理财产品余额达到 28.31 万亿元，同比增速为 47.27%，连续多年保持高速增长。商业银行人民币理财业务快速发展，通过直接、间接的形式将资金投入实体经济，对经济发展做出了重要贡献，类似直接融资的运作模式为国家推进利率市场化机制做了良好的铺垫，同时商业银行理财产品借助商业银行广阔的网点覆盖面为居民资产提供了相对安全、稳健的投资回报。但银行理财产品在飞速发展过程中也存在较大的隐患，部分风险隐患因理财产品无法兑付或未按约定兑付而暴露，而绝大部分的风险仍处于潜伏状态，例如银行理财产品体外销售、资金及资产期限错配、非标准化资产投资不规范等等，上述大部分风险隐患因信息披露不充分及监管环节缺失等原因，投资者和监管机构并不知晓，如果此情况长期存在，不及时进行规范和监管，面对利率市场化过程中资产价格下降的情况，极易对宏观经济产生不可估量的金融风险。

本文选取了部分银行理财产品违约的案例，以银行理财产品违约为依据，选取部分银行自营、代销产品的风险案例进行介绍、梳理，总结目前理财产品运作过程中存在的突出问题,从产品信息披露方面入手,结合实际操作对商业银行理财产品开发、设计及销售等环节进行深入剖析,对商业银行在投资、运作、管理理财产品中存在的问题提出个人见解。

二 制度背景回顾

从客户认购理财产品的过程来看,信息披露直接影响客户的认购决策,当银行客户接到错误信息时,其决策将受到影响,使得其投资风险高于其风险承受能力,如果此情况在金融机构中成为普遍现象,一旦产生系统性风险,资产价格下跌或违约事件集中发生,不仅会使投资者和金融机构遭受损失,也极易对经济结构和社会稳定产生重大影响。

在发行理财产品过程中,为使得双方保持公平地位,充分保护投资者利益,使其形成正确的投资决策,商业银行有在理财产品运作期间及时、有效、准确地披露运作信息的义务,有效的信息披露有助于金融市场的结构优化,有利于促进经济水平的提高。以下笔者从国际准则及国内监管、银行内部流程等方面入手回顾商业银行理财产品信息披露的制度背景,以此作为商业银行理财产品信息披露问题研究的基础。

(一)商业银行理财产品信息披露标准和内容

根据巴塞尔银行监管委员会的相关制度,商业银行在业务运作过程中为保证公平公正,披露信息的内容要具有全面性、相关性、及时性、可靠性、可比性、实质性(见表1)。

表1 信息披露标准

文件依据	巴塞尔协议	商业银行法	销售管理办法
具体内容	全面性、相关性、及时性、可靠性、可比性、实质性	真实性、准确性、完整性、可比性	公平、公开、公正

目前,中国银监会颁布的涉及商业银行理财产品信息披露的主要制度有《商业银行理财产品销售管理办法》(以下简称《销售管理办法》)、《关于规范商业银行理财业务投资运作有关问题的通知》、《关于完善银行理财业务组织管理体系有关事项的通知》、《商业银行理财业务监督管理办

法（征求意见稿）》等文件，通过以上文件银监会不断完善对商业银行理财产品信息披露的要求（见表2）。

表2　信息披露内容

文件依据	《销售管理办法》	《关于规范商业银行理财业务投资运作有关问题的通知》	《关于完善银行理财业务组织管理体系有关事项的通知》
具体内容	理财产品说明书、销售协议书、风险揭示书、客户权益须知等	充分披露投资非标准化债权资产情况，包括融资客户和项目名称、融资剩余期限、收益分配机制、交易结构	设立独立的理财管理部门，实行专业管理，对《销售管理办法》中信息披露的要求进行了补充

（二）商业银行理财产品运作体系

国内大部分成熟商业银行的理财产品运作体系由决策机制、机构设置和运作流程三部分构成。

1. 决策机制

在理财业务决策架构上设有两级决策机构，一级决策机构为业务与产品创新管理委员会、授信审议委员会、风险管理委员会、资产负债管理委员会，二级决策机构由资产管理、授信管理、风险管理、个人金融、公司业务、法律与合规等部门及有权审批人共同构成。理财业务规章制度的制定及修订，理财涉及授信事项、创新型理财产品及项目，重大理财非公开市场投资、行内资产项目大类配置方案，重大风险事项解决方案等重大事项由一级决策机构审批；日常产品研发与管理工作，在全行统一授权机制下，由相关部门组成的二级决策机构提出意见后由有权审批人审批。

2. 机构设置

理财业务管理部门分为产品研发与管理部门、基础资产管理部门、风险控制部门、产品销售部门、运营支持部门。产品研发与管理部门负责理财产品研发、投资管理，基础资产管理部门为理财产品提供研发支持、投前调查和投后管理，风险控制部门负责理财产品审查、风险管理，产品销售部门负责个人、公司、小企业以及同业理财产品销售管理，运营支持部门负责托管、清算、核算和系统支持。

3. 运作流程

理财产品运作包括产品设计、投资运作和发售管理三个流程。产品设计包括项目开发与评估、内部审批、项目风险评定三个环节，投资运作包括投资前的投资方案设计、风险的动态监测、风险管理以及投资后的监测跟踪、投后管理、编制理财投资运作报告等，发售管理包括发售资料准备、产品销售等环节。

三 案例研究

（一）案例介绍

1. 银行自营理财产品违约案例

某国有商业银行一款人民币理财产品到期后，没有按约定支付收益，且本金产生 20% 的亏损，引发了大规模的投资者投诉。面对投资者的质疑，银行方面对此产品未按期兑付的回复是："商业银行客户投资商业银行的理财产品是客户审慎选择后的投资行为，不同于货币市场工具和固定收益产品，银行理财产品会有一定风险，既可能盈利也可能亏损。"某投资者表示，在购买产品时，负责销售的理财经理明确告知，此理财产品是针对行内发行的产品，持有两年收益可达到 50%，很多银行内部人员也购买了这款产品，理财经理的宣传使其认定此产品能够保本且实现较高收益。而该产品的说明书中有以下表述：此款商业银行理财产品在我行风险评级为 6R，属于高风险型理财产品，对该产品的投资认购适合经本行个人理财产品评定为激进型的具有较丰富投资经验的投资者。这款理财产品的说明书上还标注有"这款人民币理财产品属于高风险理财产品，银行不保证客户的本金安全，投资者应审慎考虑，谨慎投资"的表述。但某客户表示，在支行网点认购时理财经理并未口头告知其此产品具有如此高的风险，并且银行对该客户的内部风险评级是平衡型投资者。

经调查，该理财产品实际投资渠道与说明书中的表述不符，商业银行在产品运作过程中存在私自改变投资方向的问题。而在产品运作过程中，面对投向的变化，该银行理财经理表示不知情，并未对投向变化做出说明。

2. 银行代销其他机构理财产品违约案例

某商业银行个人客户于 2012 年在该银行理财经理介绍下投资 360 万元购买了保本保收益的理财产品，该产品存续期为 12 个月，承诺收益为

21%，在产品到期后，该理财经理告知客户其理财资金投资的资产管理公司管理人失踪，其本金很可能会出现亏损。

该客户表示，他于某银行的支行营业网点在理财经理协助下签署了理财产品认购协议，但与其他商业银行理财产品不同的是，该产品所有的销售文件仅为一张协议，并没有正规的产品说明书，甚至连最基本的投资要素也不具备。该协议介绍，此理财产品由设立在北京的某投资管理公司负责运作，协议明确表述在产品运作过程中投资者无权干涉具体操作，且明确该产品为保本保收益型产品。而在该协议中，并没有出现银行方面的任何信息，也没有银行方面的章戳，协议通篇只有北京某投资公司和该个人客户的印章和签字。客户当时向理财经理提出了质疑，但理财经理表示，这家投资公司与银行有合作关系，有较多的资产在该银行并签署了双方合作协议，但该协议双方约定不得对外展示。同时，理财经理为博得该客户信任，在系统中向其展示了该客户经理自家亲属、同事认购该产品的记录。实际上，该客户的360万元资金被北京某公司以其本人名义在某金属交易所开设了账户，投资交易所的贵金属资产，更严重的问题是在金融交易所整个开户过程中的手续非该客户本人填写。

（二）案例分析

上述两个案例的共同点是都涉及银行员工在营业网点违反相关制度销售金融产品，在销售过程中暴露了信息披露低效、银行业务流程不完善、银行内部考核措施不规范和银行从业人员职业操守管理不严格等问题。直接和间接反映出商业银行在理财产品信息披露过程中存在的问题。

1. 刚性兑付影响理财产品信息披露效率的提高

上述两个案例不良后果产生的共同原因是信息披露问题，而信息披露存在问题的后果是，一旦理财产品存在因为资产价格下降或者资产质量恶化等因素无法兑付的情况，要么由商业银行承担损失风险，要么投资者承担损失风险。"刚性兑付"使得投资者的预期收益期望不断提高，银行的资金成本也相应提高，兑付风险加大，投资者和银行都未充分关注信息披露的实质内容，信息披露质量难以得到有效提高。同时，信息披露的低效使理财产品将投资风险留存于商业银行内部，从而不断强化"刚性兑付"，银行出于防范声誉风险的考虑，即使理财资金投资收益无法弥补成本，也会先行垫资解决,进而提高了银行的运营风险。案例的后果是,商业银行未进行垫资,风险完全转嫁给投资者,使得消费者承担了过多风险,结果酿成了集体维权事件,投资者损失了资金,商业银行声誉也遭受了极大考验。

2. 商业银行理财业务发展偏离资产管理本质

从商业银行理财产品赢利模式看,作为资产管理业务重要部分的理财产品,为保持资产运营的公正和客观,应以"受人之托、代人理财"为原则,以收取销售手续费和产品管理费为主要收益来源,而在实际运营中,商业银行预期收益类产品的收益模式是以利差型为主,即商业银行主动寻找高收益资产,通过发行理财产品形式募集资金,将募集到的资金投向相应资产,资产的投资收益与发行成本的差额即为商业银行的收益,而商业银行在此过程中并未披露资产端的投资收益,也未披露商业银行方面在此交易中的盈利情况,使发行的理财产品成为商业银行获得利差收入的手段,投资收益的大部分利润被商业银行截留,而承担主要风险的理财投资者仅在信息披露不完全的前提下获取了小部分理财投资收益,这也使理财产品投资者承担的风险与获得的收益不相匹配。

3. 运营机制不完善

本文在介绍商业银行理财产品运行体系时提到,商业银行理财业务管理归商业银行的资产管理部或理财事业部,但销售职能分散在总行各业务部门。根据银监会对于商业银行理财业务集中管理的要求,各银行于2014~2015年先后在总部成立了负责理财业务综合管理的理财事业部或资产管理部等理财业务专门机构,一些大型及股份制银行将理财专门管理机构设定为一级部门,而一些中小银行仅将理财专门管理机构作为金融市场部、资金部等机构的二级部门管理。从职能上看,理财产品设计、开发由资产管理部统一管理,而销售职能由其他前台业务部门履行,理财销售部门和理财管理部门同属总行下属一级部门,它们之间并不存在隶属关系,部分银行销售部门等级甚至高于理财业务管理部门。这种组织结构的缺点在于信息内部传递的低效,当理财产品开发完成后,通过电子文档形式发送至理财产品销售部门,双方缺少对每只产品投资情况、产品特性的交流,理财产品销售部门凭产品说明书和产品要素表下发产品销售通知,产品说明书和要素表等发售材料受篇幅等因素限制,难以完整、准确地介绍理财产品的详细信息,投资部门也难以在人手紧张且工作量极大的情况下对每款产品开展培训，多种因素使得理财产品在开发过程中，在源头上即产生信息传递不畅的问题。理财管理部门受限于部门等级和行内运营机制，难以充分协调各种行内资源充分披露各类理财产品信息，是商业银行理财产品信息披露低效的重要原因。

4. 销售端管理不健全

（1）理财经理任职资格管理模糊，理财经理专业能力、职业道德素质提升缓慢。目前银行理财经理持证体系尚未进行行业规范，监管机构对理财经理从业资格的要求较为模糊，银行内部考试因各家银行管理能力差别难以实现标准化，各家银行对理财经理素质的考核要求参差不齐。

（2）理财经理岗位职责不明确，重销售而轻理财业务本质。理财经理是影响银行理财产品信息披露质量的决定性因素，其岗位职责要求其熟悉银行理财产品的运作模式，部分银行在选择理财经理上，缺少对其专业性和职业道德方面的考核，而仅将其定义为基层销售人员，而未充分结合理财业务专业性的本质进行安排。

（3）银行内部奖惩机制不规范。在商业银行受经济下行影响发展速度下滑的背景下，银行将理财人员的销售业绩作为一项重要的考核指标而忽视对其工作内容专业性、合规性的考虑，理财产品销售人员在面临重压的情况下，往往为提高业务数量而进行回避风险的误导性宣传，夸大产品收益，甚至存在虚假宣传的情况，出现问题的涉案员工一走了之，这也在一定程度上提高了理财产品的潜在风险，影响了理财产品信息披露效率。

（4）商业银行内部信息披露制度不健全。目前，国内商业银行普遍缺少行内理财产品信息披露制度，理财产品披露要求主要体现在各银行的理财业务管理办法中，普遍缺乏系统、全面、清晰的内部披露制度，导致开发部门、销售部门以及销售人员在产品开发和销售时无规可依，从而放松要求。

（5）代销产品管理不完善。从本文案例二可以看出，商业银行对代销产品的准入及销售管理方面存在较多的问题。代销产品的开发机构鱼龙混杂，产品开发能力参差不齐，信息披露相对销售自营产品难度更大。各大中型商业银行虽出台了代销产品管理办法，对机构的准入有一定的要求，但对代销产品的准入管理并不明确。通过分析案例并结合商业银行实际情况，笔者总结目前商业银行代销理财产品中存在的主要问题有：一是缺少全行统一的制度标准，管理职责不明确，各业务条线执行各自的标准，负责各自的代销管理，难以保证代销业务在各业务条线的统筹协调和制度约束，归口管理机构不明确。二是代销机构准入不规范，可发行理财产品的金融机构数量众多，管理能力差距悬殊；有的商业银行尚未充分实行名单制管理，对代销机构资质、管理能力了解得不充分。三是内部机构和理财经理代销资质管理缺失。因代销产品的特殊性和复杂性，商业银行内部应对分支机构和理财经理进行认证考核，达到考核标准的方可开办和从事代销业务。四是对理财经理的销售流程缺少监控，存在理财经理柜台外交易及私售等问题，有较大的风险隐患。

5.商业银行理财产品创新不足

商业银行理财产品创新不足是理财产品违约的另一个重要原因。从以上两个案例以及其他影响较大的违约案例可以发现，因商业银行理财产品违约而引起的维权事件均为预期收益型产品。目前，我国商业银行理财产品仍以预期收益型理财产品为主，而结构保本型理财产品及净值型理财产品由于推出时间晚以及收益率不固定等因素占比较低。随着我国利率市场化改革的加速，低利率会成为一种常态，随之而来的是理财产品可投资产的价格不断下降，承诺预期收益和保本理财产品的收益相应也会逐渐显现出被动性，而净值型理财产品基于资产管理的本质，打破了传统的类似于利差式的理财产品收益模式，银行仅收取一定管理费，主要收益由投资者获取，是监管机构关于理财业务发展的导向，但由于其给商业银行及客户带来的收益水平远不及预期收益型理财产品，目前仍没有得到各商业银行的大力推动。

四　政策建议

（一）进一步完善商业银行组织体系，优化理财业务管理模式

针对商业银行组织体系设置中产品研发部门和产品销售部门信息不对称的问题，建议商业银行在总行层面设置相对独立的理财产品销售管理机构，此机构可作为理财管理部门的二级机构进行管理，独立于产品研发和产品销售。该机构的主要职责是负责沟通协调理财产品设计和产品销售两个部门的理财产品工作，统筹管理全行的理财产品销售，管理全行理财经

理队伍。具体职责包括针对不同条线客户、产品特点制定全行各类理财产品销售制度；负责对新开发产品的宣传推广工作；负责各条线理财产品的销量、客户结构分析，并将分析报告反馈到理财研发部门，提出产品开发建议；负责处理全行各条线客户投诉；负责分支机构理财产品销售的考核；负责各条线理财产品业务合规性检查；负责全行各类理财经理队伍的管理工作，包括但不限于建立理财经理队伍绩效考核机制、开展理财经理业务培训、理财经理内训师队伍管理等。

（二）建立内部信息披露制度，规范信息披露行为

为规范和完善信息披露，商业银行应采用多种形式，充分利用互联网等现代化的信息工具对理财产品运作全流程进行动态披露，明确要求对本行发行的理财产品在销售的各阶段进行信息披露。一是建立行内信息披露制度。商业银行应根据监管要求和本行实际，建立行内信息披露管理办法，明确销售阶段、投资管理阶段和结算阶段的信息披露要求。二是强化信息披露的有效性。为满足投资者多元化、个性化的投资需求，商业银行应加强与投资者的互动，听取投资者的意见，在行内信息披露制度基础上，为投资者提供个性化的信息披露。三是优化信息披露的方式。商业银行信息披露要保证可达性，即客户能够有效接收到商业银行提供的信息，因此商业银行应建立一对一或一对多的投资者服务机制，根据客户选择，多渠道向客户传达信息，保证信息披露的有效性。四是建立内部奖惩机制，约束操作风险。

（三）严格准入标准，加强对代销产品的管理

规范代销产品的管理，一要明确管理职责。代销产品的销售涉及商业银行的多个业务条线，应打破各条线各自为政的现状，商业银行要对代销产品统一准入标准，明确归口管理部门，由归口部门统一管理代销产品，原则上应由理财业务部或资管业务部负责。二要完善代销机构和产品准入制度，制定全行统一的代销产品准入办法，明确代销机构、代销产品的准入标准和审查流程，对代销产品发行机构、代销产品实行名单制管理，开展必要的尽职调查工作。三是商业银行特别是全国性商业银行营业网点分布广泛，不同区域、机构经营管理能力水平差距悬殊，商业银行应建立内部的代销资质管理机制，明确考核标准，代销资格由下级机构向上级机构

申请，上级机构对申请机构的整体情况进行考核，通过考核的机构可以开展代销业务，以此提高准入标准从而完善代销产品信息披露，降低产品代销风险。

（四）优化理财产品体系，扩大净值型产品占比

为提高商业银行理财产品信息披露水平，消除刚性兑付带来的负面影响，最根本的方式是逐步优化商业银行理财产品体系，逐步淘汰预期收益类理财产品，加强策略保本型产品和净值型理财产品的开发力度。从保本型理财产品方面看，商业银行传统的保本型理财产品是基于商业银行信用，而非实质性的资产投向上的保本，为回归资产管理本质，商业银行应加大结构性保本型理财产品的开发，通过衍生工具的使用，让理财产品从资产投向上保证收益，使银行和投资者均能获得稳定、持续的回报；从非保本型理财产品方面看，商业银行应逐步淘汰预期收益型产品，加大净值型理财产品的开发推广力度。从资产端看，商业银行应着力提升投资专业能力，将开发结构性、策略保本型、政府信用类、权益类等信用等级高、对实体经济贡献大的投向类产品作为投资端开发的重点，使商业银行理财产品真正回归到资产管理本质。

在收益分配方式上，商业银行应通过产品创新打破传统的类似存款的利差收入模式，将利差收入转变为资产管理费收入、超额管理费等。资产管理费收入采取类似基金管理费提取的方式，按总资产规模的固定比例收取，资产管理费收取不受理财产品净值的影响；超额管理费根据资产投资的表现收取，如果所投资产表现良好，商业银行可收取一定比例的超额管理费，收取的超额管理费规模要限定在所获收益的一定比例之内，以此提高对商业银行产品运作的激励，同时也充分保证投资者收益与所承担风险的匹配。

商业银行作为资产管理人成为金融市场的重要参与方，应不断强化内控管理能力，优化产品体系，从多方面入手破解刚性兑付的负面影响，只有真正提高信息披露水平，向投资者端准确匹配理财产品的收益和风险，才能使得商业银行资产管理业务整体能力有效提升。商业银行资产管理业务能力的提升，既能够有效推进商业银行向"大资管"方面转型，推动直接融资的发展，也会进一步推进利率市场化的进程。

新故相推　日生不滞

——新常态　新业务　新发展

北京银行长沙分行　邓闵秋子

中国已进入经济新常态，"去杠杆、去产能、培育新增长点"成为经济发展的主线，创业创新成为社会的主流。放眼外部宏观经济环境，宏观调控方式已在更新，"政府不靠大水漫灌"式的强刺激，而是依靠改革创新来稳增长、调结构、防风险。在区间调控的基础上，加强定向调控、相机调控，积极的财政政策力度在加大，营改增试点已经全面推开，支持实体经济发展、促进消费升级、鼓励民间投资等一系列好政策在实行。但宏观经济环境、投资环境的变化也给银行业的发展带来了一系列的挑战。

一　银行资产管理业务的现状以及存在的问题

（一）泛资产管理混业竞争激烈

自 2012 年 5 月以来，中国的资产管理行业迎来了一轮监管放松、业务创新的浪潮。新一轮的监管放松，在扩大投资范围、降低投资门槛，以及减少相关限制等方面均打破了金融各子行业之间的竞争壁垒，使资产管理行业进入竞争、创新、混业经营的"泛资管"时代。证券公司、保险资产管理公司、基金管理公司、商业银行发行的理财产品数量大大增长，创新产品层出不穷。这样的业态导致资产管理行业逐步进入新的竞争、创新和混业经营时代。目前，分业经营、分业监管的格局已经不能满足当前金融市场的发展需要。打破市场分割状态，建立一个统一的金融市场成为金融业的普遍诉求。随着银行、证券、基金管理公司、保险等多个金融行业参与资产管理行业，银行资产管理业务的优势逐步弱化。但可以确定的是，市场充分竞争的结果是，金融行业各个子市场的利润率趋于平均化。

（二）互联网金融的崛起冲击传统资产管理经营模式

第一，互联网金融的崛起，在一定程度上打破了原有的金融管制，促进了传统金融体系竞争。随着互联网金融对资产管理行业的逐步渗透与融合，互联网金融将从销售端逐步切入资产管理产品的研发、投资组合等各环节。对资产管理行业而言，这意味着从募集到投资整个流程中的各个环节将必须主动应对互联网金融的竞争，通过强大的主动投资组合管理能力和动态的流动性管理能力改造传统资产管理经营模式。第二，银行理财规模增长乏力，业务发展面临提升。从 2014 年开始银行理财规模增长出现了放缓的迹象，一些银行理财业务规模和中间业务收入双双下降，增长停滞。究其原因，一是理财产品基数增大，且在当前发行成本高企、货币市场收益率下行的情况下，一定程度上的刚性兑付职责使资产端的资产配置相对出现困难，银行流动性管理出现问题，继续保持以往的高速增长已不容易，各家银行被动地适应了市场趋势。二是在宏观经济下行、监管层加强银行理财业务监管的背景下，各家银行已经不再像以前那样单纯追求规模的高增长，转而考虑银行理财产品的创新，业务模式的转型，在业务经营上显得更加谨慎和稳健，当然这也是业务发展面临的升级需要。

（三）理财客户的资管意识有待培育

银行理财本质上是代客理财，但长期以来由于商业银行吸纳存款的需要，以及利率市场化背景下各类互联网理财金融工具的兴起，银行理财产品已经逐渐蜕变成类似存款的产品，银行或多或少承担了刚性兑付的责任，为理财产品持有人收益提供隐性担保。尽管从理财产品说明书来看只是强调了预期收益率，但实际上在产品兑付阶段，银行端往往采取各类手段保证客户享有固定收益率，从而为银行孕育了可能出现的风险，并偏离代客理财的轨道。2013 年 10 月，一些银行按照监管层的试点要求推出了银行理财管理计划，将产品定位为开放式净值型，定期公布产品净值，接受客户申购赎回，无论从产品透明度或产品模式方面均有较大改变。如果按照监管部门的安排，银行理财管理计划将与银行直接融资工具对接，这在很大程度上实现了理财资产出表，经营理财产品变成银行真正的中间业务。与以往发行的预期收益率产品相比，银行理财管理计划最明显的特征是去预期化，理论上银行不再提供收益兜底，投资者需自担风险。随着利率市场化进程不断加深以及监管层对银行理财业务的逐步规范，理财产品摆脱当前按照预期收益率发行的模式，真正转向基金化、结构性的资产管理产品，已经成为银行理财发展的趋势。不过，对于银行理财管理计划这样一个真正带有资管痕迹的理财产品，目前在市场上的反映并不热烈，发展速度仍稍显缓慢，叫好不叫座。究其原因，存在客户对净值型产品接受程度不够，产品对应的理财直接融资工具发展不及预期，产品运营模式仍遵循现有的业务规则，银行理财业务的功能定位仍趋于传统等因素，本身推动力不足，反映出银行资管业务仍有相当长的路要走。

在行业新常态的背景下，银行理财业在与券商、信托、基金、保险等强有力的竞争对手同场竞技时，需要打造核心竞争力，形成差异化竞争优势，通过产品模式和投资模式的创新更加有效地服务客户，实现理财业务向真正的资产管理业务回归。

二　对银行开展资管业务的建议

打造银行竞争力，吸引客户资源，做好供给侧改革浪潮中银行资产管理业务的转型，可以从以下三个方面做起。

（一）创新理财产品，提高市场竞争力

作为现代商业银行业务发展中的重要投资产品，理财产品在个人投资趋势增大的背景下也有较大的发展空间。但相比外资，理财产品在产品设计以及满足消费者需求方面仍表现出一定的滞后性，特别在金融创新环境下，更要求理财产品根据投资方向变化进行改变，这样才可保证理财产品推出后为商业银行带来利润空间。在实际创新中，应正确认识理财产品的基本内涵与特征，可依托金融产品创新理论完成产品创新过程，或直接从用户需求角度出发进行创新，有利于产品创新目标的实现。同时，在推出理财产品中，需做好影响产品收益因素的分析，确保理财产品的推出能够

为商业银行带来更多的收益。

（二）提升资产管理专业化水平，做好投资者教育工作

面临如此复杂的金融环境，提升资产管理专业化水平对商业银行来说刻不容缓。财富管理本质上是帮助客户管理财富，为客户的财富保值增值提供服务，一是以客户为核心，二是适应客户的风险承受能力和投资偏好。然而有一些财富管理机构和财富管理从业人员并不完全具备专业能力，更多地考虑财富管理机构自身的利益，没有真正做到客户至上。只有以客户为中心才能保证这项业务的发展，然后才能增加自身的效益和利益。同时，要使中国市场上的资产管理业务持续发展，很重要的就是做好投资者的教育。作为一个投资者，首先要搞清楚在资产管理业务中的股权投资和准股本投资同银行存款之间的异同点。如果对此不清楚，就会产生不正确的认识。此外，投资者还要了解高回报和高风险是不是相伴而生的，高回报有没有可能低风险；高回报、高流动性有没有可能同低风险、低违约率联系在一起。现在经常看到的是财富管理从业人员只宣传回报有多少而不提风险有多大。高回报必然伴随高风险，高回报的资产流动性显然比低回报的低一些，这两个道理不是能轻易颠覆的。

（三）开展私人银行国际化探索

在我国私人银行业务刚刚起步，由于对金融市场开放的限制，国内私人银行业务与国际相比还有一定的差距，竞争格局还没有完全形成，每家银行都处于完善战略的过程中，有着各自不同的优势。银行现有的网点多，客户量大，且认同度较高，在产品种类方面，可以涉足股票市场、本地基金市场，能给客户创造一个丰富的投资服务平台。随着业务的不断成熟，网络银行的服务更强大。未来，客户对物理网点的概念将会是模糊的，比如说一个香港客户，他的私人银行客户经理可能是在瑞士，只有在专业化、私密性、订制服务方面有自己的特色，客户才会选择你，这不在于物理网点的多寡。未来的竞争优势将更多地体现在内部优势的培育，各家银行都要在团队建设、产品的设计、顾问服务、产品增值服务上下功夫。

合抱之木，起于毫末；九层高台，起于累土；千里之行，始于足下。在中国经济增长由高速到中高速的换挡期、在国家实行供给侧结构性改革

的大背景、在大众创业万众创新的大潮流下，银行资产管理业务唯有以创新为导向，以优质服务为标杆，以国际化为目标，创新理财产品，提升资产管理专业化水平，积极进行私人银行国际化探索，才能在金融市场中激流勇进，成为常胜将军。

浅析利率市场化下商业银行财富管理的模式

招商银行佛山分行　邓国烽

一　利率市场化背景介绍

长期以来，中国的储蓄存款利率及商业贷款利率执行国家定价制度，即所有提供该类服务的银行机构，根据所提供服务期限的长短，面向绝大多数企业及个人客户，实现统一定价。这一制度施行多年，深入人心，保证了商业银行固定的利差利润空间，维护了国内金融秩序的稳定，为经济发展及资本市场的繁荣提供了政策支持。然而，进入 21 世纪以后，其诸多弊端逐渐显现，突出问题一是没有体现出风险属性不同的定价差异，二是不利于商业银行对市场和客户的细分，导致差异化经营落地较难。而欧美等发达国家及中国台湾、新加坡等亚洲金融业发展领先的国家和地区，早已通过多年的市场验证，施行了利率市场化。

2015 年 10 月 24 日，中国人民银行下调金融机构人民币贷款存款基准利率和存款准备金率，并对商业银行和农村合作金融机构等不再设置存款利率浮动上限。这次放开存款利率上限真正触及了中国金融体制的根本环节，这标志着历经两年的利率市场化改革基本完成。自此，商业银行的"黄金时代"宣告结束。同时，随着经济发展和社会多元化发展的需要，居民财富不断积累，人们对财富管理的需求也在增加，储蓄存款已不能完全满足人们对财富管理需求，各商业银行针对客户推出了教育、投资、保险、消费、退休养老等方面的财富产品。本文将以招商银行为例浅析财富管理的模式。

二 利率市场化财富管理的市场运营模式

利率市场化,将极大地加剧银行间的竞争,如何在大环境中脱颖而出,就要对不同客户群体实行差异化的市场运营模式。持续稳定的客群是商业银行财富管理业务得以持续发展的基石,而面对现阶段产品与服务高度同质化的银行同业及异军突起的第三方财富管理机构,虎视眈眈的券商及保险公司、基金公司资管机构等非银行金融机构,均对商业银行已有和潜在的客群产生威胁。如何在客群拓展与固化上有所突破,是商业银行产品开发面临的首要课题,同时面对不同的客户群特征,需要采取差异化的获客方式。以某银行为例,将行内资产段在 5 万元以下的客户划分为"大众客群",将资产段 5 万~50 万元的客户划分为"金卡客群",将 50 万~500 万元的客户划分为"金葵花客群",将 500 万以上的客户划分为"私钻客群"。由于各类客群对利率市场化的敏感程度不一样,需求点不同,因此必须实施差异化策略去经营和拓展。所谓"差异化"的经营策略,首先需从硬件和经营环境上分层,比如在营业网点区分普通客户服务区、贵宾客户服务区;贵宾客户服务区配套专属现金柜台、休息区以及饮料、杂志区;对于目标客户在生日、节日有相应礼品馈赠;根据客户的资产等级,通常享有银行业务手续费减免等优惠,这是分层经营必不可少的硬件环节。分层经营的实质是商业银行从服务人员专业性差异化、服务工具差异化及工作流程方法差异化上做出的创新和改变。这是客户最需要、最迫切的差异化服务需求,也是最能体现商业银行传统优势价值所在。对这一需要投入的成本巨大,在利率市场化来临之际,为了和其他非银行机构在经营服务上拉开差距,体现优越,商业银行必须做出改变。目前已有不少银行在大力尝试财富管理业务的分层经营,而该银行早已领先一步,体系初成(见表 1)。

表 1 某银行财富管理业务分层体系

客户层级	资产段	服务人员	主要服务工具	人员资质
金卡	5 万~50 万元	理财专员	银行理财、基金、保险	协会个人理财从业资格
金葵花	50 万~500 万元	贵宾经理	银行理财、基金、保险、贵金属、信托	AFP 金融理财师

续表

客户层级	资产段	服务人员	主要服务工具	人员资质
私钻	500万元以上	私钻经理	银行理财、基金、保险、贵金属、信托、外汇、家族信托、股权	CFP国际金融理财师

三 浅析利率市场化下财富管理的市场开拓

（一）基础客户拓展

1. 从新渠道获取客户

商业银行需将线上作为客户获取和经营的利器，大力开展移动互联网平台合作，构建低价值客户线上经营、高价值客户线下引流的获客及经营模式。重点加大与交通、教育、社区、文体、医疗、垂直电商等行业合作，利用行业从线下向线上转变的窗口期，通过高收益、低起点产品吸引客户在线上开通虚拟账户，绑定银行卡并转入资金。对线上账户客户进行行外大数据分析并贴标，将高价值客户引流至网点开卡及经营，低价值客户维持线上经营。

2. 信用卡交叉营销

面向存量的裸卡客户（只有信用卡，没有借记卡的客户），需深入尝试"获客－活跃－变现"的经营思路，通过流程优化、产品升级、营销促动等方式深入推动裸卡客户转化，为零售机构开展新渠道获客提供流量、模型及营销支持。通过新增高收益低起步实现裸卡客户产品升级，形成线上账户的差异化竞争优势；推进信用卡客户主要特征数据的共享，探索建立裸卡客户价值输送模型；围绕裸卡客户开户、活跃、变现，探索建立精细化的营销模型，为后续经营客户积累经验。

（二）中端客户拓展

1. 代发拓展及经营

大力推动公私联动，坚持"批发条线抓拓展，零售条线抓经营"，将代发任务全面渗透到公司条线考核和客户经理日常工作中，推动战略客户和年金客户的"名单制"代发营销，针对有贷户、主结算户等目标客户加大营销力度，实现代发获客的快速增长。构建和完善以工资代发和企业年金为核心的一揽子薪酬福利解决方案，打造差异化产品优势，商业银行各机构要充分利用"开薪服务"、薪福金融产品体系，强化代发客户和年金客户拓展。

2. 远程集中经营

以某银行为例，2016 年在前期试点的基础上，加快"双金"客户远程集中经营推广，对北京、深圳等 12 家分行资产规模在 100 万元以下的62.7 万名双金客户，由远程银行中的双金客群经营团队进行集约化、专业化的托管经营，以手机银行为主要经营平台，先促活跃，再促提升，将单一产品客户转化为资产配置客户，降低客户流失率，提升客户价值贡献。

（三）高端客户拓展

在私人银行业务发展之初，服务的范畴主要是对客户闲置资金的打理。近年来，随着私人银行业务突飞猛进的发展，家族信托、人寿保险、综合融资、企业运作等综合金融服务将成为重点。商业银行私人银行业务必须顺势而为，牢牢把握客户本土需求，才能构建特色、创新品牌。

1. 构建多元化高端获客能力

商业银行要在不断强化客户经营和挖掘、做好私钻客户链式提升的同时，大力开展外延式拓客。搭建转介平台，创造更多转介机会，按照私钻客户老客户带来新客户（MGM）的营销流程，加强客户转介营销，同时建立跨条线业务联动工作机制，完善分行层面客户转介平台；探索设立总分行营销团队，拓宽总对总获客渠道，加强与私募基金、高级管理人员等高端客户聚集机构的合作，并充分利用投资银行部、战略客户部等行内资源，强化对私钻客户的批量获取。

2. 深入推进私钻客户综合金融服务，提高客户忠诚度和综合价值贡献

商业银行需完善和丰富私人银行客户融资产品，推出内保外贷、全权委托产品质押、私钻资产贷款等产品，同时整合内外部各类专业服务机构，建立端到端的服务体系和流程，要深入挖掘私钻客户背后的企业融资、投资等需求，建立公私客户经理协同服务机制，理顺私人银行中与网点对公业务对接流程，建立公私联动奖励机制，向客户提供包括投行、公司业务在内的一站式综合金融服务，深入挖掘私钻客户的价值。

四 市场利率化产品开发设计实践

针对不同的客户群体，财富管理运营模式需要提供不同的差异化的产品服务，下面介绍商业银行针对不同群体所开发的财富产品。

（一）招商银行投行＋资管模式产品开发的实例

产品名称 招商财富—天风并购基金资产管理计划

产品类型 另类投资—主动管理型并购基金

发行机构 招商财富资产管理有限公司

管理机构 天风证券股份有限公司

产品规模 总规模10亿元，其中招商银行代销优先级规模7.8亿元

产品期限 5年

投资方向及投资策略 本基金主要策略包括协助产业龙头完成的产业整合、参与整体上市为目标的投资、控股权收购、夹层投资，其他投资方向包括但不限于管理层收购、要约收购、组团收购（杠杆收购联盟）等。主要根据上市公司、大型企业集团的并购重组需求，收购低价成熟的资产或解决公司阶段性融资需求。

这是一款典型的"投行＋资管"模式下的产品开发案例，"投行＋资管"意味着资产管理行业不能仅仅让买方被动地接受金融市场上的债券、股票等金融产品，在某些时候它要成为金融产品的创设者，主动去创设金融工具融入实体经济。在本产品中，通过"招商财富"借用资产管理的壳，本质上是去募集资金为文化旅游、高端制造业、影视传媒、医药行业、环保行业、能源服务业等（产品主要聚焦并购行业）产业的龙头企业完成产业整合服务，同时在做好风险管理的前提下，实现盈利。

（二）某银行主动管理模式开发的实例

某银行钻石财富系列之睿远稳健十七期理财计划

本理财计划募集的资金投资于固定收益类资产以及证券类资产。其中固定收益类资产包括国债、金融债、央票、企业债、公司债、短期融资、中期票据、私募债、同业存款、资金拆借、债券回购、股票二级市场结构化优先级资金、定增基金优先级资金、定增项目优先级资金、股票收益权

等固定收益工具和投资固定收益资产的信托计划、定向资产管理计划等资产管理计划，投资比例为理财计划资产的 60% ~ 100%；权益类资产通过信托计划、券商资产管理计划、基金子公司资产管理计划等通道投资于股票市场、股票定向增发、风险缓冲型定向增发项目、可转债、高收益债、对冲基金等权益类资产组合，投资比例为理财计划资产的 60% ~ 100%。本理财计划通过衡量和管理市场波动风险，采用恒定比例组合保险策略机制（CPPI），以固定资产收益资产未来利息的净现值作为后期投资的风险损失限额，动态确定或调整证券等风险资产和债券等固定收益资产的投资比例，力争在有效控制风险的前提下实现理财计划资产的保本增值。

（三）某银行代理销售模式开发的实例

稳健混合型证券投资基金

某银行发行的稳健混合型证券投资基金。该产品成立初期主要围绕 2000 万元的打新底仓进行配置，其中债券类中短久期 AA + 级以上评级信用债作为基础配置，初期仓位 90% 以上，在利率债收益率调整到位时适当参与长端利率债的交易机会，该类产品是某银行南京分行基金产品团队参与产品权益类投资的投向设计，是典型的"股 + 债"设计思路的落地，在构建安全垫的基础上，尝试获取结构性行情的收益，有望为客户带来稳中有增的收益。产品销售费率在 1.5%，另有约 1% 的管理费银行可参与分成。

五　总结

财富管理是银行业务结构战略转型中重点发展的金融创新产品，是银行业近十年来新兴的业务品种，毋庸置疑，财富管理业务发展不仅能够提高客户的综合贡献度，而且有助于银行中间业务收入快速增长，同时也关乎银行战略转型。只有做好新常态下银行的财富管理，才能真正实现有保障、有支撑的可持续发展。

浅析我国影子银行体系及其对商业银行的影响

中国农业银行重庆分行　何迎春

一　影子银行

（一）影子银行的内涵

影子银行，即所谓的平行银行系统。20 世纪 70 年代，金融创新步伐开始加快，传统商业银行不断扩充自身表外业务，大量非银行金融机构依托银行的商业信用创造出各类金融衍生产品和服务，形成独立运行于传统商业银行之外的非银行金融体系，该体系被称为影子银行。

其概念最早由剑桥大学教授英格姆在 2002 年提出，2007 年美国太平洋投资管理公司执行董事麦卡利对其予以重新诠释。2011 年 4 月，金融稳定理事会（FSB）对影子银行做了严格的界定：银行监管体系之外，可能引发系统性风险和监管套利等问题的信用中介体系。美国学界对影子银行的定义多指传统商业银行体系之外从事资产证券化，进行期限、信用或流动性转化的金融中介机构。具体而言，影子银行主要包括投资银行、对冲基金、结构性投资载体（SIV）、货币市场基金、担保债务凭证（CDO）、信用违约互换（CDS）、资产支持商业票据（ABCP）、再回购协议（Repo）等非银行金融机构及其产品与活动。我国学者也从不同角度对影子银行的内涵进行了界定：易宪容（2009）认为影子银行行使传统银行的功能，但其运作模式、交易方式、监管制度等都与传统银行完全不同；苗晓宇、陈晞（2012）认为影子银行是脱离传统商业银行模式而形成的"影子银行—抵押品扣减率—私人金融机构"信用创造模式，故影子银行也被称为平行银行系统；李强、包长河（2012）将影子银行分为三个类型，分别是以地下钱庄为代表的地下银行，以小额贷款公司、金融租赁公司、担保公司和典当行等为代表的第二银行（提供常规信贷业务），以商业银行委托贷款、表外理财、信托和私募为代表的创新型影子银行。

通过国内外学者的不同表述，本文将影子银行的内涵做如下界定。一是功能标准，即具有期限、信用或流动性转换功能的金融中介及产品服务；二是实体机构标准，即具备信用创造能力和信贷支持能力的非银行金融机构；三是监管标准，即不受银行或相关金融监管体系约束的金融机构或信用中介业务。

如何界定我国影子银行内涵，国内学界有不同的观点。有的从产品业务和监管角度出发认为：只要是不受监管约束的资产证券化等金融创新活动都属影子银行范畴，具体包括银行理财、委托贷款、银信理财、信托公司、担保公司、地下钱庄、民间借贷等；有的从机构角度出发认为：凡是游离于监管体系之外的非银行金融机构及业务均可称之为影子银行，而银行理财、委托贷款则不属于影子银行范畴。争议的焦点在于是否以商业银行为载体开展银行业务。以理财产品为例，其具备了影子银行的功能标准且不受银行资本制约，实质上是以其为标的发生的资金融通过程不以央行作为"最终贷款人"，即一旦发生违约风险，由产品购买人（出资人）承担最终风险。笔者认为，对于我国而言，从实体机构标准和监管标准方面看，商业银行理财产品和银信理财产品等并不完全符合影子银行的界定标准，但中国商业银行为规避监管约束将资产和负债从表内转移到表外而进行的表外融资过程也应称为影子银行。因为，在这一过程中，商业银行借助其他非金融机构渠道开展业务，同时自身也成为影子活动的重要载体，在具体实践中体现为商业银行通过信贷类理财产品实现资产负债表外化。故笔者以为，凡不以央行为"最终贷款人"、不受资本要求约束且可以进行信贷融通和信用创造的机构、业务和产品均可称为影子银行，具体包括商业银行理财产品、银信理财、委托贷款、货币市场基金、私募股权基金、证券投资基金、信托、财务公司、金融租赁公司、小额贷款公司、典当行、地下金融和民间借贷等。

（二）我国影子银行的规模

2015 年，我国影子银行资产增长 30%，总量超过了 53 万亿元，相当于当年 GDP 的 79%（见图 1）。因增长迅速，影子银行在银行贷款和总资产中的占比越来越大，截至 2015 年底，占比分别达到了 58% 和 28%。影子银行体系规模庞大意味着信贷在无序紧缩时，银行在替代影子银行信贷方面可能会面临困难，而依赖此类融资的借款人将遭遇信贷危机的风险。此外，由于常规银行体系和影子银行体系之间的关联性高，影子银行体系规模庞大亦会放大其对于金融体系的溢出风险。

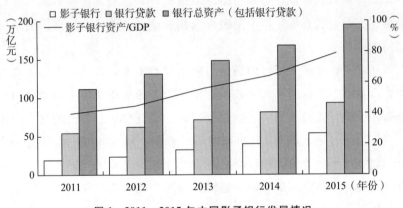

图 1　2011～2015 年中国影子银行发展情况

二　影子银行对商业银行的影响

影子银行对商业银行融资功能的替代作用是对社会融资供给的有益补充，但同时也会对银行体系造成冲击并且加剧银行流动性紧缺。

（一）影子银行是对商业银行信贷投放的有益补充

从货币供应变化来看，在《中国人民银行法》颁布以后相当长的时间里，外汇占款的高速投放几乎成为基础货币供应的唯一途径，然而自 2010 年以后，外汇占款增速出现较大幅度的下滑。在没有其他渠道供应基础货币、货币乘数保持不变的条件下，外汇占款增速的下降必然导致货币供应不足。从商业银行信用创造能力来看，自 2009～2011 年银行贷款规模高速扩张以来，商业银行存贷比日益接近监管法规要求的上限，随着巴塞尔协议对商业银行资本要求的进一步提高,商业银行的传统信用创造能力几乎达到上限。从国家政策来看,李克强总理"盘活存量"的信贷政策,制约了商业银行新增信贷的规模,决定了社会融资需求要在结构性调整中逐步得到满足。综上所述,当商业银行体系难以满足市场融资需求时,影子银行通过产品创新和风险转移等途径弥补了商业银行信贷供给能力的不足,对商业银行体系起到了很好的补充作用。

(二) 商业银行理财产品加剧银行的系统风险

就商业银行理财产品的资金运用而言,其风险更多地体现为对企业资金期限的错配。2011 年后期,我国银行信贷政策趋紧,地方融资平台、房地产企业等难以获得足够的资金支持,加之众多的中小企业由于难以提供足值抵押而不受银行青睐,纷纷将其融资需求转向影子银行体系。对企业而言,其通过理财产品获得的短期资金融入大多用于长期项目建设,而理财产品的期限多为短期(3 个月、6 个月等),这就造成了企业资金运用的错配现象,在宏观经济下行趋势明显的大环境下,企业赢利能力及借入资金的偿还能力受到较为明显的影响,这就极大地增加了理财产品的兑付风险。在资金宽松时期,企业部门的短贷长用,确实能够降低资金成本,但在面对通货膨胀、货币紧缩和资金成本大幅提升时,企业资金链的连续性显得极其脆弱。从某种意义上说,这种期限错配放大了流动性紧张对实体经济、金融体系尤其是银行体系的冲击,加剧了银行系统风险。

(三) 影子银行加剧银行业流动性短缺

流动性短缺是指货币流通市场因货币不足导致的货币缺乏现象,体现为货币借贷成本的增加。例如,2013 年 6 月 20 日,受美联储量化宽松政策退出消息刺激以及"中国银行资金违约"事件的影响,上海银行间隔夜拆放利率大幅上涨 578 个基点达到 13.44%,创下历史新高;银行间 7 天质押回购利率最高曾达到 18%,为近 10 年来最高水平;银行间隔夜回购利率最高达到史无前例的 30%,1 天期国债逆回购最大年化利率达 50%。货币资金价格大幅上升,使银行体系陷入流动性紧缺的恐慌当中,即是媒体普遍报道的"钱荒"。近期,"钱荒"卷土重来之势非常凶猛,大有重蹈"2013 钱荒"覆辙的可能,截至 2016 年 11 月 29 日,上海银行间同业拆放利率(Shibor)报 2.302%,上涨 0.4 个基点;7 天 Shibor 报 2.481%,上涨 1.5 个基点；3 个月 Shibor 报 3.0172%，上涨 0.59 个基点，并连续 29 个交易日上涨，创下近 6 年来最长连涨。

"钱荒"有外汇占款下降和银行业考核等固有的传统因素，但一个重大因素就是由影子银行产生"金融脱媒"。影子银行通过产品创新吸收存款和贷款投放，替代了商业银行传统的信贷功能，并以高息形式使本应进入银行体系的存款流入影子银行体系，同时吸引已在银行体系内的存款转出，大幅减少了银行体系存款。商业银行为应付资本充足率的要求，大规模发行理财产品，直接助长了影子银行发展，从而扩大了"金融脱媒"规模，造成银行存贷期限的错配，进而加剧了银行体系流动资金短缺现象。

三　我国影子银行发展的应对之策

影子银行对商业银行融资功能的替代作用是对社会融资供给的有益补充，但同时也会对银行体系造成冲击并且加剧银行流动性紧缺。

从国家宏观经济角度看，影子银行的存在源自对金融监管的规避，同时也是我国利率管制的直接结果。商业银行以较低的利率从社会借入大量资金，然后加上法定"固定利差"后贷给社会融资方。在这一过程中，有的资金需求方可以贷到大量资金，而有的资金需求方则得不到贷款或很难满足自身融资需求，这就直接催生了我国影子银行。中国影子银行对银行体系的冲击主要来自"高息揽储"，是国家利率管制的必然结果。对此，国家可通过逐步实现"利率市场化"破除利率管制，降低"高息揽储"效应，化解影子银行对金融市场的冲击效应。

从监管部门角度看，面对 2013 年 6 月"钱荒"问题，央行未向市场及时注入流动性，并于同年 7 月，暂停了正回购和逆回购等市场操作，意在给市场提出警示。作为金融监管部门的银监会也一再强调要严格监管理财产品设计、销售和资金投向，严禁未经授权销售产品，严禁销售私募股权基金产品，严禁误导消费者购买，实行固定收益和浮动收益理财产品分账经营、分类管理。2013 年 3 月 28 日，银监会下发《关于规范商业银行理财业务投资运作有关问题的通知》，要求"坚持资金来源运用一一对应原则"，即每个理财产品与所投资资产（标的物）应做到一一对应。2016 年 12 月 30 日，中国保监会印发《关于进一步加强人身保险监管有关事项的通知》，要求建立人身保险公司保险业务分级分类监管制度，落实"保险业姓保、保监会姓监"的要求。

从银行角度看，面对影子银行对我国银行体系带来的冲击，商业银行不能依赖国家传统的政策性保护，而应该积极创新求变，结合市场变化，通过资产证券化，支付、交易及网点渠道的创新，构建网络金融体系等方式，推出与新的市场形势相对应的新产品满足日益变化的社会金融需求；同时也要通过严格遵循"三个办法，一个指引"的要求，重铸信贷流程，加强风险防控能力，构建商业银行与影子银行之间的"防火墙"，有效化解"金融脱媒"带来的不利影响，积极发挥社会资金融通功能，促进产业结构转型和经济稳健增长。

笔者认为影子银行是我国金融创新的重要组成部分，也是对商业银行融资供给的重要补充，不可因噎废食，谈"影"变色，更忌"一刀切"式地限制，而应该在控制其"高杠杆"信用创造及"非理性"高息的基础上，制定相关政策使其逐步"阳光"化，从而合理引导其健康、有序发展。

去杠杆背景下的银行理财转型之路

中国光大银行总行　潘　东　滕　飞

2017年，全球经济金融环境继续深度调整。2016年末的3个月，中国的固定收益市场经历了天上人间的变化，资产荒快速切换为资金荒，债市被动去杠杆致使收益率曲线陡峭化、非银行机构产品净值深度回撤、回购市场资金骤紧、银行理财收益率飙升、银行交易及可供出售账户浮盈变浮亏等等，市场参与人分别从不同角度深切地感受到债市去杠杆的寒冷及烈度。2016年12月召开的中央经济工作会议明确提出2017年"去杠杆"，要把防控金融风险放到更加重要的位置。

实际上，自2016年下半年以来，"一行三会"已经陆续启动去杠杆的政策。针对债市一路上涨、债市融资杠杆不断走高、房地产价格大幅上涨的类资产泡沫情况，央行在8月开始延长逆回购期限，抬升机构的杠杆融资成本，并且在边际上收紧资金，限制投机套息，抑制高杠杆行为，随之债市在第四季度开始出现回落。同时央行将表外理财纳入宏观审慎评估体系（MPA）考核，防止银行表外业务扩张过快。银监会在《商业银行理财业务监督管理办法（征求意见稿）》中，计划将银行的表外理财纳入更严格的监管框架，使银行理财更加规范、稳健发展，防止杠杆过高。2017年，银监会监管工作会议提出，要开展监管套利、空转套利、关联套利的"三套利"专项治理。证监会也严格限制私募机构的准入牌照，加强对券商资管和基金行业的监管力度。在万能险引发上市公司股权之争之后，保监会对万能险严格监管，打击利用保险资金的高杠杆炒作股票行为。

毫无疑问，去杠杆对金融行业特别是银行理财带来不可低估的影响，将对银行理财的业务格局和发展前景带来深远影响。

一　去杠杆对银行理财的三个影响

去杠杆是 2017 年经济工作的重点。从 2015 年的股市"去杠杆",到 2016 年的债市"去杠杆",2017 年在防范资产价格泡沫以及监管政策趋严的情况下,金融机构去空转、房地产去杠杆很可能成为重要任务。金融机构去空转或将重构同业、非银、理财的生态格局,需提前预判;房地产行业将在三个环节面临去杠杆,一是房地产开发商购买土地的投融资,二是开发商的开发贷款,三是居民按揭贷款,房地产行业将受到挤压去泡沫的压力。具体而言,去杠杆将对银行理财在规模增速、结构变化、投资转型三个方面产生影响。

(一) 银行理财规模增速放缓

从 2004 年光大银行发行市场第一只银行理财产品起,银行理财业务取得了迅猛的发展,截至 2016 年三季度末已经达到 27.1 万亿元的规模,特别是 2009~2015 年年均复合增长率达到 55%,从 2009 年末的 1.7 万亿元增长到 2015 年末的 23.5 万亿元,而同期各项存款增速仅为 14.6%,理财规模的增速远快于存款增速。但是,从 2016 年开始,理财的增长步伐明显放缓,前三季度较年初增长 15.3%,年化增速为 20.4%,较 2015 年 56.5% 的增速下降 36.1 个百分点,增速明显放缓。

在去杠杆的背景下,货币政策收紧,资金成本提高,负债成本高于投资收益,迫使同业—理财—非银—债市—钱市加压传导,整个同业链条压缩。这种压缩,既有主动防风险的成分,但更多的是无法承受高利率成本的被动压缩。一方面央行严格管控银行信贷投放,银行表内规模扩张速度放缓;另一方面随着利率中枢抬升,低成本的资金来源减少,也将传导并影响银行表外理财规模的扩张速度。2016 年最后两个月,理财端资金成本普遍上行 80 个基点(0.8%)以上。此外特别需要注意的是,从 2017 年起,人民银行将表外理财纳入宏观审慎评估体系(MPA)考核,将直接管控银行表外业务扩张规模的速度,部分理财规模扩张过快的银行将受到限制,表外理财的整体增速很可能进一步放缓。

(二) 银行理财结构变化

根据中央国债登记结算公司发布的统计数据,近两年银行理财在规模扩张的同时，最应引起关注的是结构的变化，特别是同业理财占比快速上升。2015 年是同业理财"跨越式"增长的一年，2015 年末全国同业理财余额为 3 万亿元，较 2014 年末增加了 2.44 万亿元，在全部理财产品余额中的占比从 3.57% 提升到 12.77%，占比上升了 9.20 个百分点。2016 年，同业理财规模进一步扩张，2016 年上半年同业理财余额就达到 4.02 万亿元，较 2015 年末增加 1.02 万亿元，占全部理财产品余额的比重上升至 15.28%，较 2015 年末上升了 2.51 个百分点（见图 1）。在同业理财占比提升的同时，个人理财和公司类理财占比有所下降。相比个人和公司理财资金，同业理财的最大特点是资金的不稳定性较高。同业资金来自银行同业规模的扩张，以及非银同业的套利投资，因此在同业规模扩张时同业理财会迅速增长；相反，当同业规模增长放缓甚至收缩时，同业理财的资金来源也会快速枯竭，理财的结构占比也会发生变化。

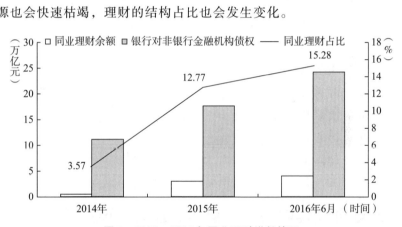

图 1　2014～2016 年同业理财增长情况

从银行同业资产机构看，银行对非银行金融机构（包括银行理财）债权的规模从 2014 年底的 11.1 万亿元增长到 2016 年 6 月末的 24.3 万亿元，一年半的时间增加了 13.2 万亿元，增幅达 1.19 倍。同业规模的扩张是在利率下行的货币宽松环境下，通过加杠杆赚取利差。一旦货币政策收紧，利率开始上行，部分同业的资产端和负债端利率甚至会出现倒挂，这就是同业机构去杠杆的过程。在去杠杆的过程中，同业理财占比下降是大概率的事件。银行理财需提前布局，要从"宽货币加杠杆赚利差"向"紧货币去杠杆防风险"切换，防止出现"踩踏"。

(三) 银行理财投资及盈利压力

截至 2016 年 6 月末，债券、银行存款、非标准化债权类资产是理财产品主要配置的前三大类资产，共占理财产品投资余额的 74.70%；其中债券资产配置比例为 40.42%，银行存款占比 17.74%，非标准化债权类资产占比为 16.54%。过去几年，银行存款占比明显下降，比 2014 年的 28.70% 下降了 10.96 个百分点，使银行理财配置更高收益资产的动力增强；在债券市场大力发展的时期，非标准化债权类资产的占比也显著下降，比 2013 年末的 27.50% 下降了 10.96 个百分点。银行理财的投资实际上仍以企业的固定收益类债权为主，无论是标准化债券还是非标准化债权，在去杠杆的背景下，随着利率的上升，企业的融资需求可能萎缩，主力配置的供给减少，交易机会难抓，给银行理财的投资端造成压力。

传统银行理财以固定收益类或类固定收益类为主力配置，对应产品端的预期收益率特征或波动较小的净值特征，以满足银行理财投资者的较低风险偏好。信用利差和期限利差是理财管理费收入的重要来源，这种盈利高度依赖宽松的货币政策和规模的高增长。目前，产品端边际成本高于投资收益，同时规模基数已经很大、行业增速放缓，理财规模边际上的扩张无法有效缓释成本上升的压力，理财业务的盈利会有明显的收缩，银行理财面临更大的转型压力。

二　去杠杆过程中银行理财要关注五个风险

(一) 理财业务的流动性风险

基于中央经济工作会议的基调，结合特朗普上台后国际贸易的不确定性，房地产政策收紧，2017 年经济发展仍然存在下行风险。货币政策延续降杠杆、紧平衡的思路，人民币贬值预期和外汇占款的持续下降，以及监管政策的诸多不确定性，加重了市场流动性偏紧的预期，金融链条的延伸导致金融体系更加脆弱，任何突发事件都可能演变成流动性危机。银行理财因其规模体量大、机构资金来源增长快、期限错配等，尤其要关注流动性风险，特别是在金融监管政策收紧的背景下，部分来自同业理财的银行理财资金可能会成为不稳定因素。

（二）理财投资的信用风险上升

2016 年，中央经济工作会议明确提出继续去产能，要抓住处置"僵尸企业"的"牛鼻子"。部分产能过剩的企业在政策打压之下，本来就难以为继，再加上去杠杆的背景使企业融资成本上升，再融资渠道收窄，无法"借新还旧"，企业面临的违约风险明显上升。2016 年 6 月末，银行理财配置的债券达到 10.6 万亿元，其中信用债达到 7.6 万亿元，信用债中 AAA 和 AA + 评级占比分别达到 55.7% 和 25.0%，仍然以高评级的信用债为主。但是，在经济增速放缓、去产能、去杠杆的背景下，部分企业的债务负担将更加沉重，企业的债务出清也在所难免，企业违约风险上升，将使银行理财投资面临更大的损失。

（三）理财投资的市场风险上升

经历 2015 年的"股灾"和 2016 年的"债灾"之后，在全球经济金融环境的变局之下，市场变得更加动荡，更加具有不确定性，也意味着风险的上升。银行理财以固定收益类的债券和非标准化债权投资为主，投资集中度较高，且由于预期收益型产品最后的兑付要由银行承担，使银行承担了一定的市场风险。过去几年，银行理财的大发展得益于利率不断下行，理财资产负债期限的错配为银行理财增厚了收益；但是，一旦货币政策收紧，利率开始上行，则银行理财将同时面临投资端的债券投资损失以及短期负债成本上升的双重市场风险。

（四）监管政策的不确定性风险上升

目前，监管机构对整个资管行业采取收紧趋严的态势，以促进资管行业更加规范、有序发展。对于银行理财而言，面临的突出问题是政策的不确定性风险。目前《商业银行理财业务监督管理办法》仍在征求意见阶段，这个办法对银行理财、银行业乃至整个资管行业都将产生深远的影响。一方面其有利于银行理财规范发展；另一方面也会对现有理财业务格局产生影响，如新办法对理财投向、产品发行等方面有过多限制，可能会对市场造成冲击。此外，新办法对银行理财的合规性要求更高，必将增加银行理财的合规成本，从人员成本、流程效率等方面都将增加银行理财的运营成本，降低理财投资给投资者的回报。同时，其他政策的不确定性，如政府和社会资本合作（PPP）项目实施细则、城投债提前还款风险等也将对理财投资收益造成影响。

（五）税收风险

2016 年 12 月，财政部和国家税务总局发布《关于明确金融、房地产开发、教育辅助服务等增值税征收的通知》（财税〔2016〕第 140 号），明确资管产品运营过程中发生的增值税行为以管理人为纳税人，对资管行业生态带来重大影响。尽管 2017 年 1 月出台补充文件明确资管增值税计税从 2017 年 7 月 1 日开始，不再回溯，但这对中国资管行业的影响将是重大而深远的，银行理财亦不例外。

三　银行理财应对措施：转型发展

在同业理财规模增速放缓、信用风险和市场风险上升的环境下，银行理财的竞争必将日趋激烈，作为资管领域体量最大的主体，银行理财必须坚定进行转型，才能更加规范发展，符合监管政策要求，也符合我国经济的转型要求，更好地支持实体经济发展。

（一）模式转型：回归本源

一是加快产品模式转型，从预期收益型向净值型产品转型，当前以预期收益为主的资产池模式占整个资管市场体量的 30% 以上，这种模式下风险和收益并不匹配，且以金融机构的信用作为隐性担保，未来难以持续做大做强，因此需要向净值型产品转型，将风险和收益同步转给客户，实现风险与收益的对等，其中银行理财应该发挥领军作用，提升净值型产品比例。二是夯实零售及高净值客户基础，培育真正的机构投资人。要重视投资者服务，提高与拓展信息披露的透明度及深度，针对不同产品和客户，提供差异化的信息披露和持续服务。同时，银行理财机构要提升自身专业能力，坚持自营与代客分离原则，理财机构向独立化子公司方向转型，从理财回归资产管理本源。

（二）提升投研能力：配置大类资产

银行理财应不断提升投研能力，研究建立和完善宏观及大类资产配置框架，培养资产配置的核心能力。以大类资产配置为核心和起点，将理财资金按照战术和战略投资规划分配给不同资产类别和风格的管理人，并根据经济周期波动和市场走势变化，对分配金额进行持续地动态调整。通过基金中的基金（FOF）和精选多元管理人（MOM）模式的投资提高其他大类资产的占比有助于分散投资风险，对抗经济周期波动和利率风险，提升投资端回报。

（三）拓展投资边界：跨界竞合

在金融混业经营时代，资产管理行业不仅局限于单纯的资管领域，还应向投资银行（资产端）、财富管理（产品端）两端跨界延伸，通过跨界延伸投资领域，打造资管产业链，同时又利用优势互补使同业竞合成为必然。不论是银行、信托、券商、保险、基金都有其发展的空间，但发展与合作的前提是提供有价值的核心竞争能力。各类资产管理机构都应根据自身资源禀赋，确定适合的战略进行业务布局。降低银行理财资产单一化的风险，通过拓展投资范围，获取更多的超额收益，并通过不同相关性资产配置提高组合的稳健性，降低波动性。

（四）巩固固定收益投资优势：信用评价先行

银行以信贷为本，擅长信用风险管理。银行的金融市场债券投资也是银行间市场最大的参与者。银行理财来自银行，其基因中就有固定收益投资、信用风险识别与管理，要巩固并发挥自身优势，打造资管行业领先的信用评价系统。信用创造价值，以项目投融资防止不良资产出现，债券投资要防"踩雷"。

（五）夯实基础设施：进行技术变革

随着人工智能、云计算以及大数据的发展，资产管理行业越来越依赖对数据的分析和智能化系统等基础设施的支持。在投资端的大类资产配置和投研（包括数据处理、算法模型和市场预测），在产品端的客户需求分析和导入，对组合的风险因子分析和风险收益匹配分析等都需要系统的强力支持。对资产管理行业而言，一个好的资产管理公司也是一个好的科技公司，例如贝莱德的阿拉丁系统要为投资组合提供风险分析、战略咨询和投资顾问服务，这已成为贝莱德的利润中心。在互联网技术的推动下，资产管理要不断进行技术变革和创新，让技术更好地为资产管理服务，提升客户体验，推动资产管理行业更加智能化、开放性和差异化发展。

尽管在去杠杆的经济形势以及监管政策收紧的政策环境下，银行理财面临诸多挑战，并将对行业格局以及未来银行理财的发展带来深远影响。但是，挑战与机遇共存，挑战也为银行理财提供了转型的机遇。如果能在上述五个方面进行转型，将银行理财打造成资管行业真正的"领头羊"，则银行理财将步入下一个"白银十年发展期"。

工商银行：打造全球财富管理旗舰

中国工商银行山西分行　王茂泽

　　兴业银行与波士顿咨询公司发布的《中国私人银行 2017：十年蝶变　十年展望》报告指出，得益于改革开放近 40 年经济快速发展的时代机遇，我国已形成超 120 万亿元规模的个人财富管理市场，预计到 2021 年，我国将形成一个规模达 110 万亿元的高净值财富管理市场，为我国的私人银行创造巨大的发展机遇。王洪栋等撰写的《财富管理与资产配置》，对财富管理的内涵、核心竞争力的构建、资产配置的方法论、客户群体管理的价值观、保险和基金业务的销售布局等内容做了详尽的介绍。在研读过程中笔者不禁感慨：个人的资产管理其实也同一个国家的经济管理一样并不简单。因此，笔者结合自己及身边人的真实经历，写一点小小的心得体会。

　　财富管理是富有人文主义的资产管理，它更加强调有针对性的资产管理，强调将合适的理财产品推荐给合适的客户群，符合客户的心理需求。

　　笔者有位朋友 L，她的姥姥本人有 80 万元左右的个人资产，存的是短期、定期，或者购买国债，同大多数老年人一样，L 的姥姥属于保守型投资者，他们的首要目标是保护本金，不愿意用高风险来换取收益，虽然也追求收益的增值，但更多的是希望收益稳定。笔者也曾多次建议其购买银行保本型理财产品，比如工行的保本稳利系列，但是对方只要一听不是整存整取的存款便不再考虑。事实上，如今去银行存款，完全可以考虑一些新型存款产品，比如某银行推出了"节节高"2 号协议和"薪金溢"协议，作为存款创新产品，"节节高"更加灵活，起存金额为 1 万元，计息规则按照实际存期靠档计息，存期大于等于 3 个月，小于 6 个月，按存入日 3 个月整存整取存款利率计息；存期大于等于 6 个月，小于 1 年，按存入日 6 个月整存整取存款利率计息；存期大于等于 1 年，小于 2 年，按存入日 1 年期整存整取存款利率计息；存期等于 2 年，按存入日 2 年期整存整取存款利率计息。其中，定期存款各档次利率按存入日在人民银行基准利率基础上上浮 30% 执行。"薪金溢"是代发工资的个人客户经与银行签约后，其签约账户人民币活期存款资金满足一定日均余额标准后，在季度结息时可享受定期存款利率水平，当季度协议账户日均活期存款月大于等于 1 万元，小于 5 万元，按照结息日央行 6 个月基准利率上浮 20% 计息；大于等于 5 万元，则按结息日央行 1 年定期基准利率上浮 20% 计息；小于 1 万元按结息日活期存款挂牌利率计息。这两项业务既可以保证本金也可以带来收益。后来，因为每次国债发行额度有限，老百姓不一定买得到，且老人不会使用网银购买电子式国债，工商银行网点对这些老人详细介绍了大额存单产品。大额存单利率按照市场化定价，2017 年第一期 3 年期个人大额存单利率为 3.85%，而同期的定期存款利率上浮后才为 3.575%。相比银行的保本理财产品，保本理财只保证本金而不保证收益，不可提前支取且理财性质资金不予保险，而大额存单保证本金和收益，支持提前支取且纳入单一个人 50 万元的保险范畴。大额存单在性质上是存款，利息比定期存款高，灵活性也更好。一些老人这才放心将钱存入大额存单。

在许多人看来，"有钱存银行"是个落后的观念，但是如果在实际过程中，多留意储蓄中的一些技巧和方法，多掌握各银行推出的新业务，不仅能够保证本金和收益，还能保证资金的灵活性。

有个商人带两袋大蒜到某地，当地人没见过大蒜，极为喜爱，于是赠商人两袋金子。另一商人听说，便带两袋大葱去了那个地方，当地人觉得大葱更美味，金子不足表达感情，于是把两袋大蒜给了他。虽是故事，但理财往往如此，得先机者得金子，因此不要错过任何一个投资机会。

笔者有个大学女同学 F，家境殷实，父母经商，毕业后因为在当地县里找不到合适的工作，于是想到上海试试。但是父母不想让女儿到离家太远的地方，于是产生了激烈的分歧，后来父母妥协，允许其前往上海，心疼之下先给了 200 万元让其在上海闯荡。F 在大学时学的是金融投资专业，平时也对投资感兴趣，虽然平时父母给她的零花钱绝对够，但是 F 依然能够利用所学的知识合理规划自己的资金。后来，F 咨询某银行理财业务，经过理财经理推荐，其选择了净值型理财产品。从特点上看，F属于中庸进取型投资者，其专注于投资的长期增值，愿意且有能力承受较大的风险。虽然近几年理财产品收益不如以前，但从长期看，浮动净值型理财产品收益还是高于固定收益理财产品。在当前的金融环境之下，为了避免资金流失，该银行对其理财业务及时进行了调整，以市场为主导，积极转型。从2015年开始，固定收益类的理财产品发行量逐步减少，净值型理财产品发行渐成趋势。

通过上述两个故事不难看出，合理的财富管理是根据每个人的风险收益特征进行资产配置，比如高风险的投资者，不妨给他多配置一些高风险高收益的产品，低风险的投资者则可以配置固定收益或保本型产品。在此方面，某银行经过多年的探索和实践，具有一套完整的资产管理体系；为帮助客户规避市场风险，设计了先进的风险测评模型和投资组合模型，推出私人银行业务。

某银行私人银行业务针对个人金融资产在800万元以上的高净值客户，提供以资产管理为核心、顾问咨询为重点的个性化、专业化的财富管理服务，服务内容主要有财务管理服务、资产管理服务、顾问咨询服务、私人增值服务与跨境金融服务五大服务系列，通过开放式的产品和服务平台，为客户遴选合适的专业产品，提供综合金融服务和增值服务。对此，某银行私人银行具有四大优势。

第一，差异化的财富管理战略，银行将私人财富管理业务作为其高端理财业务发展核心，目标客户群定位于全球的高端客户。工商银行财富管理的基本战略是以客户为中心，真正理解客户，给客户以高度的满足感，让客户获得更好的体验。

第二，专业的财富管理精英团队。银行私人银行有一支财富顾问团队，他们是AFP/CFP持证人，通过专属财富顾问的一对一问诊，为客户量身定制投资方案，进而实现风险与收益平衡的个性化投资分配。

第三，在客户细分基础上的优质客户关系管理。优质的客户关系是私人银行业务的关键价值驱动因素。优质的客户关系管理使银行成功地维护了客户。一是根据客户层次匹配对应的客户经理，便于客户经理掌握该层次客户的共性，顺利开展日常业务维护。二是充分发挥客户经理的纽带作用，加强与客户和财富顾问的沟通。通过充分沟通、了解需求，客户经理可就客户需求及时与各领域的财富顾问进行沟通，将顾问的意见准确地反馈给客户，最大限度尊重客户的感受。三是重视服务细节，提高服务品质。工商银行设置了统一的私人银行服务标准，使得客户能享受到规范统一的高品质服务。

第四，个性化的财富管理产品体系。银行为了向私人银行客户提供种类更多的产品与服务，产品体系涵盖了财富规划、资产管理、专业顾问、增值尊享与环球金融等服务，通过个性化的方案设计帮助客户实现财富积累、保护和转移全过程。

某银行因其出色的优势，在财富管理市场取得了一定的成就，为满足客户的金融需求，在量身定制的基础上，向其提供全面的银行、保险和投资理财产品和服务，协助客户实现资产保值增值。对此，该银行仍然需要进一步探索，比如前文提到的 F 刚刚参加工作不久，工作繁忙，虽然有心办理财富管理签约手续，但是因为工作调动频繁，与财富中心时远时近，其不愿在来往途中花费太长时间，所以 F 只是购买了该行的部分理财产品，并分流一部分资金投资在了第三方网站的理财产品上。L 的父母虽然间接了解了该银行的财富管理业务，但是因为其所在地没有该银行的网点，去市里又不太方便，于是没有成功签约，而是到其他银行签约了相关业务。在该银行的客户群体中，L 及其父母属于较为高端的客户，这类客户蕴藏着巨大的潜力，在财富中心全力开拓高端市场的过程中，这类客户虽然已经认同了该银行的财富管理服务，但有些客户因为住所离该行财富中心太远，迟迟不愿办理签约手续；有些客户虽然已经成功发展为该行的财富管理签约客户，但是因为工作繁忙，不愿在来往的途中花费太长时间，便将大部分资金流转或就近在其他银行的贵宾理财网点购买理财产品；还有一部分因为常住地附近出现了其他银行的财富管理中心，也在犹豫是否分流出一部分资金。好在私人银行部门基于这类客户的需求和目前工商银行传统的服务形式，在风险可控的前提下，优化服务流程，运用远程委托交易模式，以实现代客办理业务。

在当前复杂多变的金融环境下，工商银行应因势利导、因时而变、不断创新，以专业财富管理者的优势推进专业化的客户服务，积极推进工商银行的转型发展，在保证服务客户、回报股东、成就员工和奉献社会的基础上，建设成为最盈利、最优秀、最受尊重的国际一流现代金融企业。

新监管形势下商业银行资产管理业务

中国邮政储蓄银行甘肃省分行　王蓓蓓

一　商业银行资产管理业务概述

（一）资产管理业务

资产管理从广义上来说，是指投资者将资产投资于相关市场的行为和过程，既可以是投资者管理自己的资产，也可以是受托人管理他人的资产。商业银行自诞生之日起就在做资产负债管理。而现代意义上的资产管理更多的是一项全新的"受托投资"行为，是指商业银行向客户募集资金或者接受客户委托担任资产管理人，本着为客户财产保值增值的目标，按照与客户的约定对其资产进行投资管理，并收取管理费用及业绩报酬的行为。商业银行资产管理业务基本不占用资本金，银行在资产运作中只提供理财咨询、受托投资、代客投资等服务，不承担主要风险，依靠收取固定佣金或手续费获得业务收入，具有与传统表内业务完全不同的运作规律和业务特征。[①]

目前，我国商业银行资产管理业务主要包括理财产品、受托投资以及投资顾问等，其中理财产品业务占比目前最高。

（二）资产管理业务在我国发展空间较大

从 2016 年上半年各类发行主体理财资金余额来看，股份制银行理财资金余额 10.89 万亿元、国有大型银行理财资金余额 9.00 万亿元，城市商业

---

①　王丽丽：《商业银行资产管理业务实践与探索》，中国金融出版社，2014。

银行理财资金余额 3.74 万亿元；从增速上看，各类发行主体理财资金余额较 2015 年末增速如下：农村金融机构增长 58.24%、城市商业银行增长 21.82%、股份制银行增长 9.89%、国有大型银行增长 3.81%；从资产管理业务收入占比来看，资产管理业务的快速扩张已经成为当前商业银行利润增长的新引擎，部分商业银行（如交通银行、光大银行）甚至某些国有大型商业银行的资产管理业务收入已达总收入的 10% 左右。[①]

通过对比可以看出，资产管理业务发展呈现差异化趋势，国有大型银行资产管理业务受中小银行冲击强烈，同时资产管理业务收入占银行利润比例越来越高，因此资产管理业务发展空间仍然较大。

二　商业银行资产管理业务改革的必要性

随着经济的快速发展、财富的迅速积累和居民理财意识的不断提升，资产管理业务在金融市场中的份额越来越大。无论是发展较为完善的发达金融市场，还是正在发展中的新兴金融市场，资产管理业务的重要性越来越明显。在资产管理业务运行中，资金往往是从盈余方流向资金需求方，也就是资金盈余方为了实现资金的增值功能将资金交由具有管理、增值服务功能的银行来保管，而银行通过资产管理计划将资金匹配到资金的短缺方，这里的资金短缺方既可能是债券、股票和票据等金融资产，也可能是实体经济，通过投资从而实现增值的目的。

首先，资产管理业务在 2017 年以前一直具有低资本占用和低风险的特点，所以 2017 年以前的资产管理业务发展异常迅速，规模增速显著提升。在"放松管制，加强监管"的政策取向和监管理念下，我国"泛资产管理时代"呈现出发展乱象，2017 年监管机构所发布的一系列文件预示着资产管理业务将面临前所未有的挑战，既有助于达到降低资产管理业务风险、合规发展的目标，也有助于金融行业去杠杆、去套利、去通道，回归金融支持实体经济发展的本源。与此同时，资产管理业务将资产配置在不同领域的天然属性决定了它跨部门、跨机构的业务发展属性，这促进了我国分业监管模式的改革。

---

① 林烨：《国内商业银行资产管理业务投资运作研究》，厦门大学硕士学位论文，2014。

其次，监管推动资产管理业务回归代客理财本源，打破刚性兑付，使理财产品期限更合理、更能反映风险收益状况。2017年资产管理业务面临的第一大困难是在宏观审慎评估体系（MPA）考核下如何实现资金端持续稳健的发展。2016年MPA考核广义信贷是指法人机构人民币信贷收支表中的各项贷款、债券投资、股权及其他投资、买入返售资产、存放非存款类金融机构款项的余额合计数。从2017年一季度开始，MPA评估将表外理财、应收及预付款纳入广义信贷范围。将资产管理业务中作为资金端的表外理财纳入MPA考核，这意味着表外理财的规模将直接与银行的资本充足率挂钩，所以表外理财的发展受到很大的限制，因此MPA考核约束了银行理财规模，倒逼银行优化客户结构，提升投资能力。在非标准债权类理财产品受限、资产池模式监管趋严以及信息披露日趋透明的背景下，传统的封闭型和预期固定收益类理财产品已不能适应形势发展的需要。因此，各银行推出了开放型和净值型理财产品。开放式和净值型产品类似基金产品的运作模式，既满足了投资者的资金进出自由和对高收益、高风险产品的追求，也破除了刚性兑付，回归了资产管理的本质。

最后，银行资产管理业务资产端业务的迅速发展需要资金端的大力支持，而资金端发展受限在很大程度上限制了资产端业务的发展。这就打破了以往传统模式下的"资金池"与"资产池"的运转结构。同时，在资产池模式中，商业银行一般采用发行不同期限及不同类型的产品，通过发行此类理财产品募集资金，然后再投资于各种不同的资产，并不是像单个产品采取封闭运作的方式那样。因此，在这个过程中存在产品与期限的错配问题，商业银行很难达到"成本可算、风险可控"要求，在风险控制及转移上问题较多。而且，期限错配易导致系统的流动性风险。因此，在现有监管体制下，如何处理这对矛盾是资产管理业务所面临的最大困难，也是资产管理业务下一步发展改革的重点。

三　商业银行资产管理业务发展的不足

在大资管背景下，资产管理行业原本分业经营、分业监管的格局被打破，银行、证券、保险、信托等金融机构都可以开展资产管理业务，业务的同质化现象日趋明显。虽然商业银行开展资产管理业务拥有先天优势，但也存在着不足。

（一）商业银行资产管理业务专业性不强

商业银行以存贷款赚取利差为主要业务，而商业银行资产管理业务开展较晚，因此在投资领域明显受限，缺乏经验，专业团队能力普遍较弱，与证券公司等专业化投资团队在资产管理业务上的差距较大，需要提升的空间仍然较广。

（二）我国银行理财产品结构单一

我国理财产品仍然以封闭式与开放式非净值产品为主，虽然开放式净值型产品资金募集量增幅明显，但整体占比依然很小，此类理财产品的收益并没有反映出投资产品的市场价值，银行的预期收益率产品并不需要客户自担风险，从而使银行在一定程度上承担了刚性兑付的风险。[①] 这与资产管理业务的代客理财，银行只为投资者提供专业、全面的咨询服务，客户自担风险的本质背道而驰。净值型产品能够打破刚性兑付，有效避免期限错配及收益倒挂风险，从 2014 年开始，得到监管部门的大力支持，但是截至目前，净值型产品无论是从发行数量上还是从发行余额上看，均有较大的发展空间。

（三）商业银行是最终的风险承受方

在与其他金融机构合作的过程中，商业银行理财业务处于劣势，在风险暴露时，商业银行却需要承担最后的风险。一般商业银行与其他金融机构的合作主要采取通道业务，主要包括票据类、银证信类、贷款类、收益权、应收债权类等通道业务。商业银行主要是在资产端投资受到信贷额度、行业及存贷比等限制，需要借用类信托机构的通道为自己的客户融资，而在这个过程中，信托和券商只是单纯的中介商，不会扮演主人翁的角色，不可能去承担责任，更不会去控制风险。而在这种合作的过程中又会积累一些没有预期到的风险，从而很难控制风险，一旦这个链条上的任何一环出了问题，商业银行就会作为最后承担风险的机构，承担一切责任。[②]

---

① 智信资产管理研究院：《中国信托业发展报告（2013）》，社会科学文献出版社，2013。
② 马理、李书瀚：《资产管理业务对商业银行收益与风险的影响效应研究》，《统计研究》2016 年第 11 期。

四 新监管形势下的资管业务转型

新监管形势下的商业银行难以依靠传统的发展路径和模式继续发展，因此转型是必然的选择。

（一）专业人员能力的提升是业务转型的前提

传统的资产管理业务具有产品、资产池错配的特性，易导致风险难以控制；期限错配易导致系统的流动性风险；商业银行表内业务与资产管理业务交易存在很大的关联等缺点。[1] 因此，资产管理业务就需要回归代客理财的本源来解决这些问题。目前，我国银行理财存在着各种显性或隐性的担保条款，这使理财成为类存款业务，与事实上的代客理财区别较大，监管机构虽然在严厉打击各种担保文件的行为，但是竞争激烈的理财市场很难改变这种以银行信用作为隐性担保的现状。为了回归资产管理业务的本源就需要各商业银行产品研发团队加强净值型、结构化理财产品的研发能力，提高投资管理能力和风险控制能力，从而适应资产管理业务发展的监管要求和客户需求。

（二）加强高净值客户营销与维护

受央行 MPA 各项考核指标的影响，银行理财纳入广义信贷的范畴，进而在季度末考核时需要占用商业银行资本。目前，银行理财受到季末 MPA 考核影响较大，以往不占用银行资本快速增长的局面已经改变，发展空间受到限制。因此，商业银行在理财的发展上需要调整以往粗放化的发展模式，进而转型向高净值客户服务发展。做好高净值客户的理财产品不仅可以扩大银行高端客户的数量，抢占高端客户市场，而且有助于拓展理财资金的投资范围，提高银行资产管理业务收益率，通过高收益率的产品回馈客户，实现良性互动，从而达到资金端与资产端的协调发展。

（三）形成差异化的综合服务体系

在新的监管框架下，商业银行传统资金池与资产池模式发生不匹配的概率大大上升，因此面对资产管理业务高度相似的产品类型，就需要从传

---

[1] 项岭：《"刚性兑付"难掩影子银行风险》，《中国经济周刊》2014 年第 6 期。

统的发售理财募集资金的运转模式转型到根据客户属性提供个性化服务方案。一方面商业银行资产管理业务应增加投资顾问类服务。可以提供代为推荐信托计划、代客理财和资产管理等各类顾问服务。另一方面服务对象呈现多元化的趋势，根据市场的细分可划分为普通客户、中高端客户，针对需要保值的普通客户以保本、开放式理财为主要营销、推介产品；而针对中高端客户要以结构化、净值型产品为主要营销和推介产品，并在资产配置中从以理财产品、基金、保险、股票、债券、信托、期货等为代表的金融产品横跨到房地产、贵金属、艺术品等领域，以达到客户资产增值的目的。在日益激烈的市场竞争中为了避免客户的流失，根据不同市场的不同需求提供差异化的综合资产管理服务显得尤为重要。

（四）监管改革，去杠杆、去套利、去通道成为必然选择

面对资产管理业务跨部门、跨行业和跨机构的基本属性，"一行三会"需要在现有分业监管的模式下进行改革，以达到跨部门、跨行业和跨机构业务等通道类业务的全面监管，从而解决目前资产管理业务乱象中的监管套利问题。同时，在保护客户权益方面，监管机构应加强日常的对金融机构的风险控制、业务运营以及金融机构信息披露及时性与准确性等方面的监管，为资产管理业务营造良好的发展环境。

监管机构的改革可以很好地解决去杠杆、去套利、去通道问题。在清理同业存单、减少委外、打破刚兑、"14条"去杠杆新规定等一系列严厉监管措施下，资金在金融机构之间空转套利和高杠杆模式将逐渐结束。从银行的角度来看，通道业务产生的背景是银行负债端的市场化程度与资产方的市场化程度严重不统一，负债端需要更多的资产端来匹配，从而需要向外扩展。一方面包含的风险较大，一旦在通道业务的任何一层通道上出现问题，就不再具有低风险高收益的特质；另一方面监管政策趋严，从2017年的监管政策来看，银行通道类业务无论从通道嵌套数量上，还是对底层资产穿透要求上均限制了银行通道类业务的发展，因此去通道也是必然选择。

我国西部地区商业银行财富管理业务的发展

中国建设银行宁夏分行　卢　青

　　财富管理是近年来在我国金融服务业中出现的一个新名词。财富管理顾名思义，就是管理个人和机构的财富，也可以简单概括为"理财"，但又区别于一般的理财业务。财富管理的出现划分了我国金融服务业两个不同理财业务的时代：一个是早期理财业务时代；另一个则是经过发展与改进的成熟理财业务时代——财富管理时代。

　　目前，高净值投资者不断增加，对于资产管理的要求也越来越旺盛。由于理财市场的"二八定律"，即20%的高端客户会为商业银行带来80%的利润，80%的普通客户只会为商业银行带来20%的利润，因此商业银行对高端理财市场的关注愈来愈强烈。在国外，特别是以美国和欧洲为代表的财富管理业务也已经发展了几十年，无论在规模、规范化程度、投资范围，风险控制等方面，以及资本市场发展相对成熟，而我国商业银行财富管理业务起步较晚，尤其是在经济相对落后的西部地区。但是，面对后金融危机时代，为了稳定和提高自身竞争力和赢利能力，创新经营业务，发展财富管理业务已成为各大商业银行的历史选择。财富管理业务的发展面临的机会和威胁是并存的。

一　我国西部地区财富管理业务的发展现状及制约因素

（一）我国商业银行财富管理业务发展的总体现状

当前，国内理财需求日益凸显。面对国内高净值人士在资产配置与管理规划上对专业机构服务的需求，国内商业银行将财富管理业务作为自身的战略性业务进行培育。各家银行通过完善服务功能，整合金融资源，提供高级金融服务。财富管理业务在我国起步较晚，作为商业银行的战略转型发展业务，尤其是在经济相对落后的地区，如何获取这些有需求的客户，如何真正去实现客户财富的积累、保值、增值具有一定的挑战性。

（二）西部地区商业银行财富管理业务发展滞后的原因

1. 对财富管理概念的模糊

财富管理是指以客户为中心，设计出一套全面的财务规划，通过向客户提供现金、信用、保险、投资组合等一系列的金融服务，对客户的资产、负债、流动性进行管理，以满足客户不同阶段的财务需求，帮助客户达到降低风险、实现财富增值的目的。财富管理业务是以客户为中心，满足客户的财务需求；而一般意义上的理财业务是以产品为中心，目的是更好地销售自己的理财产品。对于信息相对闭塞、人才紧缺的西部偏远地区而言，部分商业银行缺乏对财富管理的认识，对财富管理和单纯的理财业务转型目标并不明确，依然停留在向客户推销个人理财产品的认识上，对风险的大小、理财计划的制定、投资计划的设立、组合投资服务等意识较为缺乏，这种还未转变的理财理念在一定程度上阻碍了财富管理业务的发展。

2. 理财需求和理财文化的制约

2017 年末，中国居民有 65.2 万亿多元的储蓄资产，以全国人口总数 13.8 亿人计算，人均存款近 5 万元。随着国民收入和个人财富的增长，可以说财富管理的需求应该不断增大，但现实却恰恰相反，当前财富管理的实际需求比较小，造成这种现象的原因主要有以下四个方面。一是中国个人财富拥有的不均衡，中国储蓄的 60% 集中在 20% 的个人手中，80% 的居民属于低收入阶层，所以真正有理财需求的只是少数人；二是中国人缺乏投资意识和理财意识；三是中国人普遍有一种"财怕外露"的思想，以及不愿把财产交给他人打理的心理和习惯；四是居民对财富管理的内涵、业务及业务流程不了解，同时对商业银行开展的财富管理业务缺乏认同感。对于经济发展相对较缓慢的西部地区，这些制约现象更为显著。

3. 缺乏整体的客户群体

作为商业银行，谁拥有的客户群体多，客户群体的质量高，谁占有的市场份额就多。财富管理业务也与其他金融业务一样，需要有庞大的客户群体。银行开办财富管理业务的关键也是如此，没有一定量稳定、忠诚的客户一切都无从谈起。然而从目前西部地区的情况看，财富管理业务发展缺乏客户群体。相关数据显示，我国城镇人口占总人口比例为57.35%，而西部地区的城镇化率远落后于全国平均水平。据调查，我国西部城镇居民有理财意识的客户只占30%左右，农村居民有理财意识的客户不到10%，并且在接受理财业务或热衷于理财的客户当中，绝大部分是年龄偏大的客户，而年纪较轻的客户对理财业务并不感兴趣。从理财对象上看也大多是一些零零散散的客户，无法形成一个客户群体，这就影响了财富管理业务的发展。

4. 缺乏专业的财富管理人才

商业银行在给客户提供资产管理型理财产品的背后是优秀的投资研究人员。产品经理在决定客户配比收益时，如果身后没有足够的投资研究人员的支撑是不行的。目前，国内商业银行财富管理人才匮乏已成为我国银行财富管理业务发展的重要瓶颈。对于中西部地区而言这种形势尤为严峻，符合标准的专业人才凤毛麟角。财富管理业务是一项知识性、技术性相当强的综合性业务，它对从业人员的专业素质要求很高，从业者除应具有渊博的专业知识、娴熟的投资技能、丰富的理财经验外，还应掌握房地产、法律、市场营销等相关知识，并具有良好的人际交往能力、组织协调能力和公关能力。然而，目前许多基层商业银行缺乏这种理财素质较为全面的专业人才，有些单位根本就没有这种人才，更谈不上财富管理队伍的建设，有的仅是临柜一线中单一的业务经办员，比如代理基金买卖、代理保险、外汇买卖等单一的理财业务，这为财富管理业务的发展带来了阻碍。

二 西部地区财富管理业务发展的市场环境

（一）外部经济环境

1. 西部地区经济保持良性发展

近年来，我国西部省份宏观经济总体保持平稳运行的态势，西部地区生产总值保持了平稳增长，城乡居民收入水平稳步提高，主要原因是提高最低生活保障和离退休人员工资，以及公务员工资改革等一系列政策措施的实施，明显增加了居民收入。在西部一些经济相对发达的地区，中、高等收入群体不断壮大，而且他们有对市场经济的认同感和对资产保值增值的愿望，有望成为现实的个人金融服务的客户群，这为开展财富管理业务奠定了坚实的市场基础。

2. 居民家庭资产结构发生变化

就全国居民工资收入水平而言，地域差异相对较大，但是随着西部大开发政策的不断实施，西部地区居民的收入有了很大的改善，居民主动理财的意识觉醒，居民工资收入中用于主动理财而非被动储蓄的规模正在大幅上升，越来越多的人对工资收入进行多元化配置。理财的选择也由传统预防型向保值增值型转变。随着居民对金融产品认知度的加深，各类理财投资越来越受到青睐。居民家庭拥有的金融资产结构也逐渐发生变化，居民储蓄高位回落，传统的"教育""养老""防病""防失业或意外事故"等预防性储蓄动机逐渐下降。

（二）内部环境分析

1. 在思想认识上

目前，发展理财业务在行与行之间、上下管理层之间依然存在认识上的差别，许多旧的观念和做法依然存在于一些基层管理者的头脑中。由于考核激励问题，一些银行依然只注重贷款和存款业务，并没有把理财业务当作一项重要的战略任务，个别银行甚至出于对存款分流的担心，有意识地抵触理财产品销售。

2. 在市场定位上

从目标客户看，现在部分股份制银行贵宾理财的门槛比较高，并且更加注重优质客户中的中高端客户群体。国有银行贵宾理财的门槛比较低，在对高端客户的管理上虽然也进行了细分，但在细分中也只是按照总行的规定把符合条件的客户统计出来，至于是否与本地实际相符则缺乏深入研究。对于西部地区的一些银行来说，要么高端客户交给行长去管，要么与其他的理财客户一同管理，对于高端客户的服务有名无实，不能满足高端客户的尊贵感心理，不利于集中资源对高端客户进行差异化服务。

3. 在理财人员的专业能力上

一些银行在配置客户经理时不完全是根据专业能力，而是把客户经理当成一种待遇，使之忽视了销售技巧、专业知识等方面的培训，对员工形成误导。理财人员没有通过专业而系统的深造，人员老化、素质低下，高素质、高学历人才难以引进，使本来人才短缺的队伍，更显得力量薄弱，与其他金融机构开展激烈竞争就显得力不从心。

4. 在业务支撑上

很多客户经理除了维护存量客户之外，出于完成任务的目的依靠各种关系拉客户，由于缺乏研究策划，客户经理对市场走势的把握很多靠感觉和主观判断，无法给客户有价值的投资建议和规划，长此以往制约理财业务发展。

三 西部地区财富管理业务发展的思考及对策

（一）西部地区发展财富管理业务的意义

1. 拓展传统盈利模式的重要途径

对西部地区来说，大部分商业银行的主要利润来自存贷利差收入。随着银行业竞争的加剧，银行的实际存贷差不断缩小，今后单纯靠存贷利差盈利的经营模式亟待改变。发达地区的商业银行的经验表明，近几年财富管理业务是银行新的利润增长点，具有巨大的发展空间。许多外资银行的个人高端客户业务，每年的平均利润高达40%，年平均盈利增长20% ~ 25%，远高于银行的一般零售业务。而我国西部地区商业银行的财富管理业务平均利润不到10%，因此需要调整业务增长的方式，只有大力推行以财富管理业务为重点的盈利模式，才能适应未来金融市场的需求。

2. 发展财富管理业务是新形势下同业竞争的需要

财富管理业务的同业竞争已经全面展开。财富管理业务发展得如何，将决定银行对个人优质客户资源的吸引力和拥有量，只有占领财富管理业务制高点，才能发掘更大规模的个人优质客户资源，在未来金融同业竞争中占据主动地位。

（二）西部地区财富管理业务发展对策

1. 增加和创新财富管理产品及服务

积极探索高端私人银行业务的发展。吸引高端客户，加快产品创新，不断改进营销方式，改革组织架构，提供高效的人性化服务，加快高素质专业化的人才培养。

（1）提供理财规划服务。可以根据客户的财产状况、财务目标及投资偏好进行理财规划，组合投资产品并合理配置金融资产，实现投资收益最大化并达到阶段性理财目标。

（2）提供金融资讯定制服务。客户可根据自身偏好定制金融资讯，包括投资理财产品与业务、金融市场走势、宏观金融政策变化，内容涵盖银行、证券、基金、保险、信托、外汇等多个金融领域。客户经理将根据客户的需求定期通过电子邮件或传真的方式为客户发送信息。

（3）提供投资事务提醒服务。客户经理根据客户预先制定的投资计划与安排，电话提醒客户当日需要办理的投资事宜或银行业务，并提醒客户携带办理业务所需证件及凭证。客户经理还可根据客户的需求记录并提醒其他事务的办理，如客户账户信息变动提示、稀缺投资产品预约等。

（4）提供亲情服务。客户经理为客户发送生日、节日问候与祝福，发送鲜花及个性化礼品；为客户亲属、子女提供理财培训，帮助其亲属、子女建立正确的理财观念。注重实质，以高质量的产品和服务打动客户。

2. 建立和完善品牌营销体制

开展财富管理业务，必须在营销理念上有所创新，建立整体营销体制，主动向客户推荐并出售服务，成功打造理财品牌，培育理财文化，在客户心中形成银行理财的时尚理念。银行要加大营销宣传力度，要善于运用广告、人员推销、公共关系等各种促销手段让客户了解产品和服务特色，使客户牢记本行所提供的是最佳服务。在开展财富管理业务营销中要有效整合资源，做到既有声势又效果显著。一方面要统一营销模式。可采取区域内联动、统一部署的营销模式，由区域营销中心制定营销手册和方案，然后在重点城市、地区通过举办新闻发布会、产品推介会、理财培训讲座等，形成全行联动、波澜壮阔的营销攻势；另一方面各分行要结合实际，开展种类繁多的主题促销活动，使银行财富管理品牌深入人心。

3. 加强财富管理业务的风险控制

目前，我国各银行业金融机构应从战略高度做好财富管理业务产品创新，加强风险监控工作，按照符合客户利益和风险承受能力的原则开展理财业务。一是组织员工加强对银监会《商业银行个人理财业务管理暂行办法》《商业银行个人理财业务风险管理指引》和同业经验的学习，加快理财队伍建设，提高从业人员素质。二是规范产品研发程序，完善风险管理体系，在开发设计环节，应制定新产品开发的设计管理规定，做好事前评估，防范业务风险，充分考虑业务对系统资源、专业人才和业务支撑能力的要求；在投资顾问环节，客观评估客户的风险认知和承受能力、投资意向，提供符合客户利益的投资顾问服务，并充分揭示风险；在营销环节要切实注意防范法律风险和合规风险，防止错误销售和不当销售；在投资操作环节要严格控制操作风险，按照客户的指示或合同的约定进行投资和资产管理活动；在后续服务环节要保持文件和数据记录的完整性和可靠性，充分披露相关信息；在风险控制上要建立有效的风险识别、计量、监测和控制体系。

关于商业银行个人金融发展转型的思考

——"批发+零售"双引擎新模式

中国工商银行广西分行　谢思明

我国经济发展已经步入"新常态",目前存在着产能过剩、人口红利弱化、创新活力不足、供给需求不匹配、杠杆压力显现等问题和矛盾。作为承担服务实体经济、优化社会资源配置责任的银行业来说,经营和发展压力更是不言而喻。一方面存贷息差的减少、汇率的变化、国际形势的转变等影响了人们的储蓄习惯和投资模式;另一方面经济发展放缓和前期的高杠杆使不良资产逐渐增加,导致单纯依靠传统的存贷息差收入已经无法维持商业银行以往两位数的利润增长,有些银行在拨备后还出现了负增长。如何在挑战中寻求机遇,在大浪淘沙过后站稳脚跟甚至趋步向前,需要审时度势、勇于变革、敢于创新。

从商业银行个人金融发展转型的角度来说,我们要着力打造"批发+零售"模式,双管齐下兼顾各层面客户,打造个人金融增长双引擎。"批发"是指同质性的金融产品以银行为平台面向无差别的客户进行销售,只要满足投资门槛需求和风险承受能力匹配的客户都能进行购买。"零售"是指具有差异化甚至是量身定制的金融产品和金融服务,针对特定客户进行量体裁衣式的设计资产配置方案,也就是现在各商业银行锁定的私人银行。"批发+零售"模式旨在针对不同客户特性和需求提供最合适的金融服务,普通客户能够在"金融超市"里面购买到产品,高端客户能够在"金融旗舰店"中获得"一站式"服务,从而充分挖掘不同客户身上的潜力,提高商业银行盈利能力。

一 "批发"三个要点：平台、产品和服务

（一）打造开放性、安全性、完备性的平台

开放性是指银行除了经营本身的产品之外，还要甄选其他金融机构的优质产品。以工商银行为例，其旗下的工银瑞信基金子公司自身有工银系列基金，涵盖货币型、债券型、混合型、股权型等产品，除此之外还为几十家基金公司的上百只产品提供销售平台，以直接购买、定投等方式为客户提供投资渠道。安全性是指与银行合作的机构必须是经过总行评估的优质机构，要为客户投资进行前期"排雷"，杜绝推荐不规范的机构和产品的行为。完备性是指银行自营或代售的产品要涵盖所有投资产品，包括理财、基金、保险、资管计划、信托、股权投资等，满足客户不同的投资需求。

（二）追求产品创新，提升产品设计能力

银行产品同质性非常高，但近年来由于竞争压力各家银行开始逐渐意识到产品创新的重要性，无论是存款产品还是理财产品都推陈出新，逐渐让利于客户。以存款产品为例，不再是单一的活期存款和定期存款，而是具备灵活性和增值性的定活两便存款产品，比如工商银行的"节节高"、农业银行的"活利丰"等。

以农业银行的"活利丰"2号产品为例，要求5万元保底冻结3个月，签约期限为1年，积数（每日余额累计）在900万～1800万元，结算时按照央行6个月基准存款利率上浮30%，也就是按1.69%计算，保底冻结金额3个月后可以随时支取。当总积数达到1800万元，即日均5万元，1年协议到期后全部按照1.69%计息，利息在协议结束时结算。保底冻结金额门槛越高，"活利丰"产品的结算利率越高，"活利丰"4号的计息利率甚至达到了3.575%。这款产品对资金流动较大的客户非常有吸引力，揽存能力较强。

换个角度，冻结3个月的5万元在3个月后不管何时支取都是1.69%的收益，可以将其看作客户购买了一笔3个月收益率为1.69%的理财产品（冻结金额不可赎回，和理财类似），以工商银行90天增利理财为例，收

益为4%，如果客户一年内日均达到5万，在可随时支取的同时，年末至少按0.7%计息结算，那么这种产品设计就可以和"活利丰"2号竞争。而针对计息利率更高的3号、4号产品，对应的理财产品和灵活支取时的计息利率都要更高。这里有四个要点：一是提高与冻结期限相近的理财收益。二是提高灵活支取的计息利率，这里需要注意的是，提升理财收益的幅度应该大于灵活支取的计息利率，对于银行端来说可以减轻长期负债成本压力，用短期负债成本的增加换取长期活期负债的使用窗口，以提升银行负债经营能力。三是允许"节节高"提前支取以避免客户无法达到靠档计息期限。四是简化业务办理手续。

产品的结构设计和宣传对客户的接受和认可程度会产生深刻的影响，相同的收益，设计结构越简单、办理手续越简化，客户越能接受，相同概念的产品越早推出就能越早抢占市场和客户。在设计产品时要先人一步，变产品之革，创市场之新，要做到前无古人，就像工商银行最初推出"节节高"一样，既能短时间赢得大量新客户，又能提升老客户的忠诚度。

（三）树立"服务立行"的理念，培养良好客户关系

日常客户关系维护对个人金融业绩具有深远的意义，很多时候走"批量业务"靠的就是回头客，有些客户是不会因为竞争对手的收益高或赠品多而将存款或是理财转走的，他们会出于对某位客户经理的信任而长期追随。为客户提供优质服务包括理性和感性两方面，在理性上就是推荐适合客户的产品，为其做好资产配置；在感性上就是和客户成为工作伙伴甚至是朋友，客户能够放心倾诉，从而对你产生信任感。要知道，客户经理直接与客户进行面对面的交流，形象和态度是客户直观感受到的，一个面无表情的客户经理敷衍客户，客户马上就会对其产生反感情绪，自然不会对其产生信任并将自己的财富规划交由其设计。这就需要客户经理在细节上下功夫，比如熟记每个人的名字，了解客户的性格和家庭构成等，这些都需要耐心和长期投入才能获得。

二　"零售"三个特性：专业性、差异性和全能性

就"二八理论"来说，最能盈利的那部分客户群反而是数量占比较少

的，银行要发挥有限的高水平人才队伍的最大价值，为这部分高端客户提供专业性、差异性和全能性的产品和服务。在营销队伍建设中，银行应该重点打造优质的私人银行营销团队。根据测算，到 2020 年我国的高净值家庭数量将增长到 388 万户，保持年均 13% 的增长率，可投资的金融资产增速达 15%，高净值人群可投资金融资产占据全国整体可投资金融资产的51%。① 由于股市波动、利率下调、人民币汇率和房地产走势不明朗等原因，高净值人群寻求投资渠道的需求更为强烈，使得私人银行具有巨大的发展潜力。

（一）塑造专业性队伍，打造可信赖品牌

国外的私人银行历史悠久，发展已经较为成熟，一些外资银行诸如汇丰银行、瑞士银行等已经形成享誉海外的品牌，这与它们的专业性密不可分。一是具备一支专业素质极高的专业型人才队伍。国外金融行业实行混业经营，大部分私人银行人员具备 10 年以上的各领域投资经验，在为客户提供金融产品建议和非金融咨询服务方面有着得天独厚的优势。二是在保护客户私密性上的专业性。瑞士银行因其严格的保密机制吸引了大量离岸客户。

就我国现在私人银行发展的背景来看，分业经营的政策导致商业银行私人银行部门从业人员知识面较窄、实操性较差，而知识储备充足、经验丰富的高水平人才流动性又大，极易被待遇薪酬更高的券商、资管等挖走，造成私人银行人才队伍整体水平难以提升。因此在建设私人银行团队时，一是要加大人员培训力度，从经济、金融、法务等全方面武装从业人员。二是要健全薪酬分配长效机制，付出的回报要符合员工和公司的共同预期。三是建立外聘机制，直接从券商、咨询公司、律师事务所等专业机构聘请顾问，协同商业银行从业人员共同服务客户。从保护客户私密性上来讲，我国部分私人银行客户属于"富一代""创一代"，有些是在体制不完善、监管不到位的年代完成了财富积累，因此这部分客户大多寻求离岸私人银行。例如瑞士银行，因此他们不是我们关注的重点，但做好客户信息保全工作是私人银行的基本职业纪律。

---

① 资料来源：《中国私人银行 2016：逆势增长　全球配置》，兴业银行、波士顿咨询公司，2016。

（二）结合银行自身优势，实行差异化策略

每个银行自身优势领域不同，例如某银行在大宗商品交易融资方面发展得较好，其子公司通过套期保值为客户提前锁定价格，赢得客户信任。工商银行的私人银行产品较为丰富，能为客户提供境内境外"一站式"金融产品服务，较早实现了私人银行四大中心的海外布局，为客户提供基础银行服务、资产管理服务、跨境投资顾问服务和特色投融资服务。

在国内投资收益较为低迷、美国进入加息通道、私人银行客户关注点从单纯的资产增值转向财富继承等综合因素的作用下，客户的投资重心从国内转向境外。在此变化下，境外机构较多、境外体制较完善的工商银行就应该把握住发展良机。对投资经验丰富的客户，注重提供非金融服务，尤其是移民咨询、税务规划、保险以及财富传承规划等；对投资经验不足的客户，避免客户冲动换汇到境外投资而承担汇率和国家主权风险，而且外管局监管趋严，更不适合这种粗放型的投资方式。应该开展投资者教育，让客户充分认识境外投资的风险，了解掌握基本的制度要求，注重提供金融产品，例如合格境内机构投资者（QDII）基金、沪港通、房地产信托投资基金（REITs）等，利用这些专业人士管理的集合投资，通过符合境内监管要求的渠道进行合理的境外投资。此外，要加强境外私人银行中心和当地金融机构的合作力度，避免水土不服造成业务无法开展的情况。

差异性意味着排他性，客户能够在这种排他性中获得符合自身需求的满足感，进而巩固客户关系、提高客户忠诚度，在优势领域稳中求新，创造中间业务收入。从国际经验来看，国外私人银行收入构成包括手续费、咨询费和管理费，而我国私人银行还是以销售理财、信托等产品的佣金收入为主，来源较为单一，因此要以优势领域为切入点，改变私人银行发展思路，不能停留在将产品卖给原有客户中的高端、超高端客户的阶段。

（三）打造全能型私人银行模式，真正体现私人银行内涵

国外私人银行更像是客户的家族管家，不仅仅是为客户提供几只收益高的产品那么简单，它涉及为客户整个家族提供资产配置计划、企业税务咨询、家族遗产继承、子女教育等方方面面。国内实行的分业经营模式造成产品过于单一，从业人员自身对代理产品了解不足，更不用说为客户进行产品组合设计和配置。

首先，我国私人银行发展还处于起步阶段，客户以"富一代""创一代"的企业家为主，投资经验不足，相关金融知识掌握不充分，对私人银行还停留在销售专属的高收益理财产品中心的认识上，私人银行经营模式尚处于产品销售阶段，还未实现财富管家的定位转型。2016年四大银行的私人银行报告显示，私人银行客户流失情况严重，部分产品由预期型转为净值型后，客户反弹较大，出现了资产转移，说明客户对风险认识不足，这对银行打破刚性兑付极为不利。我国的私人银行客户平均年龄为40岁[①]，风险偏好程度却低于实际风险承受能力，国内私人银行中心应该转换思路，积极主动地对投资者进行金融、经济、法律的相关教育培训，让其具备一定的投资和分析能力，使其风险意识和风险承受能力得到提升，对非理财产品的理解能力和接受程度增强。

其次，我国私人银行仍以"批发"的理念做零售。不管是工商银行自身的产品还是代理销售的产品，代售银行都缺乏一定的自主性，产品与客户的特殊需求匹配度不强，未能实现针对每一位客户或一类客户群提供专业化的产品设计和资产配置。商业银行应该充分利用其牌照优势，整合旗下基金、证券、保险等子公司资源，独立自主研发产品，这样既能有的放矢地满足客户需求，又能灵活调节银行内的产品结构。

最后，要意识到客户结构正在逐渐改变，单纯寻求收益增长的客户占比逐渐降低，大部分客户需求转向家族财富管理、遗产继承和出国留学咨询等方面，一些企业客户甚至需要企业财务管理、投融资咨询、企业跨境交易等方面公私联动的专业建议，这对财富顾问的专业素质提出非常高的要求。而一旦形成成熟的一体化服务体系，私人银行就能形成自身的品牌，创造可观利润。以某银行私人银行中心为例，该中心针对目标私人银行客户举办多场出国留学咨询、面试技巧分享的沙龙活动，客户参与后表示受益颇深。例如，一些客户的子女目前尚在读初中，未来有出国打算，参加交流活动后才发现还有很多东西没有准备。以客户为中心，不以产品为中心，提供全方位一体化的产品和服务，才是私人银行真正的内涵。

无论是"批发"还是"零售"，最终目的都是巩固客户关系、提高客户忠诚度、深挖潜在客户，从而创造价值。银行业躺着赚钱的黄金时代已

---

① 王亚：《私人银行客户需求呈现五大特征》，《中国银行业》2014年第11期。

经一去不复返，只有沉下心来分析当前形势，深刻剖析自身优势和不足，思考创新的可能和举措，才能在优胜劣汰的市场竞争中找准自身的定位，突出重围，拔得头筹。

银行理财产品由预期收益型向净值型转化的挑战与应对

国家开发银行贵州分行　王刚全

自 2004 年光大银行发行首支理财产品以来，我国理财产品市场取得了很大的发展，统计显示，截至 2016 年上半年末，理财产品规模已经达到 26.28 万亿元。银行理财业务已经成为资产管理行业重要的子领域。近年来，我国理财产品市场出现了由预期收益型理财产品向净值型理财产品转化的迹象，在这转化的过程中，市场参与者如何应对成为专业人士关注的重要课题。

一　银行理财产品的相关概念

银行理财产品是指银行通过对潜在目标客户群的分析研究，针对特定目标客户群开发设计并销售的资金投资和管理计划。理财产品的这种投资方式，银行是接受客户的授权委托管理资金的受托方，投资收益与风险由客户或客户与银行按照约定方式双方承担。

预期收益型理财产品是指客户购买理财产品时，银行会在产品说明书上注明投资范围及预期收益，并注明风险自担等风险提示性语言。理财封闭运行，一般只有银行有提前终止权，产品收益以预期收益率的形式告知并付给投资者。这种产品比较容易让非专业的投资者忽视投资风险，且银行为了不影响其市场形象和声誉，会被迫选择"刚性兑付"。

净值型理财产品是指交易形式为开放式，收益以产品净值的形式定期公布的理财产品。也就是说，这种银行理财产品类似于开放式基金，产品无预期收益率，实行定期开放，定期披露净值，投资者可按净值进行认购与赎回，并根据开放日的净值计算上一个投资周的收益率。从流动性上看，一般的理财产品会有投资期限，在产品没有到期时，无法赎回资金，而净值型理财产品在封闭式理财的基础上加入流动性，每周或每月都有开放日，申购和赎回相对更灵活。它类似于公募基金，定期披露收益，比银行传统的理财产品更加信息透明。净值型理财产品投资不同的市场，偏好一些高风险的市场，市场行情比较好时，收益会比普通的理财产品高，但行情不好时，则有可能出现亏损。

二　银行理财产品市场发展现状及趋势

长期以来，我国银行发行的理财产品基本为预期收益型理财产品，最近两年才有部分银行尝试发行净值型理财产品。对于预期收益型理财产品，大部分理财客户认为理财产品的预期收益就是客户所得实际收益，银行具有"隐性担保"的职责，应该"刚性兑付"；而银行认为按照协议约定，产品投资风险应该"买者自负"，双方都认为自己不是风险的承担者。一旦风险真正发生，就可能会影响银行的声誉和正常经营，在这种情况下，银行为达到较高的预期收益目标，多半会通过资产池与其他理财产品进行内部交易，或通过理财产品之间的"收益输送"来实现较高的预期收益。同时，银行为了控制风险，不得不放弃一些投资机会，投资者也就失去了获取高回报的可能。

理财产品由预期收益型向净值型转化既有外部监管的原因，也是其内部发展的需要。一方面监管部门引导银行理财回归资产管理本质是促使银行理财转型的外在动力之一。银监会下发的《商业银行理财业务监督管理办法》明确提出，未来力求打破"隐形担保"与"刚性兑付"，防范金融风险，引导商业银行发行开放式净值型理财产品。同时，该办法要求对预期收益类产品要计提50%风险准备金，使该类产品发行成本大幅增加，继而影响产品收益率，而净值型产品的风险准备金计提比例仅为10%，使发行成本大幅降低。

另一方面净值型理财产品的收益率随投资收益率波动，公开透明，有助于打破刚性兑付，实现投资者风险自担，由此减轻银行刚性兑付的压力和防止理财产品流动性风险。净值型理财产品净值不断变化使得投资者能够理解其所要承受的风险。将风险让渡给投资者后,收益率上限也能明显提升,银行可通过满足客户不同风险承受能力的多层次配置需求来吸引客户,做大规模,赚取管理费等中间业务收入,实现理财产品市场的可持续健康发展。

三　银行理财产品由预期收益型向净值型转化带来的挑战

银行理财产品由预期收益型向净值型转化,其收益率会随投资端的收益率波动而波动,将给理财产品市场各方参与主体带来较大的影响和全新的挑战。

(一) 对投资者而言,净值型理财产品风险须全部由投资者自负

目前,在我国银行理财产品中,绝大部分为低风险产品和中低风险产品,对投资者的风险识别能力要求不高。但对于净值型理财产品,投资者选择时将会面临更大的困难,投资者需要做更多的功课,以提高风险识别能力。

(二) 对银行而言,净值型理财产品对银行资产配置和投资交易能力方面的要求更高

一是投资标的需由传统以债权为主的投资向全市场资产配置进行转变,要根据市场走势进行资产类别的相机抉择,对资产投资战略调整与战术调整的能力提出更高要求。二是投资操作也从传统的以持有到期、配置为主转为配置和交易兼顾。因此,银行理财产品之间的竞争最终将演变为投资管理能力的较量,促使银行在市场研究、投资交易、流动性管理、风险控制等方面的能力加强。

(三) 对监管者而言,监管思路需要开放灵活,与市场发展相匹配

在"卖者尽责,买者自负"的市场原则下,当理财产品出现兑付风险时,应合理界定理财发行方、渠道方和投资者之间的责任和义务,各自承担相应的风险,以此推动理财业务回归"受人之托、代人理财"的本质。

（四）舆论引导方面，媒体的报道应更加客观、真实和准确

如果理财产品向净值型转化，就应改变此前媒体等第三方在报道理财相关兑付情况中对于理财发行方责任的"负面放大效应"，以更加客观、公正、专业的视角去报道理财参与各方的责任和所需承担的风险。

四 银行理财产品由预期收益型向净值型转化相关挑战的应对措施

在银行理财产品由预期收益型向净值型转化过程中，净值型理财产品如何获得投资者的认可，如何实现市场参与者的互惠共赢，怎样才能使银行理财产品市场平稳健康向前发展是银行理财业务亟待解决的问题。

（一）在投资者教育方面

要帮助投资者树立正确的风险投资意识。银行在进行投资者教育时，要着重帮助其树立正确的风险投资意识，使其懂得投资是有风险的，风险与收益是对等的，要注意高收益背后隐藏的高风险，以及低收益意味着承担更低的风险。教会投资者结合自己的风险承受能力选择最适合自己的理财产品，并能够辨别真假信息，不再一味追求高利率、高收益，防止陷入不良金融机构的理财陷阱。银监会、银行业协会等部门要加强基本的风险意识宣传，提高投资者风险与收益并重的意识。商业银行等专业机构要将投资者教育纳入理财销售的必要流程。

（二）在净值型理财产品业务开展许可方面

随着净值型理财产品的发展，资产配置在理财产品运作中将起到更加关键的作用，如何更好地利用多种金融工具、结合更加科学合理的资产配置，为客户进行财富管理，将成为理财行业的核心竞争力。而银行自身的管理信息系统建设和风险管理能力，以及所面临的外部竞争者的挑战，都会使得部分管理能力较弱、渠道有限的银行面临一定压力。未来应该建立银行净值型理财的准入门槛，明确银行净值型理财管理人的资质要求，实现净值型理财产品市场的平稳发展。

（三）在银行自身建设方面

银行理财业需要从风险管理、人员队伍建设、机构设置、系统建设等

方面着手，针对净值型理财产品对投资能力、业务系统和风险防控的要求，提升能力，补齐短板。在风险管理方面，利率市场化提高了银行理财产品的风险，既有产品端的风险也有销售端的风险。产品端的风险主要是由专业的投资团队去把控，银行可以借助传统业务风险管理的先进经验，研究建立一套针对理财产品的风险控制体系，降低理财产品端的风险。销售端的风险又可以分为内部风险和外部风险。内部风险主要是指银行内部员工产生的风险，如严谨飞单等不合规销售出现；客户端的风险要求理财经理在销售理财产品过程中确保客户充分了解产品的风险，自愿接受投资风险。在人才队伍建设方面，分为两类，一是资产运作队伍建设，培养出一个能通过分析判断市场宏观经济环境等投资手段，为客户赚取高收益的专业投资团队，只有得到期望的回报，客户才有信心把资产交给团队管理。二是高效的营销团队。理财销售不是简单的产品销售。在理财销售过程中更多的是服务客户的过程，专业的理财经理团队可以通过分析单个客户资产情况，结合当前市场环境和产品情况为客户做出科学的资产配置，这是销售理财产品的必要技能。理财经理销售能力的提高需要商业银行从岗位准入、后续能力提高等方面投入大量的资源。

（四）在理财产品监管方面

当前，理财产品投资范围不断扩大，所投资的领域由多个监管机构负责监管。建议监管层加强顶层设计，按功能监管的思路全面梳理监管政策。譬如，对于银行理财产品的监管要求，尽量与资管产品相一致，使银行类资管机构与其他类资管机构的竞争更加公平。

（五）在理财产品评价体系方面

要从制度层面将科学的外部评价体系引入理财产品评价机制，将风险调整后的收益率作为评价理财产品最重要的标准，防止市场参与者以实际收益率作为理财产品的最终评价结果，防止银行为吸引客户而保持市场份额盲目追求高收益忽视其背后的高风险，导致与净值型理财产品发展的初衷背道而驰。同时，通过建立合理的评价标准和方法，可针对不同银行的理财产品进行科学、专业的评价，营造理性投资氛围。

（六）在社会舆论引导方面

未来，媒体应更加公正、专业、全面地对银行理财进行报道，对投资者进行合理引导，任何忽略风险的收益比较都不科学。减少银行因打破"刚性兑付"对其自身形象和声誉的影响，引导市场平稳发展。

总体来说，尽管理财产品向净值型转变是未来银行理财产品转型的重要方向，但事物的发展总是在缓慢中进行，市场参与者不可操之过急，需循序渐进提高管理水平和投资能力，营造良好的投资环境，保持市场持续健康发展。

关于银行资管助力 PPP 发展的思考

国家开发银行辽宁分行　辛甲锐

一　绪论

PPP 模式是政府与社会资本合作，指政府为增强公共产品和服务供给能力、提高供给效率，与社会资本建立的一种利益共享、风险共担的长期合作关系。PPP 模式被视为一种创新的市场化公共服务供给管理机制，同时也是适应国家治理现代化要求的一次变革，包括政府职能转变、治理结构多元化以及效率的提升等。近年来，在中央及地方政府的大力倡导下，PPP 项目加速落地，资金需求巨大，对政府和投资人而言其比较熟悉的是传统的银行贷款，融资渠道比较单一，而资产管理机构正面临"资产荒"的困扰，PPP 领域有望成为银行资产管理业务的一个重要投向。

二　PPP 项目加速落地给银行资管业务带来重大机遇

（一）PPP 项目融资需求巨大

根据财政部的统计数据，截至 2016 年 12 月末，全国入库项目 11260 个，投资总额达 13.5 万亿元；其中已签约落地 1351 个，投资额为 2.2 万亿元。全国入库项目和落地项目均呈持续稳步上升态势。随着我国 PPP 项目落地周期的缩短、落地速度加快，PPP 项目将带来巨量融资需求，将会成为银行业务的重要增长点之一。

PPP 项目总投资分为项目资本金与项目融资两部分，按照国家的有关规定，绝大多数项目资本金占总投资的比例可以达 20%，但从实际情况看，贷款银行出于风险控制考虑往往会要求更高的项目资本金比例，有的银行甚至要求达到 40%。对于动辄数十亿元甚至上百亿元的总投资，除央企之外，社会资本往往面临较大的资本金筹措压力，即便是财力雄厚的社会资本，如果同时介入多个 PPP 项目，也往往存在配套资本金的缺口。除项目资本金的需求外，银行理财资金还可以将投资信托资产等非标准化债权资产，作为银行项目贷款的补充，为 PPP 项目提供融资支持。

（二）银行资产管理对接 PPP 项目的优势

一是银行资产管理与 PPP 项目对接，可以整合资源，盘活存量社会资本，并通过多渠道筹资，为 PPP 项目提供长期稳定的资金来源，支持公共基础设施建设。二是通过银行资产管理产品的创新设计，可采取股权投资、债权融资、资产证券化、收益权转让等多种方式满足 PPP 资金需求，金融工具使用比较灵活。三是通过参与 PPP 产业基金等方式，可根据项目情况和政府要求，实现政府、产业和金融资本在公司治理上的灵活组合，增强地方政府对项目的控制力，防范社会资本盲目追求短期利益的风险。四是通过社会化的理财资金募集，实现资本普惠，公民既可以享受公共项目的服务，也可以实现合理的投资回报，实现"取之于民、用之于民"的最大化社会效益。

三 银行资产管理对接 PPP 项目的路径

目前，银行资产管理对接 PPP 项目的路径有参与 PPP 产业基金、对接资管计划/信托计划、投贷联动、资产证券化等。

（一）PPP 产业基金

PPP 产业基金是产业基金的一种，产业基金一般指对未上市企业进行股权投资和对基金投资人出资进行管理服务的利益共享、风险共担的集合投资制度，属于私募基金的一种。除充当项目资本金外，PPP 产业基金也可通过债权的形式为 PPP 项目提供融资支持。

按照组织形式，PPP 产业基金可分为公司型、契约型和有限合伙型三种。除早期产业基金以公司型设立外，目前多以其他形式设立。有限合伙型基金是私募基金行业广泛采用的一种形式。它由普通合伙人和有限合伙人组成，普通合伙人一般在有限合伙型基金的资本中占很小的份额，负责合伙企业的管理事务，而有限合伙人是投资基金的主要提供者，不参与合伙基金的事务管理。在合伙协议中，合伙人可以灵活约定利润分配及退出方式等，且有限合伙基金层面无个人所得税，税负相对较低。

PPP 产业基金一般采用优先劣后的结构化设计，银行理财、保险等低成本资金构成优先级，政府或社会资本作为劣后级。优先级承担较少风险，项目每年所得收益，首先用于分配优先层出资人的固定预期回报，其余部分作为浮动收益由优先级和劣后级出资人按比例分配。在退出方式上，通常有提前约定回购、向第三方转让、项目清算退出等。在实践中，很多地方政府与金融机构合作设立母基金，再和地方企业合资成立项目公司或子基金，银行可以通过理财资金对接的形式作为基金的有限合伙方的出资人。

（二）对接信托或资产管理计划

除参与 PPP 产业基金外，银行理财资金可对接资产管理计划或信托计划，对 PPP 项目进行股权投资。对优质的 PPP 项目，银行在跟踪信贷资金需求的同时，可与信贷部门、资管部门联动，挖掘项目资本金需求，委托券商资产管理部门、信托公司等成立专项计划对接项目，银行发行理财产品为专项计划筹资。投资的模式一般为直接给项目公司增资扩股或者收购投资人股权，退出方式一般为股权回购或向第三方转让。在当前监管政策下，商业银行通过信托、资产管理等通道参与 PPP 项目投资是可行的，在实现理财资金收益的同时，达到了支持实体经济的效果。

（三）投贷联动模式

该模式是指商业银行通过运用投资和发放贷款的组合产品方式满足 PPP 项目的差异化需求。该种模式下，商业银行既可获得利息收入，又可获得股息收入，在弥补项目自有资金不足的同时，又能有效降低银行贷款风险。在银行业大资管时代来临的背景下，银行可以通过非银行业务更多地参与 PPP 项目。与一般的商业银行相比，有金融控股集团背景的商业银行不仅具有较为充足的信贷资源，还具有丰富的项目运作经验和资源，可与社会资本方合作成立 PPP 项目联合体，共同参与政府项目的招投标，从而获得更多的主动权及业务机会。

（四）　资产证券化

资产证券化是以项目未来收益权或特许经营权为标的的一种直接融资方式。合格的 PPP 项目往往都具有稳定的现金流入，其现金流可能来自项目本身收入，或者是以协议约定的政府可行性缺口补助，PPP 项目风险由政府和社会资本共同承担，整体风险可控，项目资产质量较高，适合作为资产证券化的基础资产。银行既可以联合具有相关经营牌照的兄弟公司或子公司参与资产证券化的产品设计和承销，也可通过募集理财资金投资资产证券化产品，实现服务收益与投资收益。

四　银行资产管理的 PPP 业务风险分析

在整个资产管理业务面临资产荒的背景下，PPP 作为一种信用良好、收益稳定的类固定收益资产品种，受到银行的积极关注。但从审慎经营的角度看，PPP 项目也面临着各种风险，本文着重分析以下 5 种主要风险。

（一）　政府信用风险

PPP 是政府部门和社会资本基于合同建立的一种合作关系，"按合同办事"是 PPP 模式的基本要求，从国内经验看，政府是否遵守契约精神及其履约能力是项目成功的关键。对政府信用状况的评估可以从地区经济环境、地方政府财力、以往履约记录、政府治理水平等方面来进行，特别要关注财政可承受能力论证的情况。对"通过论证"的项目，财政部门应当在编制年度预算和中期财政规划时，将项目财政支出责任纳入预算统筹安排。

（二）　社会资本方的风险

由于借款人通常是一家为项目而成立的特别目的公司，资产单一，信誉有限，所以银行应重点关注项目发起人的实力和对项目的支持程度，主要考虑因素包括发起人的财务实力、行业经验、发起人对项目的支持、以往偿债情况等。同时，企业的治理结构合理、主业突出、无盲目扩张等高风险行为，也是保障项目可持续运作的重要因素。

（三） 政策法律风险

政策法律风险是指由于所处外部政策、法律环境变化而导致项目失败、项目信用结构改变、项目债务偿还能力改变等风险。比如，要分析项目可能存在的越权审批、验收延迟、特许经营协议无法落实等。银行重点考察所投项目是否符合国家相关政策、借款主体资质的合法性、行政审批许可情况、项目决策程序的合规性、担保的合法性及可执行性等因素。

（四） 财务风险

财务风险是指由保证项目正常运营的成本上升、产品或服务市场需求量下降、项目市场波动等所带来的风险。银行参与 PPP 项目，首先应关注项目收入的实现方式，对项目赢利能力进行分析。银行应根据项目可行性研究报告、物有所值评价和财政承受能力论证报告、项目实施方案等，对项目的成本费用、损益和现金流量进行分析，分析项目收费机制和赢利测算的合理性及可实现性，对准经营性项目，还应考虑政府补偿机制和外部环境变化的可能影响。

（五） 流动性风险及退出安排

目前，银行理财计划的期限一般较短，而 PPP 项目周期一般为 10 年、20 年甚至更长时间，存在期限错配的问题。在设计融资方案时，银行必须对流动性风险予以重视，提前做好退出安排。例如，在建设初期，银行通过资产管理计划先期介入，待后期再由银行发放中长期贷款，置换原资产管理计划的融资；对采取 PPP 产业基金参与项目的，可以通过基金赎回、约定回购、资产管理计划收益权转让等形式退出；对经营类项目，可以考虑在中后期以资产支持证券化（ABS）融资模式解决前期融资到期问题等。

五　关于银行资产管理开展 PPP 业务的建议

（一） 加强 PPP 政策研究，创新融资支持模式

PPP 在我国发展还不够成熟，很多地方政府、社会资本对其认识还不足，部分银行从业人员对 PPP 的认识也很有限。比如，商业银行对 PPP 产业基金的理解多有不同，不少银行尚未出台专门针对 PPP 产业基金的支持

政策，随着 PPP 实践案例越来越多，相关制度建设和配套政策需要进一步完善。此外，银行资产管理对拓展 PPP 融资渠道的作用，发挥得还不充分，若是两者紧密连接，将大大提升金融资源配置效率、实现项目各方多赢，建议业内加强对 PPP 模式的研究和创新，更好地为实体经济服务。

（二）积极参与项目前期工作，把握合作主动权

目前地方政府推出的 PPP 项目数量激增，存在项目质量参差不齐、银行介入时间较晚、信息不对称等问题。银行应发挥自身的融资融智优势，成立跨部门的 PPP 项目团队，从提供咨询及推动合作的角度入手，帮助政府选择合适项目，尽早介入项目方案设计。在推动信贷业务的同时，银行还应积极推介股权投资、银行理财、现金管理等服务，将项目融资、担保、投资退出安排等及时写入 PPP 合同及相关文件中，从而把握合作的主动权。

（三）择优支持优质项目，防范相关风险

在经济下行压力较大的背景下，一些地区推出 PPP 项目时，不考虑项目前期工作是否成熟、市场化条件是否具备，盲目求多求快，有的项目盈利模式不明、回报机制设计不合理，风险和收益不平衡。加之各家银行对 PPP 项目研究还不成熟，盲目放宽 PPP 项目支持政策风险较大，所以银行还须"稳"字当头，选择优质客户和项目给予支持，优先支持本省（区、市）乃至全国的示范项目，特别要选择那些市场发育程度高、政府负债水平较低、政府财力有保障的市县，以及出资能力较强、管理规范、专业水平较高的社会资本进行合作。

（四）提高专业化水平，为客户提供综合金融服务

从业内目前情况看，银行参与 PPP 的模式大同小异，差异化水平低，在 PPP 项目中的角色一般仅作为资金提供者，竞争比较激烈，收益空间有所收窄，这就要求银行业务的转型和创新，融资与融智相结合，提供差异化特色服务。随着 PPP 项目逐步深入发展，银行将由单纯的资金提供者向综合金融服务商转变，即不仅提供资金，还提供专业化的运营管理经验，甚至提供某一领域的规划合作、市场预测、技术咨询等。此外，PPP 项目建成运营后，项目公司需要通过发债、银行贷款、资产证券化、融资租赁等方式融资的，银行应发挥其金融专业优势，为客户提供全面的、量身定制的"一揽子"金融解决方案。

资产配置策略

产品新秀

——"微笑组合"基金定投产品创新实例

中国邮政储蓄银行内蒙古分行　陈晓娟

定投在熊长牛短的股票市场中，具有稳操胜券的投资优势。在远期财富规划和管理中，定投为必不可少的投资工具。大多数投资者没有专业的投资经验，不清楚定投产品购入的时机和品种。对此，笔者结合客户投资疑惑，帮助客户在合适的时间和空间，选择合适的定投产品，推荐"微笑组合"基金定投产品。

一　"微笑组合"定投优势

"微笑组合"定投区别于单一定投产品，具有以下投资优势。

（一）可满足家庭资产配置需要

好的资产配置意味好的投资收益。全球资产配置之父加里布·林森曾指出，91.5%的投资收益都来自成功的资产配置。"微笑组合"定投本着客户资产保值增值的原则，为客户安排养老金、教育金等定投规划，合理进行资产配置。

（二）可提高银行获客能力

单一基金定投不能满足客户资产配置多样化的需求，"微笑组合"通过长期、多类定投产品的投资，为银行与客户之间搭起了一条紧密连接的桥梁，大大提高了银行与客户的黏性。

二　"微笑组合"定投内涵

"微笑组合"定投是指建立战略性资产配置、执行战术性资产配置的理财产品。其投资标的主要是股票、商品、黄金等基金项目，结合市场情况实施不同投资标的的资产配置。利用不同类基金定投之间波动不一致、盈利不一致的特点，实现整体组合收益，提升投资者信心。"微笑组合"使投资者聚焦于长期的最佳资产组合，而不计较短期市场波动。尤其是在市场价格下跌过程中，投资者不会因某只定投表现不佳，而放弃整个定投组合。

"微笑组合"选择最优的资产种类进行配置，如波动大的偏股混合型、混合债券型、QDII和商品型基金等均适合做定投组合。相应资产一经选择，要根据市场主体变动趋势，进行"微笑组合"中产品的再平衡和搭配，随时调整资产配置。比如，"微笑组合"定投产品可考虑选择一只混合债券型二级基金做定投，以期获得相对稳定收益，解决风险平衡问题，并兼顾股市与债市投资机会。

三　"微笑组合"营销实战

"微笑组合"定投产品富有专业内涵，要使客户接受，还要做好"一二三四"。

（一）投资理念秉承"一"

定投时间和资产配置是投资的朋友。分析2003~2017年股票基金指数和债券基金数据，在任一时点买入纯股票基金，其亏损概率随持有期限增长而下降，定投时间越久亏损越小。另外在股票基金中，再加入一定比例债券基金，亏损概率明显下降。股票＋债券基金组合比例，当持有期超过3年，亏损概率趋近于0。这个投资理念一定要传导给客户。

（二）定投客户区分"二"

一是曾经定投过的客户。他们对定投有初步认识，可能因为曾经亏损或提前转出而未能实现定投收益。对于这部分客户，可以案例进行说明，为客户分析投资失败的原因，重振其投资信心。为客户规划明确的理财目标，实现具体的理财目标，使客户不轻易放弃定投。二是没有做过定投的客户。侧重向客户介绍基金定投具有成本均摊、风险较低的特点，尤其适合忙于工作的上班族、不善理财的月光族、有养老和子女教育需求的家庭、把握不住市场的投资者。可向有基金定期投资或资产配置需求的客户重点推荐。

（三）风险把控抓牢"三"

"微笑组合"定投根据不同客户的风险测评，划分为激进型、稳健型和保守型三种风险投资类型，分别提供不同的"微笑组合"产品，适当调整不同风险基金定投的搭配比例。例如，对稳健型客户，固定收益产品占37%，股票产品占33%、保险保障占20%，现金占10%；对激进型客户，股票占57%，保险保障占20%、另类投资占13%，现金占10%。

（四）成功案例牢记"四"

"微笑组合"实战案例分别侧重于定投目标完成、目标客户需求、定投金额、市场波动四个方面，向客户介绍基金定投优势，专业挖掘需求，专业实现愿景。

案例一（完成定投目标）

通过调研客户，支行发现许多客户在子女考试结束后，都有"亲子游"的计划。能否以客户需求为导向，为客户设计三年期后获取收益的定投计划呢，"微笑组合"定投产品帮助实现此愿景。经过了解，家庭出国旅游大约需要3万元，为了实现三年后的"亲子游"计划，积累3万元旅游经费，客户选择"微笑组合"定投产品，按定投年化综合收益率4.86%，投资期36个月测算，客户只需要设定每月投资约500元定投，3年后便可以积累3万元，实现家庭出国旅游投资目标。

案例二（目标客户需求）

对于没有做过定投的客户，对其投资引导主要按照其具体需求进行。比如未做过定投的老年人，就从货币贬值、通货膨胀等风险角度，建议其锁定资产的时间价值，借助中国股市上行的趋势，投资定投、积累资金、防范通胀。对于喜欢购买大额理财、保本产品的低风险客户，可以建议他们在已获得利息基础上先做"微笑组合"定投，并在推荐的时候多保留其他客户定投收益实例，制造定投火热的氛围。

案例三（定投金额）

顾客 A 为子女准备教育基金，每月定投 2000 元，定投 10 年，仅定投申购手续费（忽略尾随佣金），收益为：2000 元 × 1.5% × 12 × 10 × 2 = 7200 元，其中 1 年的收益为 720 元；

顾客 B 为自己准备养老金，每月定投 2000 元，定投 20 年，仅定投申购手续费（忽略尾随佣金），收益为：2000 元 × 1.5% × 12 × 20 × 2 = 14400 元，其中 1 年的收益为 720 元；

顾客 C 打算置业，每月定投 5000 元，定投 5 年，仅定投申购手续费（忽略尾随佣金），收益为：5000 元 × 1.5% × 12 × 5 × 2 = 9000 元，其中 1 年的收益为 1800 元。

由此看到，为客户定投金额越高，给销售机构带来的收入则越显著。

案例四（市场波动）

投资先跌后升，单位价格由 1.60 元先跌至 1.24 元再回升至 1.60 元，每期投资额 = 1000 元；投资期 = 25 年；购入单位总数 = 17354.8 份；平均成本价 = 1.4272 元；定期定投回报 = 2.76 万元（10.25%）；一次性投资获利 = 2.46 万元（ - 1.5%）

投资波动频繁，单位价格由 1.20 元波动跌至 1.00 元。每期投资额 = 1000 元；投资期 = 25 年；购入单位总数 = 27668.5 份；平均成本价 = 0.89 元；定期定投回报 = 2.78 万元（10.8%）；一次性投资获利 = 2.05 万元（ - 18%）

结论：当市场一路下跌时，定投的回报率一定比一次性投资好。当市场先跌后升时，定投的回报率大大高于一次性投资。当市场波动频繁时，定投的回报率也可能比一次性投资高。市场未来的走势很难预测，"微笑组合"希望通过定投获得的收益是市场内在的平均收益。

四 "微笑组合"定投前景预判

随着居民理财知识日益丰富、诉求日趋多元化以及对海外投资需求的不断提升，各家银行以理财产品为主的投资方式，已经远远不能满足客户的需求。相比之下，基金定投免去了投资者多次申购的烦琐手续，且具有风险控制效应、成本效应和复利效应等投资效果，已经成为海外基金销售的主流模式。

　　相对高流动性、低投资门槛的货币基金，低流动性、较高投资门槛的理财产品来说，"微笑组合"定投具有广阔的市场发展空间。作为面向中小投资者设计的间接投资工具，"微笑组合"定投产品特点为专家理财、集合投资、分散风险，适合获取"平均收益＋另类投资收益"的投资者参与。实施"平均收益＋权益投资"策略，在权益类产品投资基础上，增加商品、黄金、海外资产投资，以全球资产配置应对日益复杂的经济环境变化。在未来，"微笑组合"定投必将积极顺应资本市场变化，灵活调整资产配置方式，成为邮政储蓄银行提升自身产品竞争力的有效投资工具。

试论新常态下的资产配置策略

天津银行唐山分行　唐晓丹

一　新常态下资产配置面临的发展机遇

第一，经济增速虽然放缓，实际增量依然可观。习近平说，即使是7%左右的增长，无论是速度还是体量，在全球也是名列前茅的。

第二，经济增长更趋平稳，增长动力更为多元。习近平说，以确定的战略和所拥有的政策储备，我们有信心、有能力应对各种可能出现的风险。我们正在协同推进新型工业化、信息化、城镇化、农业现代化，这有利于化解各种"成长的烦恼"。中国经济更多依赖国内消费需求拉动，避免依赖出口的外部风险。

第三，经济结构优化升级，发展前景更加稳定。习近平根据消费对经济增长的贡献率超过投资、服务业增加值占比超过第二产业、高新技术产业和装备制造业增速高于工业平均增速、单位 GDP 能耗下降等数据指出，中国经济发展"质量更好，结构更优"。

第四，政府大力简政放权，市场活力进一步释放。习近平举例说，由于改革了企业登记制度，2014 年前三季度新增企业数量较 2013 年增长60% 以上。

在这样的新的经济环境和市场机遇面前，如何建立良好的资产配置策略，实现收益性最优，安全性最高，流动性最强的资产管理目标是财富管理人员所追求的目标。

新常态下，经济由之前的高速增长转为了中高速增长，而受到传统体制的束缚，供给结构跟不上需求结构的变化，容易出现供需结构上的错配。面对这种情况，投资者要做到外察大势，内省己需，最优配置，趋利避害，把握机遇。个人的投资更要顺势而为，搞清楚大的投资环境如何，再结合自身的理财目标和实际资产状况制定合理的资产配置方案。

目前，我国经济处于从衰退到复苏的过渡阶段，在一定时期内，政府会继续通过宽松的货币政策、降息降准等措施来拉动经济，促进复苏，因而国内的债券类资产、海外的美元资产依旧可作为投资的首选。

二 制定分期目标

投资者自己需要制定短期、中期和长期目标。对家庭理财来说，资产配置要兼顾收益、风险和流动性几大指标。当然，一切都要依据自己的实际情况，综合考虑理财产品的生命周期与经济周期。业内人士建议，可以通过短、中、长期三类合理的资产配置来获取最佳平衡。

短期资产，即现金资产，一般用于一年以内的各项生活开支，包括旅游、改善生活等消费，流动性是其首要考虑因素。为此应投资于流动性好、收益稳定的产品，如一年以内的银行短期理财产品、银行贵金属等可以灵活进出的产品等。

中期资产，投资时间一般为 1~3 年，是资产保值增值的主力，目的是稳健获利。债券型及股票型基金、量化对冲基金等权益类产品都比较适合。个人投资者可采取定投策略或逢低买入策略，累积份额，以待中长期获得良好回报。

长期资产，一般是 3 年以上，多用于转移风险，维持家庭经济稳定。保险类产品是典型代表。

此外还有境外投资。近两年来，境外投资已逐渐被国内投资者尤其是高净值人群所接受。人民币汇率的调整，显示出市场化趋势不可逆转，未来人民币汇率波动会更加频繁。在特定时期，人们更倾向于投资强势货币国家的资产，以获得更为稳健的收益。全球资产组合或许可以作为有条件的投资者的不错的选择。

三　为客户做好资产配置服务

所谓银行客户资产配置，就是指银行的财富管理人员，根据投资需求将投资资金在不同资产类别之间进行分配，通常是将资产在低风险、低收益证券与高风险、高收益证券之间进行分配。在现代投资管理体制下，投资一般分为规划、实施和优化管理三个阶段。投资规划即资产配置，它是资产组合管理决策制定步骤中最重要的环节。而不同的资产配置具有自身特有的理论基础、行为特征和支付模式，并适用于不同的市场环境和客户投资需求。作为私人银行的财富管理专家，在为客户进行资产配置之前，需要对资产配置的几个观念做出基本而又详细的解释。首先，为什么要进行资产配置是大多数客户希望了解的。众所周知，能够产生净现金收益的就是资产，而有些时候，资产的投入并不一定都会获得盈利。美国曾经针对基金管理人做过的调查记录显示，他们在阐述影响投资绩效原因时，大约有91.5%的人认为影响投资报酬率的主要原因来自资产配置，因此通过有效的资产配置，将不同的资产做出理性的妥善分配，可以将风险降到最低，并能追求报酬的最大化。其次，资产配置所追求的目标其实是非常明确的，主要是将资金分别投资到各种不同资产类别，长期持有并持续投资以降低风险，是达到目标报酬的一种投资组合策略，它不在于追求资产收益的最大化，而是降低投资所带来的风险。

做到合理的资产配置能够使投资收益最大化，私人银行的财富管理专家势必要对高净值客户的投资现状进行了解和分析，在协助他们打理资产的时候，尽最大努力去优化资产配置组合，使收益更大化。然而，目前国内大部分高净值客户缺乏合理的资产配置方案。在常见的客户资产配置中，有60%的资产是自住房屋，30%的资产为存款，另外10%用于个人买卖股票或其他理财产品。这种资产配置方案无论在收益性、流动性、安全性方面都不是特别合理。原因主要有三点：一是大半的资产不会产生回报。二是现金只产生非常低的报酬率，在通货膨胀的情势下，甚至是负收益。三是股票投资波动性太高收益不稳定，赔钱概率很高。针对这种状况，私人银行的客户经理可以为高净值客户灌输资产配置观念，通过检视客户的投资组合是否合理，来搭配金融产品。一般来说，以目标导向的资产配置模型，可以将65%的资产配置在长期投资（如基金定投、债券、基金、保险等）上；将20%的资产配置人民币现金存款，虽然利息低但需要因应不期之需；保留5%～10%的"游戏钱"让自己感受股市投资的脉动。在此基础上，就可以开始为银行客户的资产配置服务了。

（一）分类

第一步是将平常的投资理财产品，简单区分为"风险理财产品"与"无风险理财产品"。其中，风险理财产品包括股票、基金、黄金、不动产、外汇、期货、不保本的投资型保险等，无风险理财产品包括银行存款、理财产品、传统型的储蓄险、保本型的投资型保险等。

（二）分配

依照客户的年龄、投资属性、市场状况等因素，决定将多少的资金比例配置到风险理财产品与无风险理财产品中。

（三）进场

私人银行客户经理建议客户选择适当的时机进场和投资风险理财产品；而无风险理财产品的投资计划，则是越早开始越好，因为可以创造时间的复利价值。

（四）调整

根据市场行情，私人银行客户经理应该帮助客户随时检视投资绩效，并适时依据财务状况帮助客户调整资产配置计划。比如，股市行情不好，黄金行情走强时，调整不同风险理财产品（股票与黄金）之间的配置比例，或调整风险理财产品与无风险理财产品的比例等。

（五）转投资

将无风险理财产品所创造出来的利息或收益进行再投资，此时可以重复选择风险理财产品或无风险理财产品。比如，可将理财产品的收益用于基金定投。

（六）评估效果

私人银行客户经理应该注意随时评估投资效果。如果风险型理财产品与无风险理财产品都有收益，则这种资产配置计划又会产生"交叉获利"的钱滚钱效应；反之，如果风险型理财产品出现亏损，但至少无风险理财产品已经做好保本的万全准备，日后也会有利息或年金收入，对于整个投资计划而言，也可达到风险平衡的目的。

（七） 附加价值

最理想的资产配置计划，必须涵盖保险产品，因为其不但具有理财功能，也具有强大的风险保障效果，防止生活被改变，这就是保险的附加价值。因此，私人银行客户经理在向高净值客户做资产配置计划时绝对不能忘记保险产品。

遵循上述步骤，结合经济新常态的产业结构、产能信息，宏观考虑，具体分析，将客户资产进行合理配置，在保证安全性和流动性的基础上，为客户实现收益最大化，是新常态下银行私人客户服务面对的重要课题。把握得当，将极大地提高银行客户的黏合度和忠诚度，进而拉动客户为银行创造更大的价值。

"新常态"下的资产配置策略

北京银行北京分行　白天祎

一　"新常态"经济背景

（一）国内经济情况

目前，我国在经济新常态形势下面临的主要问题如下。

1. 产能过剩

目前，我国在诸如钢铁、煤炭、水泥等多个领域都存在严重的产能过剩问题。产能过剩的主要原因是长期以来经济粗放式发展导致的供给端与需求端严重脱钩。各地方政府以往对产能过剩行业的鼓励甚至直接投资于其中起到了很大的作用。如今，产能过剩已经严重地影响我国宏观和微观经济运行，是当前我国面临的一个重要经济问题。

2. 产业结构不合理

从产业结构来看，我国第二产业相对占比较多，第三产业占比相对较少。尽管这种情况在近几年有所改善，2016 年数据显示，我国第三产业占比达到了 51.7%，但与发达国家第三产业占比接近 70% 相比，还存在较大的差距。不仅如此，由于我国人口红利逐渐消失，以劳动密集型为主、低附加值为主的产业结构已经不再适合我国现阶段的国情。因此，大力发展高附加值的高新技术产业成为我国未来产业结构调整的主要方向。

3. 货币流动性过剩

前几年，为了应对全球性的经济危机，我国与其他许多国家一样实行了较为宽松的货币政策，这使得我国近几年利率水平逐渐走低。货币流动性过剩造成资本价格高企，诸如房地产与 A 股市场都出现了不同程度的泡沫。

4. 债务问题

在以往我国的经济发展中，投资是最为主要的经济增长动力，这便造成了许多地方政府以及国有企业大肆举债进行固定资产以及基础设施投资。这些投资由于投资数额大，收益慢，使我国债务问题形成了如今的尾大不掉之势。数据显示，我国企业债务率已达到170%左右，远远高于世界各国的平均水平。

为了应对这种复杂的国内经济局面，我国采取了许多措施。首先，我国政府提出全面贯彻落实供给侧改革，做到"三去一降一补"，即去产能、去库存、去杠杆、降成本、补短板，从而促进我国经济的结构性调整，实现我国经济的转型升级。其次，我国大力推进"一带一路"发展战略以及"自贸区"建设，加强与国际上其他国家的经济交流与合作，在输出我国过剩产能的同时，促进国与国之间的和谐发展。再次，我国货币政策逐渐趋于中性。最后，不断完善资本市场建设，改变以往企业以间接融资为主的融资模式，提高直接融资所占比重。

（二）国际经济情况

从国际情况来看，近几年欧洲政治局势较为动荡，2016 年底特朗普当选美国总统后采取的一系列政策，使国际整体经济形势不明朗。从整体上来看，后危机时代世界整体经济增速仍处于低位，不过经济情况有所好转。国际货币基金组织（IMF）的数据显示，2016 年全球经济增长率为3.1%，预计 2017 年和 2018 年分别为 3.4% 和 3.6%。全球经济的低位运行使外需对我国经济增长的作用减弱，不过这从侧面增强了我国深化产业结构性改革、挖掘内部发展潜力的动力。美国自 2014 年底退出量化宽松的货币政策（QE）进入加息周期，美元整体形势逐步走强。而美元的逐渐走强也使人民币面临着较大的贬值压力。国际贸易保护主义抬头，全球经济一体化受阻。特别是英国脱欧与美国大选，严重地弱化了经济一体化这一共识，这对我国出口贸易十分不利。

二 针对"新常态"投资标的分析

在对"新常态"下国内以及国际的经济形势进行分析后,笔者结合整体经济的大背景,对各类投资标的进行较为详细的分析。

(一) 房地产市场

自 2015 年下半年以来,我国楼市尤其是一、二线楼市经历了一轮大规模的上涨。北上广深四座一线城市上涨幅度超过 80%。我国楼市的这轮上涨主要是由资金面宽松以及投资渠道匮乏所致。为了抑制房地产价格的快速上涨,各地政府都先后出台了限购政策,其中以北京最为严厉。北京在 2016 年 9 月底以及 2017 年 3 月底相继出台了一系列严厉的限购政策稳定房地产价格。从短期来看,随着严厉的限购政策的出台,以及货币政策趋于中性,我国房地产价格在短期内会相对平稳或者出现小幅回落。从中长期来看,一方面我国人口增长率不断下降,人口拐点即将来临,而房地产与人口数量有着明显的正相关关系;另一方面随着我国产业结构改革不断深化,房地产的产业地位会由于许多新兴产业的出现有所下降,因此我国房地产市场会出现明显的两极分化情况。一、二线城市由于资源优势,房地产价格保持相对稳定或者缓慢上升;与此同时,三、四线城市由于人口大量流失可能会出现较大的下跌。因此,在进行投资时,建议调低房地产投资比重。

(二) 股票市场

股票市场在经历 2014 年底至 2015 年 6 月的一波大涨,以及后来的大跌,目前股市投资者普遍较为谨慎。从短期来看,由于之前股市大跌的影响,以及投资者对我国宏观经济基本面情况认识存在分歧,股市处于震荡盘整之中。不过从估值来看,我国股市当前估值略低于历史估值中枢,沪深 300 指数的市盈率为 14 倍左右,处于历史平均市盈率水平下方,此时进行投资风险不大。从中长期看,随着我国大力推进企业直接融资,不断完善金融市场建设,我国股市有着良好的发展前景。不仅如此,我国经济改革的不断落实,以及整体经济形势趋于向好也为股市未来的繁荣提供了宏观经济基础。因此笔者认为,现阶段市场为股票投资者提供了难得的进行中长期配置的窗口期。

(三) 另类投资产品

另类投资包括私募股权投资、FOF 基金、对冲基金等。另类投资产品虽然在我国出现时间较晚，不过发展十分迅速。私募股权投资是指投资者投资于非上市企业或者上市企业中非公开交易股份的一种投资方式。私募股权投资相对二级市场投资来说，可以让投资者较早地参与到企业的投资中来。由于我国处于经济转型期，许多高新技术新兴企业都有较好的发展前景，而这些朝阳企业有许多恰恰是初创公司，没有进行首次公开募股（IPO）上市。私募股权投资可以让投资者参与到这些高增长企业的投资中，分享我国经济转型带来的红利，促进投资者资产的快速增长。FOF 基金作为投资 "基金中的基金"，其在基金对股票筛选之后又对基金进行了二次筛选，从而使风险更加分散。目前，证监会正大力扶持 FOF 基金发展，在未来的投资中，这类基金不失为投资者好的选择。对冲基金包括商品交易顾问（CTA）策略基金以及市场中性策略、宏观策略基金等。对冲基金可以降低由市场变化带来的波动，在经济下行震荡时期，能够有效地防范系统性风险。在我国经济进入新常态，整体经济处于寻底阶段的情况下，可以对该类产品进行适当配置从而规避整体经济风险。总的来说，另类资产在经济下行周期可以替代风险投资，从我国目前经济新常态的情况来看，可以调高对其配置的比例。

(四) 债券市场

由于我国对债券市场监管更加严格，债券市场近期走势低迷。从利率债（主要包括国债、地方政府债等）上看，由于有国家信用背书，利率债信用风险很低，但受利率变化的影响较大。当前我国虽然货币政策有所收紧，但基准利率并没上调，利率的低位运行还将持续一段时间，利率债收益有顶，应适当调低对其配置的比例。对于信用债（主要包括企业债、公司债、可转债等）来说，由于缺少国家政府信用背书，信用债主要受发行主体的信用影响。我国当前企业债务居高不下，信用利差处于历史低位，许多企业存在偿债难的问题，因此投资者对于信用债应该慎之又慎，对其进行低配。

（五）银行理财产品

这里的银行理财产品主要指的是风险级别较低的 R1 类和 R2 类理财产品。此类银行理财产品的投资标的以债券、货币市场基金、同业存款等为主。银行理财产品虽然收益较低，但风险小。对于投资者来说，银行理财产品可以替代定期存款。不过在当下，随着我国金融市场层级的不断丰富，各类金融产品增多；加之利率市场化的推进，银行逐渐打破刚性兑付，使银行理财产品的吸引力逐步下降。

（六）海外投资

海外投资风险主要来自欧洲政治形势的不稳定以及美国特朗普当选总统后的"新政"。目前，我国人民币贬值压力较大，美国及欧洲和新兴市场经济复苏，海外投资依然具有一定价值。在短期上，建议适度低配，中长期可以调高其配置比例。鉴于海外投资受到投资渠道的限制，笔者认为投资者可以将一部分资产用另类资产代替。

三 经济"新常态"下的资产配置结构及配置建议

通过以上分析，笔者分别对稳健型、平衡型、增值型以及进取型投资者提出了相应的资产配置策略（见图 1 ~ 图 4）。

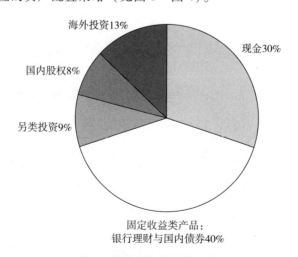

图 1　稳健型资产配置组合

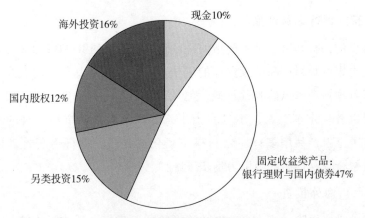

图 2　平衡型资产配置组合

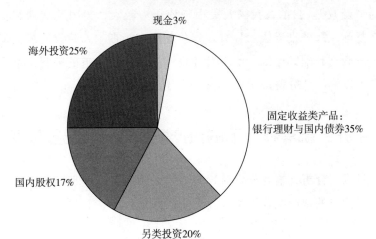

图 3　增值型资产配置组合

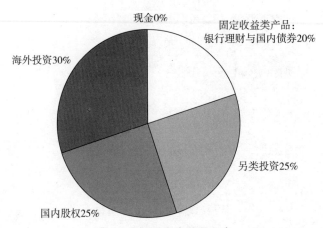

图 4　进取型资产配置组合

需要说明的是,鉴于我国房地产当前的情况,笔者认为应当减少房地产配置占比,特别是三、四线非核心城市的房产。

考虑到"新常态"下国内经济面临转型调整,国际政治形势复杂,经济政策走向不明朗,投资者在进行资产配置时更应注意配比方法以及投资方向。对此有如下策略建议。

(一)分散投资风险

"不要将鸡蛋放在同一个篮子里"是在进行资产配置中一种行之有效的指导思想,其核心就是告诉投资者在进行投资品种配置时要合理分散风险。分散风险可以从两个方面来看,一方面由于不同种类资产存在轮动,投资者要进行大类资产的分散投资,避免在单个投资产品类中投资过多;另一方面在每一大类资产内部,投资者也应该选择不同的具体标的进行投资。从大类之间来看,投资者可以根据自身的投资偏好以及"美林投资时钟"规律,权衡风险和收益,调整各类资产占比。在投资大类内部(如股票投资),投资者可以考虑股票型私募基金或者 FOF 基金,通过专业机构的合理选股,有效分散风险。

(二)注重长期投资

当前,由于国际上的经济政治形势存在较大的不确定性,加之次贷危机的影响没有完全消除,各国经济正处于复苏阶段,因此投资者在进行市场择时,捕捉资产轮动的难度要比经济繁荣期更高。因此,现阶段对投资者来说,进行中长期战略投资布局是明智的选择。

(三)通过更专业的机构进行财富配置

以往,人们在进行财富管理时通常会自己进行资产筛选,自行投资。但由于不够专业,人们在资产配置收益上的表现往往差强人意。笔者认为投资者在投资时应该将资产交给更专业的机构进行管理。从美国股票市场来看,其经过上百年的发展,美国机构投资者的比例达到90%,散户数量占10%左右。而在我国,散户依然占据绝大多数,不过在股票二级市场中去散户化的过程正在逐步进行,我国未来的股票二级市场也将以机构为主。资产配置业务不仅在股票投资上,家族信托、家族办公室、大额全委等产品方面也在快速发展。相信未来,专业机构会凭借自身在资产管理领域的专业知识以及精耕细作的工作态度成为人们进行资产配置的首选方案。

四　结语

如今，在经济新常态下，投资者面临着比以往任何时候都更为复杂的局面。如何在经济增速放缓，优质资产稀缺的情况下，帮助我们的客户做好资产配置，保证资产的保值增值，这对每一个银行人来说都是不小的挑战，但挑战背后往往是机遇，越是艰难越要不断提高自身的专业水平，使银行理财的业务能力得到投资者的认可，在这个大资管时代做出一番成就。

让银行变成客户体验"旗舰店"

——一位理财经理"新常态下的资产配置"观

江苏银行南通分行　刘　蕾

　　金融行业，向来与经济尤其是实体经济一荣俱荣，一损俱损。在我国经济"调结构，促转型"的大背景下，金融业不仅面临着利率市场化、同业监管趋紧、互联网金融冲击等经营环境的变化，也逐渐暴露出净利润增速下滑、不良资产猛增、存款分流等压力。在开始逐渐进入饱和竞争状态之后，银行终端网点对客户特别是高端客户的争夺也趋于白热化，而为客户进行科学合理的资产配置是留住客户的必要手段。因此，在经济新常态下，对客户资产配置的要求也日益提高。江苏银行南通分行一直以来都秉承占据市场及银行系统前列的目标，而作为分行开拓维护客户重要岗位的理财经理，就更需要充分了解在这种市场环境下如何提升客户对银行的满意度和忠诚度。

一　培养客户的专业性，避免客户在投资决策中的非理性行为

　　由于行业壁垒，客户在进行投资理财决策的时候很难做到不犯错误。客户的认知资源有限，对市场和行业的判断往往通过大众平台完成，使得其在决策的时候往往会出现系统性偏差。同时，因为他们没有受过专业训练，其心理因素也是导致其出现非理性行为的原因，大多数客户可能会产生锚定效应，甚至资产越高体现得就越明显。

　　锚定效应是指人们需要对某个决策进行定量估计时，会受某些特定的

起始值（就像锚一样）影响，如果这些"锚"的位置有误，那么决策就会发生偏差，他们后来接收的信息也会受到这个"锚"的影响。就像客户在股市中已经投入了100万元，当市场下行时，这100万元面临严重的亏损，如果他们再投入50万元就有10%的概率赚回300万元，但有90%的概率赔得一分不剩。此时，大多数人的选择是继续补仓，虽然亏损的概率远远大于盈利。这就是因为他们眼中的"锚"就是在股市中获取收益，而不是割肉平仓，因此他们的决定就会不可避免地偏向盈利。

如果换一个角度而言，客户不继续投入50万元，其实相当于100%赚了50万元。为什么大多数人不会这么选择？这是因为客户的头脑中已经有了一个框架，在不知不觉中影响着客户的行为，他们觉得前面的100万元是他们的成本，由于每个人都有成本损失厌恶心理，所以就宁愿冒风险也要把损失弥补回来，而不是把追加的50万元通过另一种更为安全稳妥的投资方式来对抗下行市场的冲击。

对银行的专业人士来说，通过日常的联系来逐渐让客户获得更多的信息，培养其更科学的投资理念是非常重要的。银行在与客户面谈的时候，不是去解决他购买产品，或者要做资产配置的问题，而是要告诉客户该怎样配置、购买产品。这就需要银行通过各种手段，慢慢培养高端客户的专业性。客户的专业性提高了，和银行的沟通便没有障碍，对服务于他的银行人员也更加认可，这样才会放心地把自己的资产交给对方配置。

南通分行对理财经理的培养，首先就是在这些基础能力方面下功夫。通过日常的观念营销，加强理财经理对客户的把控和影响力。对优秀的案例和方法，分行及时建立分享平台，通过文章总结、现场展示、微信群实时播报等形式，让理财经理能够有更多的经验借鉴，而这些经验都是在市场和客户中得到检验的，是有效的，并且是最新最及时的。新常态的关键字就在"新"，只有最新的做法，才是最有代表性的。

二　产品是根基，客户需求是前提，专业性是保证

经济环境变化对银行来说，开发的产品也会有所差别。产品往往是反映市场变化的工具。比如2017年4月开始的保险新政，对短期趸交类产品的管控和万能险的调整，直接体现在各保险公司的产品开发上。中国版的

共同税务汇报系统（CRS）出台以后，并不是简单的全球征税问题，而是要把客户税务规划和财富保值增值甚至资产传承结合起来，来应对这个新形势。CRS一旦落实到银行销售终端，是要通过产品来实现这些观念的。

研究产品是基本功，半点马虎不得。产品是死的，人是活的，如何让产品说活，使其成为客户资产配置的一部分，就要在理解产品的基础上延伸到市场分析和客户匹配。对于复杂类产品来说，不仅要研究产品的条款，还要分析能为客户解决什么问题。比如客户的资产传承，目前银行能提供解决这个问题的产品还不多，所以对每一个产品的详尽分析就弥足珍贵；再比如保险中的终身寿险或年金险，这两者各自都有什么特点，怎样解决传承问题，两者的区别在哪里，针对不同类型的客户该配置哪一种，理财经理要在研究产品的基础上才能做好。

对此，江苏银行分支行组织过多次培训和研讨，力求让理财经理在学习政策的基础上灵活运用。理财经理在营销的过程中能够说服客户的理由，就是在充分了解这些信息的前提下不断积累的。比如分行定期组织财经下午茶活动，邀请行业内赫赫有名的专家座谈，大到宏观经济走势，小到某类产品的购买理由和方法，深入浅出地进行分享和剖析，这对理财经理在实际营销过程中是非常有帮助的。

客户需求分析是进行合理资产配置的另一个重要前提。近年来，银行业都在谈以客户需求为中心，可真正到营销的时候还是免不了以产品为中心，因为银行销售终端的销售压力本来就大，而且新产品层出不穷，伴随着新产品的产生必然是更多的考核指标。在这种情况下，理财经理是很难平心静气地以客户需求为中心的。想要避免这种情况，理财经理就需要长期积累，并且能够忍受一时的业务压力所带来的彷徨。曾经有一位私人银行的财富顾问，她就一直主推不超过五支基金，虽然数量并不多，但她对这五支基金了如指掌，不管什么类型的客户，她都能给出适合客户的那一支。

因此，分行零售财富条线一直要求理财经理必须以客户需求为中心，一方面需要长期持续和客户沟通，通过各种形式关注客户的工作和生活、观念和习惯，做个有心人；另一方面要在第一时间选出适合客户的产品，这就是专业性。理财经理是分行最一线的员工，是高端客户评价银行的窗口，因此理财经理的每一个决定都要有理有据，关系客户的切身利益，这是一种积累的表现。

三 配置不是简单的产品堆砌

银行网点能销售给客户的产品很多,从存款到理财,从电子渠道类产品到黄金保险基金,从个贷类产品到专户类产品,几乎每一个产品有必须销售出去的理由。由于息差收窄,银行的赢利能力受到很大影响,这就更需要产品的多元化、丰富化。目前,国内的资本市场的金融衍生品发展还不成熟,银行很难为高端客户量身定做产品包,这是对资产配置的一种限制。销售人员面对的虽然不至于是"无米之炊",但还是要做一个"巧妇"的。这是一个现实问题,是观念与实践之间的差距,是"应该做"和"如何做"之间的矛盾。江苏银行同样如此,私人银行产品还在不断发展壮大,而高端客户的需求又日益增加,这些都对理财经理提出更高要求。

在这种情况下,分行要不断提醒财富顾问和理财经理在为客户推荐产品之前,首先要问问自己,这个产品我应不应该卖给他。以产品为中心,有时候未必是销售人员的观念不到位,而是手上的客户资源还不够丰富,客户的信任度还不够高。银行虽然为客户堆砌了产品,短时间完成了任务,但同时也面临客户的信任风险。当客户发现他只是产品购买的工具时,不仅会对营销人员颇有微词,甚至会直接影响他对银行的评价。

想要避免这一点,理财经理必须在推荐产品之前考虑清楚,我为什么要推荐这个产品给他。为什么是保险,为什么是专户类产品,为什么要让客户关注长期产品,又为什么要让客户注意流动性。当为客户采取动态资产配置策略的时候,理财经理的专业性或者精力成为胜任持续为客户服务的基本条件;如果采取了买入并持有策略,那么我们又是否能在激进的市场环境中说服客户保持初心,规避风险。

资产配置策略的不同,选取的产品也不一样。选择投资组合是根据客户的风险承受能力、投资偏好等因素为客户提供的一揽子计划。有些是货币市场工具能解决的,有些则需要加入更加激进的投资手段,除了推荐合适的产品外,还要充分考虑到机会成本,避免客户可能出现的犹豫和抱怨。

中国金融业的"新常态",还有一个绕不过去的话题,就是"实体经济的互联网化转型",与之相伴的必然是金融服务业的"互联网化转型"。

在这种情况下，作为银行销售终端人员同样需要抓住这样的机会，与时俱进。网络金融能够帮银行扩大客户覆盖面，让"天涯"变成"咫尺"，不再需要把客户请到柜台，可以通过网络手段来实现一部分资产配置的目的，并解决与客户信息不对称的问题，还能够提高客户的体验度。

"客户体验"这四个字其实是为客户进行资产配置的目的。无论是为客户盈利，或是帮他规避风险，还是解决他的个人资产规划或企业风险隔离，这些都是能够提升客户体验的行为。只有客户的体验提升了，才能够获得他对你的忠诚。

南通分行一直都能在行业内处于领先位置，从微观上来看，离不开对客户的尊重。身为一名理财经理，正是要把分行要求的这种尊重真正落到实处。只有对客户尊重了，客户才会认可理财经理的人品，不管市场形势如何变化，不管同业竞争如何激烈，客户都会坚定地站在理财经理身边。理财经理在分行的培训和辅导中，早已深深感受了这一点，并把这种观念自然带入工作中去，真正做到知行合一。

因此，摆正心态、努力学习、关注客户、体现专业，这十六字是分行对一线营销人员对客户进行资产配置的总结。作为一名理财经理，虽然提升的是客户个体的财富，可对社会而言也能产生规模贡献。对金融服务行业来讲，这也是江苏银行价值的一种体现。

经济新常态下的客户资产配置策略研究

招商银行长沙分行　边晨齐

一　引言

对商业银行而言，在激烈的市场竞争条件下，如何获得优质的客户资源是银行竞争成败的关键。家庭是商业银行重要的客户来源，而获得家庭客户的根本要求在于深挖客户需求，紧跟客户需求，满足客户需求。因此，商业银行要在激烈的竞争中获得成功，必须深刻了解自身所面临的现实问题、家庭客户需求的转变以及家庭客户资产配置偏好等情况，从而制定相关的策略，在业务上实现转型。

二　新常态下商业银行面临的现实问题

自中国经济进入新常态以来，商业银行所面临的经营环境出现了许多不利的变化，粗放式的规模扩张难以为继，"金融脱媒"日趋明显，互联网金融快速发展，利率市场化基本实现，这些都使商业银行所面临的竞争环境更加激烈。银行业的市场份额、客户资源等都被第三方支付、网络信贷等分流，而传统的以存贷利差为主的盈利模式在利率放开的条件下生存空间愈发狭小。从负债端、资产端和盈利端来看，当前中国商业银行面临诸多的现实问题。

（一）存款流失严重

从负债端来看，进入经济新常态以来，银行吸储能力大幅下降，存款流失严重。自 2007 年以来，中国商业银行储蓄存款余额的总规模虽然在不断扩大，但是同比增速呈现出阶段性变化。特别是 2009 年以后，储蓄存款的同比增速不断下滑（见图 1）。储蓄存款增速的大幅回落反映了家庭客户的资产配置在金融市场逐步放开、投资渠道逐渐拓宽的情况下开始变得更加理性，人们的资产组合里不再仅有银行储蓄存款，而是有更加丰富的资产可供选择，当股市、楼市、理财产品更能满足人们保值增值需求的时候，货币便从储蓄存款中"撤离"。储蓄存款是银行重要的资金来源，吸储压力持续增大，银行生存压力也在持续增大。

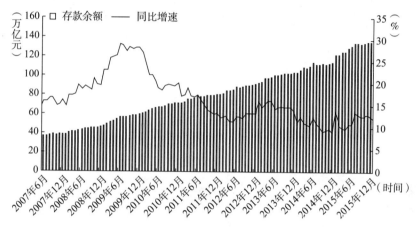

图 1　2007 年 6 月至 2015 年底中国商业银行存款余额及同比增速

（二）贷款持续下滑，信贷质量堪忧

从资产端来看，贷款是商业银行传统业务，也是最重要的利润来源，然而近年来，银行贷款规模持续下滑，不良贷款总额攀升，传统盈利模式难以为继。从 2007 年 6 月到 2015 年底，中国贷款余额的同比变化轨迹与存款同比变化轨迹非常相似（见图 2）。1995 年出台的《商业银行法》，明确规定贷存比的上限为 75%，因此当存款发生变动的时候，贷款也会相应地变动。自 2009 年以来，商业银行贷款增速不断下滑，一方面是存款增速下滑；另一方面是经济下行，实体经济不景气，企业收缩投资，对贷款的需求相应减少。贷款萎缩使得商业银行传统的赢利点出现衰退，不仅如此，贷款质量下降加大了商业银行的经营风险。自 2011 年以来，商业银行不良贷款率呈现出微弱的上升趋势。从不良贷款总量来看，不良贷款余额呈现出不断增加的趋势，尤其是 2013 年以后，上升幅度开始加大（见图

3）。从不良贷款同比增速上来看，不良贷款问题日趋严重，不良贷款增速的不断提升，使商业银行经营风险持续增大。

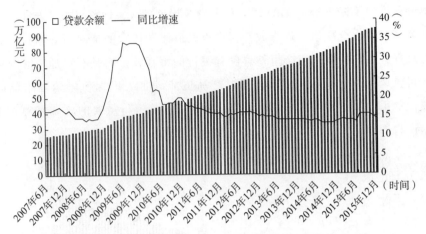

图2 2007年6月至2015年底中国商业银行贷款额及同比增速

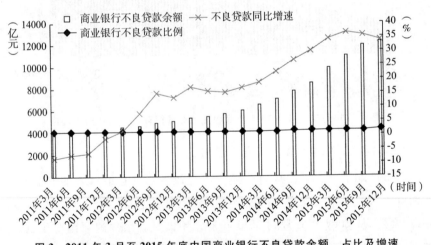

图3 2011年3月至2015年底中国商业银行不良贷款余额、占比及增速

（三）赢利能力持续下滑，盈利模式亟须转变

在资产端和负债端都出现下滑的情况下，商业银行赢利能力的下滑也在所难免。自2011年以来，商业银行不论是资产利润率、资本利润率还是净利润同比增速，都呈现出下滑趋势（见图4）。资产利润率反映了银行单位资产的获利能力，是反映商业银行赢利能力的重要指标。该指标自2011年以来呈现不断下滑的趋势，反映了商业银行赢利能力不断下降。自2010

年以来，非利息收入占营业收入比重有微弱的上升趋势，但上涨幅度不大。与利息收入占比相比，非利息收入所占比重较低，维持在 20% 左右（见图 5）。这反映出中国银行仍旧以传统的盈利模式为主，盈利增长缓慢。目前，中国利率市场化已基本实现，而利率市场化必定会在一定程度上增加银行的资金成本，并且在初期不可避免地使存贷利差缩小，即使放松利率管理会增加资金来源，也难以抵消利差缩小的影响。因此，在国内银行利率趋向于宽松的背景下，银行传统业务难以为继，商业银行必须加快业务转型。

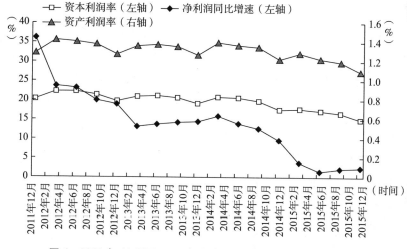

图 4　2011 年 12 月至 2015 年底中国商业银行利润率增长情况

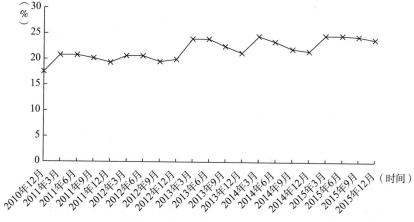

图 5　2010 年 12 月至 2015 年底中国商业银行非利息收入占比情况

　　家庭客户作为银行重要的客户来源，银行在向其提供金融产品或相关金融服务时，应当密切关注家庭储蓄行为的变化以及影响客户资产配置的各项背景因素的特征，有针对性地设计产品、提供服务并挖掘潜在客户的服务需求，这样在提高顾客满意度和忠诚度的同时为银行带来更大的利润，实现银行的有效转型。

三　家庭储蓄行为变化

（一）家庭储蓄行为变化的背景

　　资产短缺是指随着收入的增长，中国家庭储蓄模式发生了变化，人们对金融资产的数量和质量要求越来越高，银行储蓄业务带来的保值需求无法满足家庭的投资需要，家庭开始出现追求高风险、高收益的投资产品现象。

　　从国内情况来看，大多数金融机构呈现出资产短缺状态，表明当前中国已经进入了金融资产短缺的时代，中国家庭储蓄行为开始变化。

（二）家庭储蓄行为变化的原因

　　商业银行需要厘清家庭储蓄投资行为变化的两个方面的问题。一是财富水平的变化会带来对金融工具需求的变化，二是随着财富水平的提升，家庭更需要什么样的金融工具。

　　在货币化时代，收入更多地以货币的形式获得，因此储蓄也会更多地以货币形式留存。家庭对货币需求的动机分为三个层次，即交易性动机、预防性动机和投机性动机。交易性动机和预防性动机带来的货币需求取决于收入水平，会随着收入水平的提高而提高；投机性动机带来的货币需求取决于利率水平，会随着利率水平的提高而下降。另外，收入水平在决定货币需求上具有阶段性作用，收入水平比较低的时候，人们为了满足温饱，会将获得的收入全部用于消费，此时没有预防性和投机性的需求；当收入水平越过基本温饱线之后，预防性货币需求才开始产生，当收入水平进一步提高时，投机性货币需求开始产生。

　　中国经济的快速增长，使家庭财富水平快速提升，在满足交易需求和预防需求之后，人们会更多地追求高回报资产，人们的储蓄行为已经从过去单纯地为了安全、便捷和预防转变成追求高回报、高收益。

（三）家庭资产配置的现状

从现实来看，随着收入水平的提高，家庭的资产配置将更趋于合理，偏好也向高风险型转变。但是面临资产短缺这一现实，在中国家庭收入水平迅速提高的同时，金融资产配置仍然以银行储蓄存款为主。

中国非储蓄存款资产配置有一个明显的趋势：随着收入的增长，储蓄存款逐年减少，中国家庭在寻找更加多元化的投资方式。2004～2014年，中国居民部门在各类金融资产上的配置比例发生变化，随着中国经济的增长，在货币和存款上配置的比例越来越少，在非货币金融资产上的配置越来越高（见表1），家庭部门对银行存款这种金融工具需求随着收入的增加而不断减少。

表1　2004～2014年住户部门金融资产配置情况

单位：%

年份	货币	存款	债券	股票	证券投资基金份额	保险准备金	金融机构理财产品
2004	9.88	72.82	3.49	4.93	1.06	7.82	—
2005	9.64	73.01	3.43	3.86	1.27	8.79	—
2006	8.98	69.76	2.76	6.76	2.23	9.51	—
2007	8.98	55.20	2.50	16.38	8.86	8.08	—
2008	8.74	66.64	1.45	5.88	5.96	11.33	—
2009	7.78	64.39	0.64	10.53	2.04	11.25	3.67
2010	7.62	62.79	0.54	10.41	1.45	10.14	7.05
2011	7.38	61.86	0.33	10.04	1.38	10.22	8.79
2012	7.89	59.42	0.59	9.09	1.45	9.54	12.02
2013	6.01	57.63	0.57	8.98	1.13	10.31	13.37
2014	5.65	51.13	0.54	8.66	0.89	10.22	22.91

家庭金融资产配置的现状表明，收入的提高使人们需要更多的能够满足预防性和投机性需求的含风险金融资产。但是国内金融资产短缺的状况，使家庭资产被迫以存款的形式存在，一旦有其他投资途径，存款必然大量流失。商业银行要想实现转型，就要把握住资产短缺时代人们储蓄行为的变化趋势，将流失的存款以其他的方式收回。

在资产短缺时代，人们的储蓄行为发生了重要变化。家庭对银行存款的依赖已经被对高回报、高风险资产的需求所取代。因此，商业银行应依照家庭客户的需求，着力于提供更加丰富的金融产品与金融服务，在满足家庭资产配置需求的同时，实现自身的转型发展。而商业银行在为家庭客户提供其所需的金融产品与金融服务时，应遵循深挖客户需求、紧跟客户需求、满足客户需求的三个原则。家庭投资者的一些特征，比如健康、性别、财富水平、年龄以及是否拥有住房等都会影响家庭的资产配置方式，从而影响对相关风险金融产品与金融服务的需求。因此，不同特征家庭的资产配置存在着差异，需求也存在着差异。银行在满足客户需要之前，要深入了解影响家庭客户资产配置的偏好情况，从而为不同的客户提供专业化、个性化服务。

四 新常态下影响家庭投资者风险资产偏好情况

目前，家庭客户对金融资产的需求以高回报、高收益的风险资产为主，家庭风险资产一般可以分为第三方存管、基金、黄金、理财这四类产品。影响家庭投资者资产配置方式的因素一般分为两类，一是人口统计特征，如性别、年龄、教育程度、婚姻状况等；二是经济特征，如年收入、房贷等。

第三方存管业务主要包括股票、期货和外汇，属于风险资产。相关研究指出，男性偏好股票、期货等投资。初中及以下文化程度者极少参与股市等投资，而本科、大专学历者尤为偏好股市等投资。已婚者和离异者较未婚者而言，更加偏好于股市。随着年龄的增加，家庭投资者对股市的偏好先升高后下降，呈"倒 U 形"，即存在明显的生命周期效应。家庭负有中少量房贷时不太影响第三方存管的偏好，但负有大量房贷时，会显著降低对第三方存管的偏好，这在一定程度上体现了房产风险对第三方存管偏好的影响。家庭收入达到中高水平时第三方存管的偏好会增加。随着财富的增加，第三方存管的偏好程度会有较大幅度降低，体现了财富效应的影响。

家庭投资者参与基金市场主要有四种类型，即股票型基金、货币型基金、债券型基金和混合型基金，其中股票型和混合型基金风险较大，货币型和债券型基金风险相对较小。相关研究表明，女性更偏好基金投资；受教育程度越高者，越偏好基金投资；婚姻状况与基金偏好程度无显著关系；随着年龄的增加，基金偏好程度升高，不过 35～50 岁与 50～65 岁者参与深度近乎持平，这说明基金偏好也有一定的生命周期效应。家庭负有中少量房贷时会偏好于基金投资，无房贷时反而降低对基金的偏好，而负有大量房贷时也会显著降低基金的偏好，这一结果体现了房产风险对基金偏好程度的影响。中低收入的投资者，随着收入的增加其对基金的偏好程度会增加，而当财富达到中高水平后，随着收入的增加对基金的偏好程度会降低，与第三方存管相同，金融的财富效应显著。

黄金投资资产包括两类，一类是实物黄金，一类是纸黄金。性别、年龄以及婚姻状况对黄金的偏好程度均无显著影响。受教育程度越高者，越偏好黄金投资。中低收入水平群体，较少参与黄金投资。随着财富的增加，对黄金的偏好程度先小幅波动，当财富达到高水平时，对黄金的偏好程度将显著降低，同样也在一定程度上体现了财富效应。

理财产品由于其收益并不具有确定性，故归类为风险资产。不同银行的理财产品略有不同，本文以陈莹（2014）所研究的"江苏某银行理财产品"为例，研究表明：女性偏好购买理财产品。高中学历群体最不偏好理财产品投资，已婚与未婚群体均较少参与理财产品投资。随着年龄的增加，人们会越发倾向于理财产品投资。家庭负有中少量房贷时会更多地参与理财，而无房贷或负有大量房贷时会显著降低对理财产品的偏好。随着家庭收入的增加，家庭投资者会更多地参与理财产品的投资，但当收入达到很高水平时理财产品的投资反而会减少。随着财富的增加，家庭投资者理财产品偏好程度降低，但高财富水平群体，偏好程度略有回升，同样在一定程度上体现了财富效应。

五　结论

中国经济进入新常态以来，商业银行所面临的经营环境出现了许多不利的变化，如存款流失严重、贷款持续下滑、信贷质量堪忧、赢利能力持续下滑等问题，传统业务粗放式规模扩张难以为继；"金融脱媒"、互联网金融快速发展、利率市场化基本实现等愈发使商业银行的竞争环境激烈，商业银行亟须转型。

家庭客户作为银行重要的客户来源，如何维护好这一客户，为其提供专业化、个性化的金融服务，是引导商业银行转型成功的关键。而银行在向家庭客户提供金融产品或相关金融服务时，应当密切关注家庭储蓄行为的变化以及家庭客户资产配置的偏好，有针对性地设计产品、提供服务。

中国经济快速增长带动了家庭财富水平的快速提升。家庭客户在满足了交易需求和预防需求之后，开始更多地追求高回报的资产，人们的储蓄行为已经从过去单纯地为了安全便捷以及预防转变成追求高回报、高收益。

针对我国居民家庭对风险资产配置偏好情况分析发现，我国家庭资产配置具有显著的生命周期特征，并受性别、婚姻状态、教育程度、年龄、财富状况、年收入、房贷等诸多背景性因素的影响，而且各因素的影响在不同类型的家庭资产中各不相同。

因此，我国商业银行在向市场提供金融产品或相关金融服务时，应当密切关注客户各项背景因素，有针对性地设计产品并挖掘潜在客户的服务需求，在更好地满足客户的同时也为自身带来更多的利润和更高的顾客满意度和忠诚度，实现银行在经济新常态下的成功转型。

股债比价指数对我国大类资产配置的启示

——基于通货胀缩周期的宏观对冲策略实证研究

浦发银行总行　时　红　戚文举

自 2015 年初以来，尤其是 2016 年初以来，国内大类资产呈现"快速轮动，波动加剧"特征，海外流行的大类资产配置利器"美林时钟"被诡异地演化为中国版的"美林电风扇"。面对如此金融市场怪象，不只是普通投资者，就连公募基金、私募基金等专业机构投资者，也无所适从。究其根源，可能是"投资可谓大道至简"的至理名言未能深入投资者的心里。为此，笔者尝试基于最为基础的资产配置理论——胀缩周期进行理论逻辑推演，利用中国金融市场历史数据展开经验研究，以期为大类资产配置投资者借鉴参考。

当前全球宏观金融环境步入混沌期，经济短周期弱复苏与经济尚未摆脱低增长陷阱并存、经济通缩风险与通胀风险共生、货币政策转向边际趋紧，但债务风险以及经济尚未摆脱低增长陷阱等要求货币政策维持宽松立场，特朗普政府倡导金融去监管与国内金融监管趋严并存。面对如此困局，宏观对冲策略逐步进入中国投资者，尤其是机构投资者和高净值客户的视野。为此，笔者基于胀缩周期理论，从宏观对冲策略视角切入，研究发现在通胀周期中股债比价指数上升，在通缩周期中股债比价指数下降。

需要提请读者注意的是，笔者所进行的的大类资产配置研究，本质上是一种自上而下的宏观经济策略研究，并辅以定量的数量化模型进行佐证与参考。宏观经济策略研究是一件相对复杂的事情，长期与短期、定性与定量、实际与预期、总体与局部，凡此种种，都需要考虑、平衡、取舍。笔者基于通货胀缩周期的宏观对冲策略模型实证研究，尽管不能保证一劳永逸地解决资产配置难题，但是至少可以防止遗漏重要的观察角度，避免重大的失误。

一　理论基础

从方法论角度来看，影响资产波动的因素众多，但经济层面所决定的基本面因素是最为根本的因素，所以以宏观经济周期为着眼点进行积极资产配置是有效的配置方法。

宏观经济周期理论和企业投融资理论表明，为实现利润最大化，在通胀周期中，经济主体适宜进行债权融资和股权投资。

通胀周期启动期市场名义利率较低，债权融资成本高于股权融资成本，随着通胀率的逐步攀升，债权价值受通胀稀释趋于缩水，股权价值受企业盈利复苏和风险偏好提振趋于攀升。

从宏观对冲策略的角度来看，在通胀周期，股权价值与债权价值的比价指数趋于上行，即股债比价指数趋于上行。对应地，在通缩周期中经济主体适宜进行股权融资和债权投资，股权价值与债权价值的比价趋于下行，即股债比价指数趋于下行。

二　经验研究：股债比价指数（股票指数/债券指数）

笔者基于中国金融市场数据，对胀缩周期框架下的资产配置模型展开实证研究。

（一）指标筛选

本文采用的股票指数是万得资讯编制的"Wind 全 A"指数，该指数取所有在上海和深圳证券交易所上市的 A 股股票作为样本股，以流通股本作为权重进行计算。该指数相比上证指数和深证成指等更能真实地反映中国 A 股市场的整理波动情况。

本文采用的债券指数是由中证指数公司编制的中证全债指数，该指数以沪深交易所和银行间市场上市的国债、金融债及企业债为样本，信用级别要求投资级以上，以样本债券的发行量为权重，采用派许加权综合价格指数公式计算。该指数考虑了债券利息以及再投资收益，是覆盖面最广的债券指数，相比债券净价指数、债券全价指数更能真实反映长期持有债券的收益。

通胀预期不是实际通胀率，但可以影响资产配置行为。笔者拟选择实际通货膨胀率滞后6个月来衡量通胀预期，这既是因为国内暂时没有有效的通胀预期指标，也是因为货币供应增速、产出缺口、中国外汇交易中心（CFETS）人民币汇率指数等通常领先实际通胀率6个月左右。实际通胀率主要以国内生产总值（GDP）平减指数累计同比衡量，辅以消费价格指数（CPI）同比和工业品出厂价格指数（PPI）同比，因为GDP平减指数累计同比更为综合，CPI同比和PPI同比分别反映消费端和生产端的通货膨胀水平。

（二）实证研究

基于股债比价指数以及通胀率的相对高低点，自2003年以来，股债比价指数变化可以划分为8个阶段（见图1）。

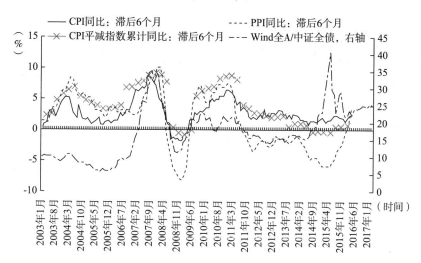

图1　2003年至2017年1月股债比价指数与通胀

资料来源：浦发私人银行部投资研究中心。

1. 2003年1月至2004年4月为探底回升

中国经济处于通胀周期，股债比价指数总体呈现重心上移态势。不过，在2003年11月之前，股债比价指数震荡下行。这一方面是A股在

2003 年 11 月之前是延续下跌的态势，主要受累于美国科技股泡沫破裂滞后效应以及国内国有股减持。另一方面是国内债市在 2003 年 9 月之前呈现震荡偏强走势，主要因为美国科技股泡沫破裂引发全球对经济缺乏新经济增长点的担忧而获得支撑。

2. 2004 年 4 月至 2005 年 7 月为下跌趋势

中国经济处于通缩周期，股债比价指数从 2004 年 4 月的 10.85 跌至 2005 年 7 月的 5.56，跌幅达 48.76%。

3. 2005 年 7 月至 2008 年 1 月为上涨趋势

中国经济处于通胀周期，股债比价指数从 2005 年 7 月的 5.56 上涨至 2008 年 1 月 34.49，涨幅达 520.32%。值得注意的是，受美国次贷危机爆发冲击，Wind 全 A 指数于 2007 年 10~11 月一度出现大幅下挫，下跌幅度达到 19.63%，进而使得股债比价指数同期下降 19.17%。

4. 2008 年 1~11 月为下跌趋势

中国经济处于通缩周期，股债比价指数从 2008 年 1 月的 34.49 跌至 11 月的 10.93，跌幅达 68.31%。

5. 2008 年 11 月至 2010 年 11 月为上涨趋势

中国经济处于通胀周期，股债比价指数从 2008 年 11 月的 10.93 上涨至 2010 年 11 月的 21.92，涨幅高达 100.55%。值得注意的是，股债比价指数在 2009 年 12 月至 2010 年 7 月一度回调了 22.86%，既是因为美国债务上限之争冲击全球金融市场，也是因为国内 PPI 同比增速一度从 7.13% 降至 4.32%。

6. 2010 年 11 月至 2012 年 11 月为下跌趋势

中国经济处于通缩周期，股债比价指数从 2010 年 11 月的 21.92 下跌至 2012 年 11 月的 13.99，跌幅达 36.18%。

7. 2012 年 11 月至 2014 年 6 月为区间震荡

中国经济处于通货膨胀形势不明朗时期，股债比价指数在 13.99~16.54 之间震荡。

8. 2014 年 6 月至今为倒 V 形走势

中国经济从持续数年的通缩周期转向始于 2016 年初的弱通胀周期。在持续降息降准、融资融券等政策助推加杠杆的刺激下，股债比价指数从 2014 年 7 月突破震荡区间大幅攀升至 2015 年 6 月的 40.50。在监管层突然

转向强硬去杠杆以及"811 汇改"等冲击下，股债比价指数快速下挫至
2015 年 9 月的 22.91；在 A 股市场救市政策的持续干预下，股债比价指数
回升至 2015 年 12 月的 28.65。然而在美联储启动加息周期和 A 股熔断机
制的冲击下，股债比价指数重新下挫至 2016 年 2 月的 21.73。此后，在温
和再通胀的预期中，股债比价指数震荡攀升至 2017 年 3 月中旬的 25.78。
至 2 月，CPI 同比大幅回落、PPI 同比见顶使通胀预期降温，驱动股债比价
指数重新走弱。

三 结论与展望

（一） 基于理论逻辑演绎以及实证研究得到的结论

第一，在通货膨胀周期中，股债比价指数上涨，宏观对冲策略为做多
股票指数，同时做空等市值的债券指数。

第二，在通货紧缩周期中，股债比价指数下跌，宏观对冲策略为做空
股票指数，同时做多等市值的债券指数。

第三，在通胀形势不明朗时，股债比价指数震荡，宏观对冲策略为
观望。

值得注意的是，虽然在持续降息降准、融资融券等政策助推大幅加杠
杆的刺激下 A 股走向泡沫化，进而导致股债比价指数大幅快速攀升，但是
A 股终将通过快速去泡沫化回归通胀/通缩周期的基本面。

（二） 基于胀缩周期的资产配置策略

第一，如果中国经济重新回暖和再度出现通胀趋势，那么股债比价指
数有望见底重新回升。从资产配置的角度来看，投资者适宜增持股票类产
品，减持债券类产品。

第二，如果中国经济重新陷入通缩趋势，那么股债比价指数将继续下
跌。从资产配置的角度来看，投资者适宜减持股票类产品，增持债券类
产品。

第三，如果中国经济陷入通胀不明朗态势，则股债比价指数将呈现震荡
走势。从资产配置的角度来看，投资者适宜维持现有资产配置比例不变。

理财养老：解决"80后"养老危机的一剂良药

晋商银行晋城分行　樊　欢

"80后的养老危机"，似乎有点危言耸听，却可能成为未来的事实。80后这一代很独特，在改革开放的浪潮中，他们充分享受了经济发展带来的红利，同时也成为随之而来的高房价、高教育成本、高养老成本等生活成本居高不下的受害者，独生子女、房奴、车奴、孩奴成为这一代的标签。然而更悲哀的是，这一代很可能在退休的时候正好面临我国人口结构老龄化的高峰期，伴随着"未富先老"、人口结构老龄化等状况，有限的养老资源要用在更多的退休人员身上，80后可能真正面临养老危机。

一　80后"养老危机"原因分析

（一）人口结构老龄化，未来有限的社会养老资源要用在更多的老年人身上，社会养老水平有一定的下降趋势

延迟退休、以房养老、养老金空账等说法不断成为近几年的热门话题，在一定程度上反映人们对未来养老的忧虑。人口老龄化是世界性问题，据预测，2050年我国老年人口将达到顶峰，60岁以上人口将达到4.34亿人，约占总人口的1/3。届时，如今的80后正好处于退休养老阶段，最大的为70岁，最小的也有60岁，他们将面临更多的老年人要分享有限的社会养老资源状况，由此而带来养老水平下降似乎是必然的趋势。当然这还取决于2017~2050年这30多年我国养老产业的发展情况。

（二）"未富先老"，80后这一代青壮年时期要面对高房价、高教育成本、高医疗成本，在居高不下的成本面前其可能未储备足够的养老金却不得不面对老龄化社会

人社部部长尹蔚民曾表示：我国是一个"未富先老"的国家。的确，在生活成本居高不下的压力下，80后很可能是"未富先老"的一代。网络上流行的段子说："上小学时，上大学不要钱。上大学时，上小学不要钱；没挣钱时，房子是分配的；能挣钱时，拼命赚一年也不够买个卫生间……"青壮年时期，很多80后要按揭贷款购买房子，要面对高教育成本培育子女，要在"养儿防老"的模式下赡养父母，要面对高医疗成本。从生涯曲线来看，青壮年时期是主要的收入期，退休后则是主要的支出期，但是80后却在青壮年时期面临收入与支出的双高峰，很难为退休后的支出期积攒足够的财富来养老。

（三）养老模式转变，传统"养儿防老"的模式将逐步成为过去式，"社保养老"或许不足以保障退休后的生活品质，"理财养老"模式却在青壮年时期未建立

80后的父辈是50后、60后，父辈的传统养老模式是"养儿防老""社保防老"，因此，80后的"理财养老"理念很难建立。80后的子女大多是"00后"和"10后"，随着住房需求的下降、乡村经济的发展等，80后的子女或许不需要面对高房价；同时，随着社会保障体制的不断完善，他们的医疗、教育保障可能得到进一步的完善。但是需要注意的是，"00后"和"10后"却恰恰是以最少的劳动力人口赡养最多的老年人口，据测算，到2050年，每1.3个劳动者就要赡养1个老年人，届时通过"养儿防老"的压力可想而知。同时，"社保养老"同样面临压力，一方面"养老金空账"的说法此起彼伏，且养老金的增长速度能否跑赢CPI的增长速度值得思考；另一方面养老金替代率越来越低，即劳动者退休时的养老金占退休前工资收入的比例越来越低，依靠"社保防老"很可能不足以保障退休后的生活品质。

（四）财富或许面临重新洗牌，中长期（20~30年）房价变化趋势难以估量，现在大量投资房产的富人未来可能面临房产贬值；M2每年以10%以上的速度在增长，货币不断贬值，不进行资产规划，富人

的资产可能面临缩水

俗话说"30年河东，30年河西"，这句话在财富上仍然适用，经济在供需的平衡中不断调整，人们所拥有的资产也在供需的平衡中不断重新分配。过去的十多年，房产业经历了黄金十年，即使如今，房价仍在风雨飘摇中保持在高位，80后这一代成为在房价最高时购房的一代，同时80后的父辈，如果属于富裕人群，也热衷于为子女投资房产，因此房产成为80后的主流资产。但是到20～30年后，房价走势会如何？试想，80后很多是独生子女、80后的下一代很多也是独生子女，80后的子女到婚嫁年龄的时候，对房产的需求可能是下降的，因此房产在20～30年之后很可能已经不再是奢侈品，就像20世纪70年代的奢侈品自行车到如今已经成为普通商品一样。在这种经济供需平衡的调整过程中，财富未来可能面临大洗牌。

另外，M2每年以10%以上的速度在增长，个人的资产增长率如果跑不赢M2，则意味着个人资产的贬值，如果个人不及时进行资产规划，提高资产收益率，未来可能在资产不断的贬值中成为财富洗牌的牺牲者。如何让我们不断地储备养老资金，同时让养老资金保持与M2增速相对合理的增长率是我们进行养老规划的基础。

二　80后如何进行"理财养老"规划

目前，80后距退休大概还有30年，正是开展"理财养老"规划的最佳阶段。以下就80后养老规划进行简要分析。

(一)　建立"理财养老"理念，唤醒"理财养老"需求

理念决定行动。唤醒80后"理财养老"需求、建立"理财养老"理念至关重要，尤其是金融机构在为客户提供理财服务时，要逐步引导客户建立"理财养老"理念，激发客户"理财养老"需求，使客户产生进行"理财养老规划"的欲望，并逐渐将"理财养老"作为资产配置与理财规划的一部分，这也是金融机构的社会责任所在。

建立"理财养老"理念后，需要引导客户进一步理解理财规划的内涵。一是"借力"，借助专业的理财师的力量；二是"长期"，理财养老是

一个长期规划，从现在开始到退休之前要不停地实施；三是"配置"，针对养老规划目标，配置相应的产品，并制定方案；四是"动态"，规划在执行的过程中，要定期不定期地监测资产配置是否仍然合理，并进行动态调整；五是"自由"，其最终目标是客户退休后仍然可以保持财务上的自由。

（二）选择专业理财师，借助理财师力量进行养老规划

理财是一个专业性很强的工作，其目的是实现资产长期稳健增值；其过程是把今天的钱配置在不同的资产上，并不断进行动态调整，从而使收益率达到预期。对大部分非专业人士来讲，自己很难搞好理财，因此在进行"理财养老规划"的过程中，应当建立起理念、唤醒需求，下一步将是选择一个专业的理财师，正式开始进行"理财养老规划"。

一个好的理财师应当具备一种"看穿"能力，就是要有基于当前看未来的测算能力、从未来回到现在的规划能力以及从当前走向未来的执行能力。理财师一是帮助客户测算退休时点的养老金需求，并帮助客户测算既得养老金的总额；二是测算出养老金的缺口，帮助客户测算在退休前每年需要储备多少金额去满足退休后的生活支出；三是帮助客户制定退休规划，并监督执行与调整。[①]

虽然我国理财行业发展已有十余年，但始终停留在初始水平，以金融机构发行理财产品为主，与"理财规划"的差距还很大，而专业的金融理财师更是凤毛麟角，因此金融机构要进一步加大专业理财师的培养力度，使专业理财师真正能够承担起这一社会责任。

（三）进行"理财养老"规划，出方案、配资产、动态调整

为客户进行养老规划的具体步骤如下。

1.诊断客户财务状况

梳理客户资产负债与收支情况，确定每月、每年等时间点用在养老规划上的投资金额。

2.制定理财规划，出方案，配资产

根据客户"理财养老"的目标、家庭财务状况、风险承受能力等，为

---

① 北京当代金融培训有限公司：《金融理财原理》，中信出版社，2011。

客户制定养老规划，量身配置相应的产品。例如，老年人患病的概率增大，如果不充分考虑老年人的健康风险，其多年的积蓄将很快被老年后的医疗需求开支侵蚀掉，为了应对年老生病医疗费用大幅支出，从而导致老年生活质量下降的风险，理财师需及早为客户配置保险产品；再如，为避免在 M2 的增速以及通货膨胀下养老金出现大幅贬值的风险，应结合客户风险承受能力，适当配置基金、理财、国债、黄金等相应产品。

3. 跟踪、监测资产配置状况，做出动态调整

在国外，理财师被比成家庭医生，医生看完病人之后会要求其定期复查，对"理财养老规划"也要如此，当理财师做好了长期的资产配置时，要定期跟踪、监测，根据客户需要和市场环境的变化相应地调整资产配置情况，以达到预定目标。

4. 老年财务仍然自由

理财其实就是一个延期支付与牺牲的过程，即通过牺牲今天的消费，换取明天的财务自由。上述长期理财养老规划，最终的目的是在退休之后的生命周期中，在没有收入、纯粹支出的阶段，能够保持财务上的自由。

综上所述，80 后的"养老危机"未来出现的可能性极大，由于我国长期"养儿防老""社保防老"理念的固化等原因，以及金融机构专业理财师队伍尚未成型，因此"理财养老"这种模式在我国尚未建立。目前，建立"理财养老"模式的迫切性很强烈，应当逐步引导人们建立"理财养老"理念，唤醒人们"理财养老"需求，同时要不断加大专业理财师队伍的建设，使"理财养老"模式逐步建立起来。

新常态下的"资产配置策略"

四川天府银行自贡分行　杨佳坪

在经济活跃时期，民众投资小贷、担保公司，获取高额利润。现在再也没有人借钱给别人了。居民资产演变到现在形成"房产＋股票"的投资模式。但这种对资产粗放型的管理，已经不适应经济新常态下的民众投资需求了。作为银行从业人员，资产配置一直是笔者学习的范畴。在经济新常态下，还有千千万万的客户需要普及资产配置的基础知识，并获得高收益、低风险的资产配置。

一　资产配置的含义

资产配置是指根据投资需求将投资资金对不同的资产类别进行分配，通常是将资产在低风险、低收益证券和高风险、高收益证券之间进行分配。在现代的投资管理体制之下，投资一般分为规划、实施和优化管理三个阶段。投资规划即资产配置，是资产组合管理决策制定步骤中最重要的环节。不同的资产配置具有自身特有的理论基础、行为特征和支付模式，并适用于不同的市场环境和客户投资需求。

作为银行从业人员，在为客户进行资产配置之前，需要对资产配置的几个观念做出基本而又详细的解释。为什么要进行资产配置是大多数客户希望了解的。众所周知，能够产生净现金收益的就是资产，而有些时候，资产的投入并不一定都会获得盈利。美国对基金管理人的一次调查显示，他们在阐述影响投资绩效的原因时，有大约91.5%的人认为影响投资报酬率的主要原因来自资产配置，通过有效的资产配置，将不同的资产做出理性妥善的分配，可以将风险降到最低，并能追求报酬的最大化。资产配置所追求的目标是非常明确的，主要可以归纳为：将资金分别投资到各种不同资产类别；长期持有及持续投资以降低风险；达到目标报酬的一种投资组合策略；不在于追求资产收益的最大化，而是降低投资的最大风险。

既然做资产配置能够使投资收益最大化，那么私人银行的财富管理专家势必要对高净值客户的投资现状进行了解和分析，在协助客户打理资产的时候，尽最大努力优化他们自己的资产配置组合。然而，目前国内大部分高净值客户缺乏合理的资产配置方案。在常见的客户资产配置中，有60%的资产用于自住房屋，30%的资产为存款，另外10%用于个人买卖股票或其他理财产品。这种资产配置方案无论在收益性、流动性、安全性方面都不是特别的合理。原因主要有三点：一是大半的资产不会产生回报；二是现金只产生非常低的报酬率，在通货膨胀情势下，甚至为负收益；三是股票投资波动性太高收益不稳定，赔钱概率高。

二　资产配置的步骤

第一步，通常需要考虑到风险偏好、流动性需求和时间跨度要求，需要注意实际的投资限制、操作规则和税收问题。比如，货币市场基金就常被投资者作为短期现金管理工具，因为其流动性好，风险较低。

第二步，明确资本市场的期望值。这一步骤非常关键，包括利用历史数据并结合宏观经济分析，要考虑投资在持有期内的预期收益率。专业机构投资者在这一步骤具有相对优势。

第三步，明确资产组合包括的资产。一般来说，资产配置的几种主要资产类型有货币市场工具、固定收益证券、股票、不动产和贵金属（黄金）等。

第四步，确定有效资产组合的边界，找出在既定风险水平下可获得最大预期收益的资产组合，确定风险修正条件下投资的指导性目标。

第五步，寻找最佳的资产组合。在满足投资者面对限制因素的前提下，选择最能满足其风险收益目标的资产组合，确定实际的资产配置战略。

三　资产现状分析及策略

目前，我们面临的问题包括经济增速下行、有效供给不足、产能过剩、库存增加、企业债务过高等，这些问题基本在 20 世纪 90 年代末期能找到影子。这些问题一方面源于外部的金融冲击；另一方面源于内部长期积累的结构性矛盾，投资过热和货币超发可以说是产能过剩、资源严重错配和资产泡沫的罪魁祸首。在利率下行，刚性兑付逐步被打破的背景下，银行等大型资产配置机构难以找到高收益低风险的资产；高收益非标准债权类产品需求萎缩、收益率承压；实体经济需求下降，房地产与地方基建等高利率融资主体减少，好项目越来越难找。为此，笔者针对未来银行业资产配置策略提出以下几点认识。

（一）现状分析

第一，股市大起大落，信用债性价比突出，配置信用债的性价比最高。

第二，实体经济出清是缓慢的过程，新的内生经济增长动力仍需要时间。

第三，货币收益进入负利率区间，实体经济尚未真正出清，底部尚未探明，利率中枢仍将趋势性下行，多次降息之后实际利率已经进入负利率区间、货币资产收益率大概率继续下行。

第四，基本面难以完成出清，在货币继续宽松背景下，债券市场仍有走牛的空间，持续降息后，银行自营等大类资产配置机构的综合负债成本出现下降，为国债收益率下行打开一定的空间。

第五，在经济疲弱的环境下，更须警惕信用风险冲击，对高收益资产的追逐导致中高等级信用利差已经明显收窄。

第六，从相对估值看，股票对债券的配置价值正在体现，未来收益风险比将有所改善，对权益类资产不必太悲观。从绝对估值角度看，无风险利率趋势下行，在改革转型继续推进大背景下，权益性资产配置的逻辑仍在，权益类资产依然有机会。

第七，对新经济权益投资是未来高收益资产的根本来源，但波动性不容小觑。

第八，人口不断聚集，一线城市地产需求明显大于二三线城市，仍存在较大刚需空间。

第九，关于海外资产配置，美元资产仍有相对优势。从基本面看，美国经济复苏依然走在全球前列，相对稳健。一旦出现极端风险事件，美元资产仍有一定"避险属性"。

（二）各大类资产配置建议

根据目前状况，资产配置比例大致如下，货币类现金及定存10%；利率债20%，信用债18%，非标金融产品12%，国内权益23%，大宗商品3%，境外债券1%，境外权益13%，综合收益应达到14%以上。

资产配置要玩，就玩"一键"

从"信贷盈""同享盈"等银行理财到基金、贵金属、保险，再到外汇、房地产等，银行客户一路对比其收益；从个人优质客户管理（PCRM）系统、财智组合，到财富E站，再到财智速配和财智机器人，理财经理一路惊喜于功能；从资产荒、监管严到收益不再是唯一需求……资产配置新时代已经在我们眼前。从关注产品向关注客户需求转变，从单一产品销售向资产配置迈进，对此，银行已经准备好了，"资产配置"是认真的，"家庭财富管家"是必做的！

2009年笔者加入财富队伍中，在做理财经理时，需要把各类产品要素提炼成自己的话语，需要挖掘客户资料找出生命周期、风险偏好的需求点。在做产品经理时，笔者需要把众多产品归类对比，把繁杂的产品信息整理成适合分行客户群的营销卖点，每天的财富业务重点就是"产品+需求"。

拥有，便是幸福。

第一，从产品端口来看。目前"财富E站"财富产品库分类为：理财产品、信托产品、财智组合、基金/券商理财、保险产品、实物贵金属、黄金外汇商品交易。笔者对每类产品根据产品特性进行了细分，形成了有序的产品树。例如基金，根据基金公司、晨星评级、产品类型等提供搜索或筛选基金的方法。选择具体某只基金时要找到详尽的基金信息，既有总行下发的"基金基本信息表"内的基本信息、投资理念、募集信息，又有不同期限的业绩表现、分红记录，更有可供调整的多类基金业绩对比。"财智速配"的"产品速配"借助大数据分析手段，导入单个产品的精准适配客户名单，帮助理财经理实现单个重点产品的精准营销，从"产品"走向"客户"。

第二，从工具端口来看。PCRM 2.0 提供分类的个人客户营销视图，包括客户营销视图、客户管理视图、客户业务视图、客户 KYC 视图、客户其他视图、客户私行视图，以及客户个人信息与 KYC、资产现况及历史变动、持有产品、账户信息、私行管理平台等，应有尽有，营销与管理两不误。

"财智速配"结合了银行个人客户资产状况，利用大数据技术对客户基本信息、大类资产数据、产品交易数据、行为数据进行分析，再结合客户生命周期、风险偏好，使用经典的马克维茨资产配置模型，自动生成基础的资产配置诊断及调整优化建议，再结合客户精准营销的产品偏好模型，提供与之相对应的产品组合推荐，使资产配置、大数据分析与精准营销完美结合。自动配置提醒、自动化投资跟踪服务、实时检测投资动态及适时发布操作提醒，更是将资产配置做到营销主动化、投资动态化。同时，"财智速配"的"客户速配"则由客户出发，根据后台多维智能资产配置模型运行结果，提供符合资产配置理念与客户自身特点的产品组合，帮助理财经理实现产品组合销售，做到由"客户"得出"产品"。

憧憬，令人心旷神怡

如何配置资产，被配置资产具有什么特点是理财经理的重要工作之一，例如客户就想配置美元类产品，理财经理根据市场和客户情况在给客户推荐美元类产品时，不知道财富产品中哪些是涉及美元投资类的，然后询问两个或多个产品经理，找邮件、找"财富 E 站"产品树、找微信公众号，当找到几个所需产品后又开始纠结于哪个好，再继续找对应资料、问产品经理。而理财经理、产品经理的专业度各有深浅、工作时间安排各不相同，在获得几个美元类产品信息后没有系统做有效的支撑，理财经理会面临比如产品收益率变动、美元类基金暂停销售、其他美元类基金新发等各类产品信息变动带来的再次寻找资料困境。尤其在净值类理财方式推出后，面对定增、股权、量化对冲等同类产品的选择财富经理深感茫然。

在市场和客户需求不断变化的背景下，新产品不断被研发推出销售。而现有的分类或产品名称已很难区分其具体投资策略。例如，混合类基金下的保本、打新、对冲、定增等。这导致理财经理更难从产品信息上挑选出所需产品。

改变，从一键开始。

第一，对产品分门别类。对于上述的困境，想要"一键"就可以找到同类的所有产品或在某种筛选模式下的部分优质产品，可以按照资产配置的类别将银行销售的不同财富产品全归属到一个名词链接下，"一键点击"。

就目前市场需求看，建议设立"固收类"（基金的理念，理财经理和客户都很欢迎）、"美元类"（涉及银行理财、基金、黄金外汇等）、"非美货币类"（涉及基金、黄金外汇等）、"港股市场类"（涉及基金等）、"黄金类"（涉及基金、黄金外汇等）、"原油类"（涉及基金、实物等）、"对冲类"（涉及银行理财、黄金外汇等）。再比如，"REITs类"（房地产信托投资基金）、"欧美市场类"、"股票行业类"等等。部分类别，如定增、量化对冲、打新等因无统一的认定标准，建议采用内部标签的形式。可选择业绩优秀、本行的定制化产品、重点产品，或某筛选模型规则下的产品作为产品池，再打上标签，提高产品识别度。

第二，设置"对比"功能。两个或多个具体产品到底哪个好，特别是在产品总是随时更新，找产品找资料实在费时费力，不同类别机构的差异化数据难以直接对比的情况下，需要对目前的产品信息梳理完善，梳理出共性及特殊性的产品要素，并补齐具体产品内容，如"产品类别""投资范围""业绩比较基准""手续费率""起点金额""币种""期限""销售时间""业绩表现""产品卖点"等可跨产品对比的共性要素，以及"基金经理""规模份额""分红情况"等不可跨产品对比的特殊性要素。可将各类共性要素在同一视图中呈现对比，将特殊性要素作为参考。

同时，可运用目前系统对产品筛选、排序功能，将其放入"一键"点击展开的每类产品界面，充分玩转产品。以客户明显关注的共性要素作为排序或筛选的选项，如"期限""币种""过往业绩"等。经过不断地筛选总有合适的产品适合客户购买。

第三，设计出"一键"界面。呈现"产品导购"界面，从产品端去点击对比，便于理财经理、产品经理在明确需求时挑选；呈现"财智速配建议书"的"产品调整"界面，从工具端点击对比，在明确投资类别时对具体产品进行筛选；可设置"一键"各类别的点击率、销量等排行榜等，这有助于理财经理、产品经理了解全国最火的配置类别，有助于理财经理向客户展示哪些类别是当下最受关注的。

资产配置，要玩就玩一键。

从苹果和阿里巴巴的成功我们看到，那些能够改变客户消费行为模式的企业更能获得客户和利润。随着时代的发展和资讯的进步，销售人员已经明显感觉到客户不再盲目地来到银行，而是带着推荐和目标来的。客户很难说清楚，我就要"××××基金，代码××××××"；但他知道要黄金、美元、保本、打新、对冲等。这时"一键"的出现会让理财经理和客户真正体会到浦发银行的零售品牌和服务理念："轻松理财""新思维，心服务"。

居民财富配置转向：资管迎来新机遇

中国邮政储蓄银行总行　步艳红　卜振兴

一　居民资产配置发展趋势

改革开放以来，随着居民收入的大幅度提升，投资理财需求应运而生，可投资品种也逐渐丰富。我国 1981 年发行国债，1990 年出现股票，1997 年出现资金交易，2005 年后出现银行理财和信托产品、房地产投资等。这些投资品种的出现为扩大居民投资范围提供了可能。

根据居民投资结构变化的情况，可以将居民投资分为几个阶段。1987 - 2001 年，我国处于由计划经济向市场经济加速转型的阶段，这一阶段居民的投资意识刚刚建立，投资方式以存款储蓄为主。2001 年，全国居民个人在现金、银行存款和存款以外的金融上配置比例分别为 12%，71% 和 15%，存款占绝对高的比重。2002 年后，我国居民的投资结构趋向多元化。从投资意愿上来看，2007 年，北京奥兰多中心曾经对全国 15 个大中城市进行了调查统计，结果发现居民在储蓄存款、现金、房地产、股票、基金、债券、外汇、个人理财、期货等投资品上的参与率分别为 71.83%、63.60%、41.88%、28.91%、18.75%、5.19%、2.59%、1.85%、1.48%，其中储蓄存款、现金、房地产、股票是居民参与意愿最高的几种产品。2013 年，中国人民银行的统计调查数据显示，有 46.2% 的个人居民仍然将银行储蓄作为最主要的投资工具，36.3% 的居民倾向选择其他投资方式。其中主要为基金及理财产品投资、房地产投资和债券投资，基金理财、房地产和债券已经成为最重要的投资渠道。从投资金额占比上来看，2014 年在我国居民投资结构为：房地产占 62.0%，金融资产占 38.0%，房地产投资的占比非常大（见图 1）。中央经济工作会议对房地产作用的重新定位，将会抑制房地产的投机性需求，挤出的大量资金将会转向其他收益更高、风险更小、发展更快的投资品种，引发居民财富资产的再配置。随着房地产业的"暴利终结"，居民在金融资产上的配置将会大幅增长。

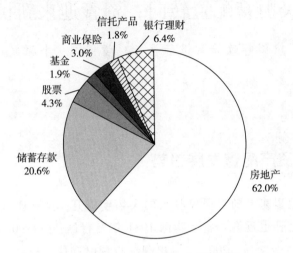

图 1　2014 年我国居民个人投资结构

资料来源：万得资讯、人民银行、保险业协会、基金业协会、中国邮政储蓄银行。

二　财富管理：金融资产配置的下一个风口

中央经济工作会议明确指出，打击房地产炒作和投机。以往单纯依靠房屋买卖坐享收益的情况将会越来越少。同时由于机构投资者在资产管理方面具有更加明显的优势，未来代客理财将会成为投资发展的趋势之一。近年来资产管理行业的发展也证实了这一点。

2012~2015 年，我国资管市场的发展异常迅速，包括银行资管、信托资管、券商资管、基金公司资管等在内的资管公司理财规模由 27 万亿元上涨到 93 万亿元，年均增长率达到 51%（见图 2），规模发展异常迅速，"大资管"时代已经到来。从居民资产配置的趋势可以发现，理财和债券投资已经成为居民理财的重要选择。由于银行具有更广泛的销售渠道，更加专业的团队，在资产管理市场具有明显的优势，除此之外，银行资管还具有以下优势。

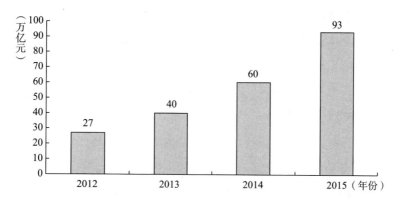

图2　我国近年来资产管理规模（没有剔除通道和委外交易）
资料来源：光大银行、波士顿咨询公司（BCG）：《中国资产管理市场2015年报告》，2016。

（一）风险可控

从资产管理的产品端来讲，按照产品对本息的承诺兑付情况，可以将理财产品分为预期收益型和净值型（保本浮动型和非保本浮动型）的产品；按照风险等级也可以将理财产品分为R1（谨慎型）、R2（稳健型）、R3（平衡型）、R4（进取型）、R5（激进型）五个等级，等级越高风险越大。随着金融行业打破刚性兑付的需求，净值型产品逐渐成为理财市场的主要品种。2015年，市场共发行6657支理财产品，其中预期收益型580支，占比8.71%；保本浮动型1265支，占比19%；非保本浮动型4812支，占比72.28%。虽然净值型产品不保证产品收益，但到目前为止还没有出现银行产品不能兑付本金或收益为负的情况。

从资产管理的资产端来讲，银监会最新下发的监管规则规定：商业银行理财产品不得直接或间接投资于除货币市场基金和债券型基金之外的证券投资基金，不得直接或间接投资于境内上市公司公开或非公开发行或交易的股票及其受（收）益权，不得直接或间接投资于非上市企业股权及其受（收）益权。银行资管投资渠道包括类信贷资产、债券资产（利率债、信用债）、股权资产（主要包括优先股、定向增发新股认购等），风险水平较低。以债券交易为例，自2005年信用债推出以来，直到2014年，债券交易一直没有出现违约情况。从2014年开始才有个别债券出现违约。2015年下半年至2016年上半年，债券违约情况有增长势头，主要是由于宏观经济增速下滑，"两高一剩"行业出现了部分违约情况。从 2016 年下半年开始，违约情况有所好转，2017 年度出现大规模违约的可能性较低。目前市场上的发债主体整体信用水平较高，市场对违约债券高度重视，即使是违约债券也采取了相应的处理手段。因此，相比其他的投资品种，银行的理财产品风险水平较低、风险可控。

（二）流动性较强

相比其他投资品种，银行理财投资具有较高的流动性。除封闭式产品外，绝大部分的开放式产品可以实现 T + 1（当日赎回、次日到账）或 T + 0（当日赎回、实时到账）的操作。相比而言，房地产投资、理财等金融资产的快速变现优势充分显现，成为个人投资者关注理财投资的重要原因。表 1 给出了部分商业银行发行的理财产品情况。

表 1　部分银行 T + 0 理财产品

单位：万元

银行	产品	起售金额	赎回要求
北京银行	天天盈 1 号	5	T + 0
渤海银行	渤祥	5	T + 0
工商银行	灵通快线	5	T + 0
光大银行	活期宝 A	5	T + 0
光大银行	活期宝 B	10	T + 0
广发银行	盆满钵盈 – 日日赢	5	T + 0
华夏银行	增盈天天理财（安逸版）	5	T + 0
华夏银行	增盈天天理财（尊享版）	20	T + 0
建设银行	日日鑫高	5	T + 0
建设银行	日鑫月溢	10	T + 0
交通银行	得利宝天添利 A	5	T + 0
民生银行	天溢金普通款	5	T + 0
民生银行	天溢金（电子银行）	5	T + 0
南京银行	日日聚财	5	T + 0
宁波银行	活期化	5	T + 0
农业银行	安心快线	5	T + 0

续表

银行	产品	起售金额	赎回要求
平安银行	日添利	5	T + 0
浦发银行	天添盈 1 号	5	T + 0
上海银行	易精灵	10	T + 0
兴业银行	现金宝 1 号	5	T + 0
招商银行	朝招金（多元稳健型）	5	T + 0
招商银行	朝招金（多元进取型）	5	T + 0
中国银行	日积月累－日计划	5	T + 0
中信银行	共赢天天快车	5	T + 0

资料来源：各商业银行网站。

以上为部分商业银行理财产品的情况。从表 1 中我们可以发现，目前银行的 T + 0 产品是非常丰富的，理财产品的流动性非常高。

（三）门槛较低

目前大部分的银行理财产品的门槛是 5 万～10 万元。根据中国银监会办公厅 2008 年下发的《关于进一步规范商业银行个人理财业务有关问题的通知》规定："商业银行应根据理财产品的风险状况和潜在客户群的风险偏好和风险承受能力，设置适当的销售起点金额，理财产品的销售起点金额不得低于 5 万元人民币（或等值外币）。"2011 年发布的《商业银行理财产品销售管理办法》根据理财账户的风险情况，把账户分为不同的等级，同时规定"风险评级为一级和二级的理财产品，单一客户销售起点金额不得低于 5 万元人民币；风险评级为三级和四级的理财产品，单一客户销售起点金额不得低于 10 万元人民币；风险评级为五级的理财产品，单一客户销售起点金额不得低于 20 万元人民币。"这个投资门槛远低于房地产投资基金和信托投资基金等品种。

另外，理财产品本身收益率也很高，以 2016 年年底一周的理财产品发行为例，在发行的 1726 支产品中，预期收益率为 3%～5% 的产品 1593支，占比 92.29%；预期收益率为 2%～3% 的产品 63 支，占比 3.65%；预期收益率低于 2% 和高于 5% 的产品 70 支，占比 4.06%。

银行理财产品由于具有以上优点，成为吸引个人投资者的重要因素。

三　资产管理机构面临的挑战

资产配置的转向和理财产品的优势为银行的资产管理业务带来了机遇，但同时也对银行的资产管理业务提出了更高的要求。商业银行必须转变发展方式，由以往规模发展转向精细发展。为此，银行开展资产管理业务需要重点提升以下能力。

（一）资产配置能力

资产配置就是投资主体如何分配资产，投资于不同的品种，以获取更大的收益。2008 年之前，银行资管的配置能力是非常缺乏的，资产配置品种较为单一，远远不能适应市场发展的需求。2008 年，针对高净值客户的资产配置逐渐受到重视，但是投资类别非常有限。2010 年，银行资管机构的资产配置能力逐步提升，逐步由标准化产品向非标准化产品转移，一些结构性的产品受到了银行资管机构的重视。2015 年，随着美元加息、人民币贬值，海外资产配置的重要性进一步显现。当前，资产配置呈现以下特点：一是资产品种不断丰富，对资产配置能力的要求越来越高；二是资产轮动的速度加快，资产配置的灵活性需要进一步提升；三是资产配置机制体制尚不完善，目前国内大多数商业银行处于探索和尝试阶段，没有完整的模式可供借鉴。

因此，银行资管为了应对资产配置的挑战，需要做好以下工作：一是充分认识大类资产配置的重要性，通过资产配置博取更高的收益；二是培养和选拔专业的人才，组成研究团队，提高研究能力，分析市场溢价的投资品种，指导投资实践；三是建立资产配置机构和制度，提高资产配置的灵活性，以应对市场快速转换的风格；四是建立完善的风险管理和风险评价制度，重视投资前的分析和投资后的管理。

（二）资源整合能力

资源整合是指将资源进行优化、匹配，充分发掘资源的优势和潜力，以实现效益最大化。银行资管背靠强大的银行背景和基础，往往接触和掌握大量的资源，如客户资源、项目资源、外部资源等。同时，在一般的大型商业银行中，资管业务在很多流程、交易对象上与其他业务有重合和交叉，这些大量被交叉和重合的资源亟待整合。

为了实现资源整合，需要采取以下措施：一是客户资源整合。银行的个人金融、公司金融和机构业务部门掌握大量的客户资源，商业银行应利用自身优势，挖掘客户需求，丰富产品类型，整合存量和潜在客户资源。二是项目资源整合。银行应发挥资管全产品线、市场全景资产配置优势，在"去杠杆"的环境下，挖掘优质资产，创新融资模式，为客户提供更好的融资服务。三是外部资源整合。市场存在大量的专业投资机构，在很多方面具有一定的投资优势。商业银行应博采众长，充分发挥投资机构的优势，通过 FOF、MoM 等方式委托外部机构进行投资，充分获取投资收益。

（三）金融科技能力

金融科技能力主要是指信息化建设和系统建设能力。信息和系统的开发建设周期虽然比较长、推进过程事务烦琐，而一旦系统正式使用，将会大大提升效率、减少繁重的重复性工作，实现业务的规范化、流程化。因此，信息化和系统建设是"功在当代、利在千秋"的工作，其对公司的影响是深远的。可以说，未来能否在银行资管的竞争中取得胜利，信息化和系统建设是基本保障。

银行资管提升金融科技能力需要重点做好以下工作：一是充分发挥大数据功能，通过系统和信息化建设，对客户和市场进行细分，实现产品管理的精细化。二是提高业务系统管理水平，提升资产运营、产品管理和投资决策管理效率，实现对人力资本的替代。三是提高电子化、移动终端消费比重，并逐步向智能投顾方向发展。充分发挥金融科技的力量，改善客户体验永无止境！

境内银行资产管理产品设计及服务的
国际化探索

交通银行总行　郝　琳

　　近年来，国内财富管理需求日益增长，资产管理行业规模屡创新高。银行凭借自身在销售渠道及资产获取等方面的优势，资产管理规模一直领先于信托、保险、证券、公募基金等机构。至 2016 年底，银行理财产品资金余额为 29 万亿元。银行推出的绝大多数理财产品仍然是与存款收益及期限结构类似的定期预期收益型产品，理财服务仍停留在咨询、代销产品与提供简单投资建议等浅层次上。相比之下，欧美等发达国家在金融创新的推动下，财富管理业务在 20 世纪 70 年代得到了飞速的发展，全球商业银行在资产端成立资产管理公司，提供强大的投资支撑，在产品端充分发挥理财顾问的作用，围绕客户生活、财务目标，广泛运用信息科技手段，为客户提供量身定制的顾问型理财服务及委托投资理财服务。本文以瑞银集团（UBS）、贝莱德集团（BlackRock）和财富前沿公司（Wealthfront）为研究对象，拓展境内银行资产管理产品设计及服务的国际化视野。

一　境外资管机构产品及服务简析

　　欧美的资产管理业务始于 19 世纪的商业银行，在 20 世纪 30 ～ 70 年代，股市和债市迅速崛起，使参与主体得以丰富，市场也得到进一步的完善和发展。随着时间的推移，投资渠道也从基金扩展到信托、债券、股票、另类投资等领域，创新类产品也不断涌现，促进资产管理行业的高速发展。

（一）瑞银集团

瑞银集团下设投资银行、财富管理、美洲财富管理、零售公司、全球资产管理、公司中心六大部门。其中，财富管理、资产管理以及投资银行相互协同，为财富管理客户提供完整的投资解决方案、产品和综合性金融服务。

1.资产管理

在资产管理业务条线，瑞银集团资产管理公司在全球的 22 个国家开展业务，为全球机构、零售中介及高端财富管理客户提供投资管理类产品及服务。瑞银集团资产管理公司作为瑞士最大的共同基金管理人、全球知名的对冲基金和房地产投资管理人，管理能力覆盖传统类及另类等多资产类别。瑞银集团资产管理公司为客户提供单独类、组合类及委托咨询类的产品和服务，投资范围包括权益（全球、区域及主题类策略，阿尔法及量化风格策略）、多资产（全球及区域性的资产配置及外汇投资策略）、对冲基金（奥康纳对冲基金平台，以获取绝对收益为目标）、固定收益（全球、区域及本地范围的单资产或多资产类别的固定收益投资策略）、全球不动产（房地产行业全球性及区域性的核心增值策略）、基础设施及私募（全球核心基础设施资产直接投资策略以及 FOF 策略）等资产类别。

从投资风格来看，主要分为主动管理和被动管理。其中，主动管理服务包括多管理人对冲基金投资咨询服务，根据目标收益风险特征提供投资建议；个性化多资产投资咨询服务，包括风险管理及结构设计、管理人筛选、全球战略性资产配置等。被动管理服务主要包括指数策略、增强型贝塔策略以及基于特定规则的多资产投资策略，产品形式包括交易所交易基金、合伙基金、结构化基金及委外产品等。2016 年瑞银集团年报显示，其资产管理公司的总投资资产为 6600 亿瑞士法郎（CHF），其中 59% 投资于主动管理类策略，31% 投资于被动类策略，剩余 10% 投资于货币市场。从客户区域来看，34% 为瑞士客户，24% 为美洲客户，22% 为欧洲、中东及非洲客户，20% 为亚太客户。

2.财富管理

瑞银集团财富管理为全球高净值私人客户提供全方位及个性化的金融服务，以自有产品为基础、业内领先第三方机构产品为辅助，为客户提供跨资产类别、跨区域及跨策略的全产品线服务。瑞银集团财务管理团队在全球 40 多个国家和地区开展业务，网点超过 190 家。

在服务客户划分方面，财富管理和美洲财富管理均根据客户的可投资资产金额进行细分，主要分为超高净值客户、高净值客户和富裕客户三类（见表 1）。而美洲财富管理额外列出新兴富裕客户。

表 1　瑞银财富管理客户细分

客户类型	投资金额（瑞士法郎）	投资金额（美元）
超高净值客户	5000 万以上	1000 万以上
高净值客户	200 万 ~ 5000 万	100 万 ~ 1000 万
富裕客户	25 万 ~ 200 万	25 万 ~ 100 万
新兴富裕客户	——	25 万以下

在区域方面，瑞银集团财富管理加速推进亚太地区发展，特别是中国台湾、中国香港、中国大陆、新加坡、日本。在新兴市场中，瑞银集团重点关注墨西哥、巴西、土耳其、俄罗斯、以色列以及沙特阿拉伯。2016 年，瑞银集团新成立欧洲子公司，以便优化运行，提高资金效率。

瑞银集团以其内部的专业研究团队为支撑，为客户提供投资产品及服务，涵盖权益类、债券类、投资基金、机构化产品、另类基金等。在服务创新方面，瑞银集团致力于通过数字化的创新手段满足不断变化的客户需求。目前，瑞银集团的资产管理平台项目已经在瑞士和德国投入使用，下一步将在中国香港和新加坡推进。这一项目旨在为客户提供标准的咨询、数字化及后台服务，提高全球资产管理的运行效率。2016 年，瑞银集团在英国发布了智慧财富，将数字化财务管理与瑞银集团市场领先的专家观点相结合，为客户提供基于个性化投资目标的投资建议。

（二）贝莱德集团

贝莱德集团是美国规模最大的上市投资管理集团，2016 年底其管理规模达 5.1 万亿美元。贝莱德集团通过其遍布美国、欧洲与亚洲 30 多个国家的办事处为全球 100 多个国家和地区的个人与机构投资者提供证券、固定收益、现金管理类的投资产品及服务，其产品形式主要是独立账户、开放式基金与封闭式基金等。此外，贝莱德集团还针对机构投资者提供风险管理、投资系统外包与财务咨询服务。

贝莱德集团的客户包括免征税机构投资者（养老基金、慈善基金、捐赠基金等）、政府机构（央行、主权基金、国际性组织等）、保险公司、金融机构、公司及个人投资者。其中，资产管理规模的 64% 为机构投资者，11% 为零售客户，其余的 25% 来自安硕（iShare）基金的 ETF 投资。

贝莱德集团提供跨资产类别、投资风格及区域的投资策略，主要包括 ETF 策略、市场因子策略、主动策略和另类策略等。按资产类别划分，有 52% 的资产投向权益类，30% 的资产投向固定收益类，多资产和另类投资分别占 8% 和 2%，其余 8% 的资产投向现金管理类产品。依据投资风格划分，投资的 63% 为指数类，29% 为主动类，8% 为现金管理类。

在科技创新方面，贝莱德集团秉承利用科技提高效率的理念，提供基于技术的服务应用，覆盖风险管理、理财规划、投资咨询等。现阶段的明星产品有以下几个，一是阿拉丁基金（Aladdin），为资产管理行业提供基于数据分析的投资、运营及分销解决方案，客户包括银行、保险等资产管理机构。2016 年，阿拉丁基金的业务收入为 5.95 亿美元，较 2015 年增长 13%。二是 iRetire。贝莱德集团有 2/3 的资产管理资金与退休有关，iRetire 作为退休理财规划项目利用技术手段分析客户退休后的每年开销，进行现阶段的理财规划。三是 Future Advisor。通过收购 Future Advisor 为合作伙伴，在其产品销售环节提供高质量、规模化、数字化的投资建议。四是 iCapital。为零售客户和他们的财务顾问提供缺乏流动性的另类投资服务。

（三）财富前沿公司

智能投顾（Robo-advisors）又称为机器人投顾，本质上是一种投资顾问服务模式，以智能化股票投资组合推荐、自动策略交易服务为代表，根据投资者的风险偏好，为用户推荐投资组合。智能投顾利用互联网技术尽可能地为包括中小投资者在内的更多用户提供投资管理服务，快速、高效解决用户的投资选择难题。其优势在于成本低、易于操作、避免主观情绪化、基于分散风险的投资理论及信息相对透明。根据市场机构预测，美国智能投顾行业的资产管理规模将从 2016 年的 3000 亿美元增长至 2020 年的 2.2 万亿美元。

作为美国具有代表性的智能投顾平台，财富前沿公司借助计算机模型和技术，在完成问卷调查评估的基础上，为客户提供量身定制的资产投资组合建议，包括股票配置、股票期权操作、债权配置、房地产资产配置等，其客户主要为硅谷的科技员工。截至 2016 年 2 月底，财富前沿公司管理的资产规模近 30 亿美元。

1. 主要产品

财富前沿公司提供的主要是自动化投资组合理财咨询服务，通过一系列问卷调查及评估，识别客户风险偏好，为客户推荐符合其风险收益特征的基于 ETF 基金的投资组合。财富前沿公司可以被认为是智能的 FOF 管理人，通过大数据等技术手段，准确分析客户的投资需求，从而有针对性地推荐风险收益特征符合要求的个性化产品组合。该平台支持从开户、投资到投后监控的一系列操作流程。

2. 操作流程

财富前沿公司的操作流程有以下六个步骤：一是开户并完成问卷调查，计算风险偏好。二是财富前沿公司利用现代投资组合理论（Modern Portfolio Theory，MPT）为用户推荐基于 ETF 的投资组合。目前该平台支持的资产类别有十一大类，包括美股、海外股票、新兴市场股票、股利股票、美国国债、新兴市场债券、美国通胀指数化证券、自然资源、房产、公司债券和市政债券。三是资金转入名为 Apex Clearing 的证券经纪公司。四是财富前沿公司代理客户向 Apex Clearing 发出交易指令，买卖 ETF。五是用户定期检测自己的投资组合，财富前沿公司根据用户需求变化更新投资组合。六是财富前沿公司收取投资部分的 0.25% 作为佣金。

二 对我国银行资管产品及服务国际化的启示

（一）拓宽投资领域、丰富投资标的，打造货架式产品体系

国外顶级资产管理公司的产品创新离不开丰富的投资标的、广泛的投资区域和多样的产品结构，通过全球布局的专业化投资团队，捕捉全球性投资机会。国内银行资管机构也应积极采用"走出去、引进来"的策略，增强全球资产配置能力，拓宽投资领域、丰富投资标的，搭建跨市场、跨资产类别、多种投资策略并举的资管获取平台，并在此基础上从区域、行

业、资产类别、投资风格等入手，设计具有不同风险收益特征的主题型产品，打造货架式产品体系。

（二）创新服务模式，提升个性化产品服务能力

按照资产总额、风险偏好和年龄等变量对客户进行细分，针对不同客户的需求，分别对标境外针对机构和个人的财富管理模式，提供有针对性的多样化、个性化服务。对于资产规模较小且技术接受程度高的散户投资者可以参考国外智能投顾的成功案例，利用技术手段，推进大数据及人工智能在财富顾问领域的应用，帮助投资者根据投资目标，有针对性地设计自己的资产配置方案，并从产品货架中根据风险及收益特征选择合适的产品。针对高净值客户，应突破仅从收益率考量的投资建议，在自动智能服务的基础上配备专业投资顾问，明确针对投资者在资金开销（子女教育、养老）等方面的需求，提出有针对性的资产配置及产品选择解决方案，实现从需求分析到理财规划再到投资执行的"一站式"服务。针对超高净值客户，可以根据其财富保值增值的需求，开发定制化专户型委外产品。

理财投资资产证券化产品的风险控制

——次贷危机 10 周年再反思

中国邮政储蓄银行安徽省合肥市分行　李　成

一　如火如荼的资产证券化

自 2014 年以来,我国资产证券化市场进入高速扩容期。2014~2016 年,信贷资产支持证券(以下简称"信贷 ABS")累计发行 10722.55 亿元,企业资产支持证券(以下简称"企业 ABS")6727.32 亿元,资产支持票据(以下简称"ABN")291.31 亿元,三者合计 17741.18 亿元,约占同期债券发行总规模的 5.18%。[①]

截至 2016 年末,全国资产证券化市场存量达到 11977.68 亿元,同比增长 52.66%。其中,信贷 ABS 存量为 6173.67 亿元,同比增长 14.74%;企业 ABS 存量 5506.04 亿元,同比增长 138.72%;资产支持票据存量 297.97 亿元,同比增长 87.52%。[②]

二　冰冷的次贷危机时刻

2007 年上半年,美国次贷危机爆发。当年 2 月,汇丰控股在美次级房贷业务新增 18 亿美元坏账拨备;4 月,美国第二大次级抵押贷款机构新世

---

① 根据中国债券信息网提供的数据整理。

② 中国债券信息网。

纪金融公司申请破产保护；6月，美国第五大投行贝尔斯登旗下两只对冲基金出现巨额次级抵押贷款证券化产品投资损失，几乎"无价值剩余"；7月，穆迪宣布降低对总价值约52亿美元的399种次级抵押贷款债券信用评级，标准普尔称可能下调总价值约120亿美元的612种次级抵押贷款债券信用评级；8月，高盛宣称将向受次贷危机影响已累计贬值30%的旗下对冲基金注资约20亿美元，澳大利亚麦格理银行声明旗下两只高收益基金投资者面临25%的损失，法国巴黎银行宣布暂停三只涉及美国次级房贷业务的基金的交易。

2008年1月，花旗集团、美林证券、摩根大通公布的财报显示，2007年第四季度分别亏损98.3亿美元、98亿美元、35.8亿美元，瑞士银行公布2007年第四季度预计亏损约114亿美元；3月，因贝尔斯登深陷流动性不足和巨额亏损困境，摩根大通宣布以2.4亿美元的低价将其收购；4月，日本瑞穗证券预估2007年次级抵押贷款相关交易的损失达39亿美元，德意志银行宣布五年来首次出现净亏损；7月，住房抵押贷款证券化两巨头房利美和房地美股价暴跌；9月，美国政府宣布接管房利美、房地美和保险业巨头美国国际集团（AIG），雷曼兄弟申请破产保护，美林证券被美国银行收购，美联储宣布批准高盛和摩根士丹利转为银行控股公司。

次贷危机爆发后，美国资产支持证券的发行规模急剧下降，由2007年的25600亿美元下降至2008年的14836亿美元。一时间全球市场谈"资产证券化"色变，受次贷危机影响，中国资产证券化进程也陷入停滞。直至2012年5月，央行、银监会、财政部联合发布《关于进一步扩大信贷资产证券化试点有关事项的通知》，才正式重启资产证券化。

三　理财投资资产证券化产品风险控制的几点思考

（一）真正揭开基础资产的面纱

发起人（原始权益人）转让基础资产的行为存在一定的道德风险——利用信息优势在获得流动性收益的同时将不良资产转让出去，隔离机制使发起人脱离了基础资产的风险。次贷危机发生前，次级抵押贷款经过贷款机构、金融中介公司和投资银行的层层包装和复杂的结构化设计后已经面目全非，其风险难以被一般投资者甚至专业投资者看破识别。此外，发起人或者发行人如果有选择地进行信息披露，故意隐瞒对资产支持证券评级和定价不利的关键细节，也会使评级机构和投资者不能全面准确地评估基础资产的内在价值和隐含风险。

次贷危机后，为弥补资产证券化的监管漏洞，2014 年美国证券交易委员会（SEC）通过了被称为 Reg AB II 的 Reg AB 修正案。该法案提高了对公开注册发行资产证券化产品的信息披露要求：一是扩大强制披露信息的范围，不再只是资产池层面的"整体描述性信息"，更加注重关键细节信息，而且资产池中的每笔资产应进行逐笔披露；二是规定信息披露的标准化格式，以便于投资者比较和分析，例如每笔住房抵押贷款对应270 个数据信息点、商业抵押贷款 152 个数据信息点、汽车贷款 72 个数据信息点，所有资产层面的数据信息在发行和报告时要采用特定的表格形式。

目前我国对资产证券化产品信息披露的监管规则有待细化和完善，然而在监管政策的强制性规定之外，投资者可以根据实际情况主动提高对发起人和受托人信息披露的要求，在获得大量的二手资料之后还应通过开展现场调查搜集的一手材料，并投入足够的时间和精力认真分析，特别是对基础资产中的住房抵押贷款、车辆抵押贷款、消费贷款、信用卡贷款等要做到逐笔调查核实和逐笔评估。

（二）关注基础资产价值可能发生的剧烈波动

对于较长期限的资产证券化产品，投资者需要关注期限内基础资产价值产生剧烈波动的可能性，造成这种剧烈波动的原因可能是政策变动、市场变化、自然灾害、战争等。

一些分析人士把次贷危机爆发的直接原因归于美联储史无前例的紧缩货币政策，即 2004～2005 年连续 17 次加息，联邦基准利率从 1% 上调到5.25%，而之前施行的过于宽松的货币政策（2001～2003 年连续 13 次降息，联邦基准利率从 6.5% 下调到 1%）吹起的房地产泡沫已经诱使美国家庭债台高筑，此时掉头攀升的房贷利率使美国家庭尤其是承担次级房贷的社会中下阶层不堪重负，导致大面积债务违约。

2016 年，我国资产证券化市场发生首单实质性违约事件。在上交所挂牌交易的"14益优02"是大成西黄河大桥①通行费收益权专项资产管理计划优先级资产支持证券，未能在2016年5月29日到期日发布兑付公告。据调查，违约原因是大成西黄河大桥的主要通行车辆为运煤车辆，由于煤炭行业严重不景气以及国家对"两高一剩"行业的限制政策，加上大成西黄河大桥对面的大成煤矿进行环保改造，过桥运煤车辆数量锐减，预期通行费收入未能实现。

（三） 重新审视内外部增信措施的可靠性

资产证券化的增信措施分为内部增信和外部增信两种：内部增信从基础资产池的结构设计和产品的增信机制设计角度开展，主要包括优先级和次级的结构安排、超额抵押设置、保证金/现金储备账户等；外部增信以外部企业或金融机构提供担保为主，包括机构担保、差额支付承诺、回购承诺、流动性支持等。投资者需要重新审视这些增信措施，应该预演一下在不同的违约情形（特别是最糟糕的情形）下它们到底是否可靠，要注意增信的根本目的不是提高评级而是减少发生违约后的损失。

美国次级抵押贷款打包形成的担保债务凭证（CDO）本身信用级别较低，于是采用从保险公司购买信用违约互换合约（CDS）的方式进行外部增信，相当于让保险公司提供债务违约担保。保险业巨头美国国际集团（AIG）旗下的金融产品部门AIGFP开发的CDO产品被全球金融机构广泛持有，而大面积次级抵押贷款违约发生时，素以实力和风控著称的AIG却根本无力支付巨额赔偿。至2008年6月底，AIG因信贷违约互换业务累计亏损已达250亿美元，占全部业务亏损的比例超过60%，最终不得不在3个月后接受美国政府接管。

在大成西黄河大桥通行费收入收益权专项资产管理计划中，增信措施主要包括原始权益人鄂尔多斯市益通路桥有限公司自持劣后级、原始权益人承担差额补足义务、原始权益人母公司内蒙古东达蒙古王集团有限公司为差额补足义务提供连带责任保证，当资金不足以支付当期的优先级资产支持证券预期支付额时，启动加速清偿程序，管理人可宣布所有证券提前到期并向原始权益人发出回购基础资产指令。到期未兑付的"14益优02"

---

① 大成西黄河大桥是内蒙古包头市连接鄂尔多斯煤炭产区的交通枢纽。

正是优先级证券。益通路桥公司是东达蒙古王公司为实现大成西黄河大桥特许经营权而专门成立的项目公司，其营业收入全部来自大成西黄河大桥的通行费；东达蒙古王公司是鄂尔多斯民企，主营农林牧、房地产、路桥、酒店服务业等。该专项计划的增信措施都跟煤炭行业状况的好坏紧密相关，当煤炭行业严重不景气时，基础资产的价值和增信措施的可靠性会同时下降，这样的增信实际上是比较脆弱的。

四 摆脱对外部评级机构的过分依赖

次贷危机发生后，以标普、穆迪、惠誉为代表的评级机构的专业性、客观性和公正性受到公众广泛质疑，正是这些评级机构在危机前给予次级抵押贷款债券虚高的信用评级，后来又在危机爆发时迅速大规模调低评级，动摇了市场信心，让危机愈演愈烈。据统计，在危机前竟有约75%的次级抵押贷款债券获得了 AAA 评级，10% 获得 AA 评级，8% 获得 A 评级，而仅有7% 被评为 BBB 以下，实际上 2006 年第四季度次级抵押贷款违约率高达 14.44%，2007 年第一季度更是增加到 15.75%。

研究表明，评级机构的信用评级行为具有顺周期性，即在经济繁荣时期倾向于评级高估，在经济衰退时期倾向于评级低估，这种顺周期性放大了经济的波动。发行人付费模式引起的利益冲突是影响评级机构行为客观性的另一个重要因素，即通常所说的"吃人嘴软、拿人手短"，容易造成"花钱买评级"的现象。此外，评级机构的评级模型、具体技术手段和程序不对外公布，具有不透明性，投资者和第三方机构难以对评级结果进行有效检验和再评价。次贷危机爆发后，美国证券交易委员会（SEC）针对评级机构低质量的评级问题开展了调查。2008 年 7 月发布的调查报告指出，评级机构在模型使用、工作程序等方面存在着严重问题，并受到利益导向等因素干扰，没有基本的能力应对次级抵押贷款证券日益增长的复杂性问题。

在全面总结次贷危机教训的基础上，2010 年 7 月美国出台《多德—弗兰克华尔街改革与消费者保护法》（简称《多德—弗兰克法案》），该法案从成立专司评级监管的信用评级办公室、强化评级机构信息披露义务、解决利益冲突问题、加强评级行为的责任追究、降低评级依赖以及鼓励投资者进行独立分析等十个方面对评级监管体系提出了新的规范性要求。

五　回归到关于流动性的讨论

1936 年，在《就业、利息和货币通论》一书中凯恩斯对"流动性偏好"做出了定义，由于货币具有使用上的灵活性，人们存在宁肯以牺牲利息收入而储存不生息的货币来保持财富的心理倾向。流动性是资本市场的血液，一般认为高流动性代表着资本市场运行的高效率。可以说，资产证券化的本质就是基础资产的原始权益人以部分收益与投资者交换流动性，正是可以大大提高资产的流动性，使资产证券化受到了市场的热烈欢迎和追捧。

次贷危机是一场因大规模债务违约引发的流动性危机。有学者指出次级抵押贷款证券化充当了把市场流动性转换为贷款机构流动性的特殊融资工具，这种转换在缺乏有效监管时过于便利，不仅给贷款机构提供了源源不断的资金，而且激励贷款机构降低放贷标准而不再重视风控（加剧道德风险），造成了无限制的信用扩张，实际上已经构成影子银行体系的一部分。随着流动性转换链条的延伸，大量投资者的流动性被吸收，风险被转移给投资者来承担，信用工具的使用又将风险放大，为后来的流动性危机爆发埋下隐患。

历史经验表明，金融危机具有周期性，而政府监管的松紧似乎也具有周期性，即在危机发生后迅速收紧，在危机平息后又日趋宽松。次贷危机爆发 10 年后，新上任的美国总统特朗普签署行政命令，要求启动对《多德—弗兰克法案》和其他金融危机后推出的监管措施的修订进程，意味着严格的金融监管可能开始松绑。崇尚自由主义和流动性的格林斯潘则声称废止《多德—弗兰克法案》将是"非常积极的变革"，"经济会得到非常重大的积极推动"。此番"去监管"是否会为下一轮金融危机播下种子，值得全球的投资者们包括理财投资机构关注、思考和警惕。

银行理财的监管演变和未来趋势

南京银行总行　张　雯

自 2004 年第一只理财产品成功发行以来，至今已有 10 余载，伴随着利率市场化，银行资产管理业务经历了黄金成长期。截至 2016 年末，共有 497 家银行业金融机构有存续的理财产品，理财产品数 7.42 万支，理财产品存续余额为 29.05 万亿元。同时，包括信托、券商、基金等各类资管机构的整体市场规模大约在 110 万亿元（尚未剔除重复计算），银行理财占比约为 26%，处于绝对主导地位。

银行理财尽管在规模上具有明显优势，但市场化策略仍相对局限，处于由存款替代品向真正资产管理转型的升级期，主要表现为，一是银行理财的独立法人资格尚欠缺，成立子公司的呼声渐高，这表明资管业务将上升到一个新的台阶。二是管理模式由狭义理财配置向综合服务商转变，可进一步结合私人银行业务、投资银行业务等，向客户提供全面、一体化的资产管理。三是作为商业银行的新增长点，投资理念应代替传统的信贷理念。四是投资范围由固定收益类资产向全市场资产进军，譬如国外大型资产管理机构的投资方向几乎是无所不包，横跨全球各个国家的固定收益、权益、房地产、衍生品、另类投资等。

一　当前银行理财的主要风险点

（一）"受人之托、代客理财"本源仍不明晰

在理论上，资产管理业务的本质为"受人之托，代客理财"。但由于

商业银行的机构属性，当下的银行资产管理业务尚存在本源不清的问题。具体表现在两个方面：一是从严格意义上来看，银行理财尚未打破刚性兑付，即使是净值型产品，常常也是一种隐性的预期收益型，这不仅将风险均积累在银行内部，而且还在一定程度上造成了资源的扭曲配置；二是在银行表内业务监管趋严的背景下，银行表外理财在某种程度上承担了部分信贷职能，即通常所说的影子银行，这将造成实际信贷需求与国家宏观调控以及产业政策等方面的偏差。

（二）传统业务模式受挑战，风险大幅攀升

现阶段的理财管理模式，主要借鉴了表内的"资金池—资产池"操作方式。在同质化竞争的业务格局下，收益率常常被视为一种有效的武器，导致各类产品收益率明显超过无风险利率、风险溢价和信用风险溢价的合计。这就迫使银行理财在业务模式上不断提高风险偏好。一是放大杠杆作用。在利率下行期，虽然使用杠杆创造了大量的利润，但在流动性转向、资金波动加大后，流动性风险快速积聚。二是降低信用资质要求，不断下沉评级，由原来省级平台放宽至市、区甚至是县、乡，地方政府债务置换期即将结束，后期政府信誉将面临较大考验。

（三）分业监管，顶层设计缺乏统筹协调

目前，我国的金融监管机构体系由于缺乏监管协调，各类监管机构对所属的资产管理业务实施差异化的监管政策，这在一定程度上存在巨大的政策套利空间。为了绕道监管，金融机构之间互相嵌套的情况普遍存在，并且由于风险隔离尚不完全，存在管理责任不明的漏洞，这亦将造成金融机构之间风险交叉感染，存在系统性金融风险隐患。

二　我国银行理财监管政策的演变

（一）监管政策的起步阶段（2005～2007年）

理财监管框架的建立晚于理财业务的开启，最早的监管体系源于2005年银监会下发的《商业银行个人理财业务管理暂行办法》和《商业银行个人理财业务风险管理指引》，主要涉及理财业务的分类和定义、业务管理、风险管理和监督管理四个方面的规范，这意味着银行理财正式纳入监管范

畴，此后业务操作有规可循、有理可依。2006 年，银监会再次下发《商业银行开办代客境外理财业务管理暂行办法》，由此境外理财业务亦受到监管。

（二）银信合作成为监管重点（2008 ~ 2012 年）

为了应对金融危机，国家加大了各类项目投资，这一时期银行理财和信托的合作迅猛发展，从早期购入银行信贷资产，到后期投资新增项目，合作的广度和深度均在拓展。监管政策针对银信合作中出现的职责不清、发展过快、资质参差不齐等问题多次发文进行规范，其中影响较大的是 2010 年下发的《关于规范银信理财合作业务有关事项的通知》。该通知不仅要求银信合作实施余额比例管理，而且明确要求信托产品期限不得低于一年；同时还要求信托公司提高资本标准，增加拨备覆盖率、资本充足率等多项指标。

（三）监管目标推动业务转型（2013 年至今）

2013 年，同业非标野蛮生长，央行率先收紧由流动性引发大规模"钱荒"，国务院办公厅发布《关于加强影子银行有关监管问题的通知》，首次确立了"影子银行"业务的监管法规，银监会下发文件全面压缩商业银行非标存量资产。就银行理财业务而言，这一时期有两个较为重要的文件。一是 2013 年出台的《关于规范商业银行理财业务投资运作有关问题的通知》，全面整顿理财业务操作，对合规销售、风险评级、产品报备、信息披露等方面进行了具体的规范；二是 2014 年出台的《关于完善银行理财业务组织管理体系有关事项的通知》，正式启动银行业理财事业的部制改革。

三 未来我国银行理财监管趋势

目前针对银行理财悬而未决的监管政策主要有两个：一是商业银行理财业务的征求意见稿，二是"一行三会"牵头制定的大资管监管政策。这两个重量级文件均未尘埃落定，但基本原则可窥之一二。基于此，本文亦对未来监管政策方向进行分析。

（一）追本溯源，引导理财向资管业务转型

当下银行理财偏离资管本质主要体现为两个方面：一是刚性兑付，二是对规避监管、调节报表、吸存揽存的定位。针对前者，资管监管内审稿中，力求从根本上解决银行的隐性担保和刚性兑付问题，明确提出资产管理业务是金融机构的表外业务，本质是"受人之托，代人理财"，收益和风险均由投资者享有和承担，金融机构不得开展表内资产管理业务，不得承诺保本保收益。针对后者，"消除多层嵌套"的思想多次出现在 2017 年的监管文件中。目前最严厉的一种说法是，除 FOF、MOM 外，不允许资管产品投资其他资管产品。但这与当前资管多项业务存在冲突，而且部分嵌套是由于理财尚不具备法人资格而出现，或因为自身产品设计而形成（如ABS），由此推测最终落实或仍存在一定的协调空间，但监管趋势及方向是明确的。

（二）加强交易约束，控制系统性风险

为了防止无序激进的交易策略导致系统性金融风险上升，我国金融监管对理财的交易约束在不断加强，具体体现在以下几个方面。一是风险隔离。商业银行开展理财业务，应当确保理财业务与信贷等其他业务相分离，自营业务与代客业务相分离，理财产品与代销的金融产品相分离，理财产品之间相分离。二是明确投资范围。例如，商业银行理财产品不得直接或间接投资于本行信贷资产及其受（收）益权，这是为了防止表内信贷出表；又如，理财不得直接或间接投资于其他理财产品，这是为了引导资金脱虚向实，有效控制资金空转。三是对各类交易机构均设定杠杆率要求。从目前的政策来看，固定收益类、股票及混合类、其他类产品的杠杆倍数分别限定在 3 倍、1 倍、2 倍，公募和私募产品的负债比例（总资产/净资产）分别设定 140% 和 200% 的限制，这将有效降低流动性风险和利率波动风险。

（三）加大协调监管，营造规范平等的政策环境

当前，资产管理的产品呈现跨市场、跨机构、跨监管的特征，如果不形成监管合力，政策套利行为难以偃旗息鼓，这将不利于市场健康发展，也不利于产品风险控制，更不利于金融系统的整体稳定。2017 年以来，各机构之间的协调监管思路愈发明显，"一行三会"的大资管政策制定即是

一个很好的示范。若平等的政策环境有效建立，金融机构之间绕道交叉动力就会自然减弱，整体业务风险将明显下降。此外，合力监管有助于较好地预估市场的整体冲击和机构的整体反应，因为单个政策的下发往往会形成不可预知的叠加效应，有时不仅不能达到监管目标，反而会引爆系统性风险。当前，在我国金融领域工作中，中央多次强调"稳中求进"的方针，要坚持不发生系统性金融风险的原则。由此可见，监管协调是政策的大势所趋。

综上而言，短期内监管政策出台确实会使各金融机构资产管理业务受到影响而出现业绩下滑，但从长远来看，将会利好整个行业的健康发展。资产管理行业将进入一个由量变到质变的过程，从盲目单一追求数量朝着数量与质量并重的方向转变，促使资产管理业务上升到一个新的发展水平。

浅析"新常态"下银行资产管理业务的授信体系建设和授信风险防控

国家开发银行总行　何建沂　张霁阳

一　银行资产管理业务概述及发展趋势

（一）业务概述

银行资产管理业务是指银行在向客户提供财务分析与规划、投资建议及投资产品推介等服务的基础上，接受客户的委托和授权，按照与客户事先约定的投资计划和方式，将客户委托的资金和资产用于投资并进行管理的业务活动。自 2004 年中国光大银行发行首支人民币理财产品以来，银行资产管理业务在十余年的发展历程中规模持续扩大，品种不断丰富。近年来，除受到居民和企业以实现财产保值增值为目标的旺盛投资需求推动外，利率市场化和融资脱媒等金融市场变革也促使银行积极拓展资产管理业务，以缓解表内业务的传统存贷利差模式所面临的资本充足率和资本回报率制约。

得益于庞大的客户基础、广泛的渠道网络和完善的账户体系，银行业金融机构具有开展资产管理业务的先天优势，在我国资产管理市场中长期占据最大的市场份额（25%），高于信托、保险、公募基金等其他参与主体。截至 2016 年 6 月底，我国共有 454 家银行业金融机构开展资产管理业务，存续产品规模超过 25 万亿元。在市场主体方面，各类银行"百花齐放"的格局已形成，其中股份制银行依托机制灵活、响应迅速等优势，其资产管理业务的市场份额已超过工农中建交等国有大型银行；城市商业银行和农村金融机构的业务规模增长也较为迅速。在投资者组成方面，个人理财投资的存续规模约为 15 亿元，占比为 55%，超过机构的理财投资。在产品类型方面，非保本型投资的存续余额约 20 万亿元，占比为 77%，保本型投资占比进一步缩减。在资产投向方面，债券、银行存款和非标准化债权资产是资产管理业务的三大主要投向，三者共占资产管理业务投资存续规模的 75%，其中债券类资产的配置比例为 40%。

（二）发展趋势

1. 银行资管业务打破"刚性兑付"是长期方向，但需要经历漫长的过程

"刚性兑付"是指当银行资管产品无法如期兑付时，由银行为投资者损失提供兜底的安排。"刚性兑付"阻断了投资风险的分散和传导，违背了资管业务"代客理财"的本质，使银行成为投资风险的实质承担方。在银行信用的背书下，投资者一味追求高收益，资产收益难以反映真实风险水平，导致资源错配和资金价格扭曲。打破"刚性兑付"已成为监管方和从业方的共识，预计未来将以"定向爆破"等形式逐步实施。但考虑到银行维护自身信誉、金融系统维稳等各方面因素，转型过程预计将花费较长的时间。

2. 创新是银行资管业务发展的驱动力，但监管博弈将持续存在

银行资产管理业务的发展得益于持续不断的创新。未来的业务形态也将在创新中继续演进，逐步实现从保本向非保本、从预期收益型向净值型、从固定期限向开放式的转变，进一步丰富与股权、夹层等权益性投资挂钩的产品种类，增加中长期产品比重，以满足不同风险偏好投资者的多元化需求。但创新所隐含的风险也成为外部监管的重点。据不完全统计，自 2004 年以来银监会共发布 27 份规范银行资产管理业务的制度文件，核心要求包括限制期限错配、约束投资标的范围、加强杠杆控制等。业务创新和监管的博弈主要围绕风险与合规开展，也相应地促使银行动态完善资产管理业务内部风控制度。

二 银行资产管理业务面临的主要授信风险

银行资产管理业务自创立以来经历了较长时间的"野蛮生长"。一方面国内经济在 2011 年以前处于高速增长期；另一方面相关监管政策有所缺失，资产管理业务长期以来重视扩张多于重视风险，且基于其表外业务的属性，并未纳入银行授信体系进行管理，形成了大面积的"灰色地带"。自 2012 年以后，国内经济增长速度放缓，部分行业出现系统性衰退，资管业务投资端的风险暴露显著增加，在授信视角下呈现出如下风险特征。

（一）经济下行期表外业务风险容易向表内转移

在经济下行期，各行业的企业经营情况普遍出现下滑，担保、承兑等表外业务风险存在向表内转移的可能性，资产管理业务也不例外。造成该问题的主要原因在于"刚性兑付"尚未打破，不论理财产品是否属于保本型，银行都需要对投资风险进行"兜底"，当表外风险暴露时动用表内资源进行化解。例如，A 银行发行非保本理财产品募集资金用于投资 B 公司的企业债券，但 B 公司出现经营困难，债券到期时难以偿付；面临理财产品到期无法兑付的声誉风险，A 银行不得不对 B 公司提供流动资金贷款授信，协助其进行资金周转以确保债券按期还本付息。在此情况下，表外风险资产转入表内，本应由理财客户自行承担的风险转为由银行承担，扩大了银行的风险敞口。

（二）表内外业务缺少"统一算账"导致风险管理难度加大

资产管理业务（尤其是非保本型理财业务）作为表外业务，在很长一段时期内并未纳入授信体系进行管理。银行对单一客户的授信未考虑资产管理业务形成的占用，缺少表内外业务"统一算账"，缺少针对资产管理业务的控制边界和标准，使资产管理业务成为隐性的风险敞口。在此情况下，可能导致银行对传统信贷业务和资产管理业务缺乏统筹平衡，从而低估风险暴露整体水平，对单一客户给予超额授信。例如，A 银行对 B 公司设定的授信风险限额 10 亿元已全部占用，但 A 银行仍通过表外信托贷款等形式继续为 B 公司提供信贷支持。考虑表外风险转入表内的可能性，A 银行实际承担的 B 公司风险已超过其最大容忍度。造成该问题的主要原因，一方面是以往银行风控体系对表外业务风险有所忽视，另一方面是银行内各部门间的条块切割导致信息无法有效共享。

（三）产品创新的"加杠杆"效应进一步放大授信风险

为规避监管、提高利润，银行资产管理业务中部分产品结构的设计较为复杂,通过"加杠杆"提高收益水平,容易放大授信风险。例如,在当前财政体制改革的大背景下,PPP 融资模式发展迅猛,政府引导基金等 PPP 基金应运而生,其中大量使用银行理财资金,通过多次配资"加杠杆",规模扩大至政府投入种子基金的 3~9 倍,并以此作为项目资本金进一步撬动银行贷款。该部分银行理财资金通常属于"明股实债"性质,期限较短且要求固定回报,实际上给地方财政增加了较大负担。一旦财政承受能力出现系统性问题,不仅会导致理财资金面临偿付困难,还将对配套的银行贷款造成风险。造成该问题的主要原因,在于创新所隐含的风险具有隐蔽性,而外部监管政策和内部风控制度对创新风险的消化、理解和应对存在时滞。

(四) 资产管理业务缺少有效的授信风险计量手段

银行资产管理业务属于表外业务,但因保本、"刚性兑付"等因素而存在转入表内的可能性,其资本占用的属性比较模糊,难以按照传统贷款等授信业务的方式进行计量。此外,银行资产管理业务仍然存在"资金池"性质,"算大账"的概念较为突出,对于单笔投资业务难以准确匹配资金来源和用途,因此较难准确衡量该笔业务的投资收益。基于以上情况,传统授信业务的风险计量标准如资本占用率、经风险调整的资本回报率等指标并不能直接适用于资产管理业务,需要进行必要的调整和完善。造成该问题的主要原因,在于以往银行风控体系对资管业务风险特征的重视程度不足、研究深度不足。

三 建立和优化银行资产管理业务授信体系的方法

在"刚性兑付"尚未打破的环境下,银行在开展资产管理投资时需承担投资对象的信用风险,因此对投资对象进行授信具有充分的必要性。即使未来资产管理业务成为纯粹的"代客理财",也需要以类似授信的投资额度评估机制作为依托。因此,建立并优化资产管理业务授信体系,是实现资产管理业务投资端风险防控、落实外部监管要求的关键所在。笔者认为,银行资产管理业务的授信体系建设可按照如下思路进行。

(一) 第一层级:明确"先授信,后投资"的基本原则

将银行风险承担责任的识别和授信额度的核定作为开展投资业务的前

提条件。不论拟开展业务的投资资金来源属于保本性质还是非保本性质，凡是银行承担显性或隐性兑付责任、风险有可能由表外转入表内的投资业务，均需在对投资对象进行授信后方可执行投资操作。鉴于目前银行资产管理业务的"刚性兑付"尚未破局，基于审慎原则，可暂时要求所有投资业务进行投前授信（国债、政策性金融债等享受主权或准主权信用的投资标的除外）。资产管理业务的投资标的包括债权、股权、基金等多元化品种，尽管其中基金等委外品种不以信用风险作为主要的风险度量标准，但仍可使用广义的授信概念对投资业务进行全口径覆盖，以核定银行理财资金对特定投资对象或特定合作方进行投资的最大风险承受意愿。

（二）第二层级：树立表内外业务"统一算账"的全局视角

为防范表内外业务风险的交叉传导，授信体系必须建立"统一算账"的概念，并引入全局性的视角。对于既作为传统信贷业务客户，又作为资管业务投资对象的企业，需要将传统信贷业务额度和资管业务额度进行综合评估。不论是对传统信贷业务还是对资管业务新增授信，都需将两类业务同时纳入统筹考虑的范围。一是在资产负债水平、偿债覆盖率等各类指标的定量测算上，综合考虑两类业务的开展状况。二是在信息披露上，对两类业务的存量授信情况进行深入揭示和分析，以展现银行对该企业提供综合金融支持的全貌。三是在风险防范上，以表内外整体风险作为评估的立足点，避免将传统信贷业务和资产管理业务的风险割裂看待，并充分考虑表外风险向表内转移的可能性，制定相应的应对预案。

（三）第三层级：制定规范完善的授信额度核定机制

目前银行业对资产管理业务的授信额度核定主要有两种方式：一是只针对表内业务进行授信额度核定，拟开展资产管理业务投资时，将表内业务授信额度切分给表外业务使用；二是针对资产管理业务核定独立的授信额度。两种方式各有利弊。

鉴于资产管理业务本质是"代客理财"，其授信额度的核定标准也应能够反映委托方的风险偏好和要求，而非与银行表内自营业务的标准完全保持一致。从长远趋势来看，笔者认为第二种方式更为合理，即针对资管业务单独核定授信额度。

1. 一般业务的授信额度核定

资产管理业务授信额度的核定是多方面因素综合权衡的结果，一是基于市场环境所确定的投资需求，二是基于客户自身资质、财务和经营情况的整体评估，三是基于投资委托方和银行风险偏好的边界和标准。

传统信贷业务的额度核定标准主要反映银行自身的风险偏好。资产管理业务的本质为"代客理财"，委托方的风险承受能力和风险偏好原则上决定了投资标的的选择。但由于保本等产品结构和"刚性兑付"的存在，银行需分担相应的投资风险，因此银行的风险偏好和风险管理经验也需要在资产管理业务授信额度的核定标准中得到反映。基于上述原因，资产管理业务授信额度核定的主要维度可以与传统信贷业务保持一致，但在具体边界和标准上应结合情况进行差异化核定。

（1）投资对象准入。主要反映投资对象的基本准入门槛，具体指标可包括内外部信用评级、企业资产和收入规模等。此外，银行可根据自身对经济和市场环境的判断确定允许开展投资的行业，例如从防范风险的角度出发，将钢铁、电解铝等产能过剩行业作为禁投领域。

（2）资产负债空间。主要反映投资对象进一步举借债务的空间，根据银行对特定行业企业能够接受的最高资产负债水平、投资对象当前的资产负债结构等因素进行测算。对于股权性质的投资，该维度的指标可作为参考，不作为硬性的评价标准。

（3）偿付能力。主要反映投资对象对投资本金和预期收益的偿付能力，基于企业的利润情况和现金流情况进行预测和分析。对于债权性质的投资，以偿债覆盖率作为关键指标。对于股权性质的投资，基于审慎原则对利润和投资回报进行预测。

（4）保障措施。主要反映投资对象提供的信用结构及风险缓释措施，包括保证、抵押、质押、风险准备金等。对担保系数（如抵质押率）进行必要的测算。

2. 委外业务的投资额度核定

使用理财资金投资基金、资产管理等委外业务时，银行承担的信用风险通常并不来自委外的受托方（如基金公司、证券公司、信托公司等），而是来自受托方所投资的最终标的。对于非通道类业务，最终投资标的在选择受托方时无法明确界定，因此前述基于信用风险的授信额度核定方法对委外业务并不适用。但从防范风险、优化配置的角度出发，仍应对委外业务的各个受托方设定投资额度上限。确定该额度的主要因素，包括受托方资质（在监管机构综合排名、公司治理、市场信誉等）、资产管理能力（资产规模、历史业绩等）、与银行历史合作情况（合作规模、往期产品收益率等）等。此外，应根据当年资产管理业务整体投资策略，确定委外业务的总体额度。委托各个受托方进行投资的额度之和，应控制在委外业务总体额度以内。该总体额度可根据市场变化情况分季度进行动态调整。

3. 备用机动额度的核定

资管业务具有投资标的范围广、市场响应效率要求高等特点，在"先授信、后投资"的原则下，可能难以对所有备选投资对象进行提前授信。为兼顾投资效率，对风险较低的投资业务（如标准化的债券业务、同业业务等），可考虑设置一定的备用机动额度，备用机动额度是针对特定投资类别给予的"总量额度"。对符合特定准入要求（如外部信用评级、投资期限等）的投资对象进行的投资，在不超过单一对象投资集中度限额的前提下允许使用备用机动额度。对于风险相对较大的非标准化债权、股权等投资业务，应采用逐笔核定授信额度的方式，不允许使用备用机动额度。

（四）第四层级：建立完整健全的授信审批流程

完善的流程机制是风险防控的重要保障。银行资产管理业务应比照传统信贷业务要求，履行尽职调查、评审、合规审查、决策、用信核准等程序，避免出现操作过程中的随意性。

资产管理业务的决策事项主要包括年度经营计划（包括筹资和投资）、投资策略、理财产品发行、产品创新、具体投资事项等。目前各银行普遍成立了专门的资产管理业务委员会，对上述事项进行决策。资产管理业务授信也属于重要决策事项之一，可由资产管理业务委员会负责审议。鉴于资产管理业务授信同时属于银行综合授信体系的组成部分，从统筹全局情况、整体把控风险的角度出发，亦可考虑将资产管理业务授信纳入银行的综合授信委员会审议范畴，授信获批后的用信核准和具体投资事项交由资产管理业务委员会审议。

四 加强银行资产管理业务授信风险防控的其他措施

(一) 围绕投资策略制定差异化授信政策

在资产管理业务授信体系中,具体授信政策应基于整体投资策略而制定,以反映市场行情的变化和资产管理业务风险偏好的调整。例如,当煤炭、钢铁等行业处于产能过剩周期时,投资策略要求减少对此类行业的资产配置比例。授信政策应据此相应进行调整,通过提高投资对象准入门槛等方式,引导资产配置进一步集中于相对优质的行业和企业。

(二) 做实资产管理业务授信尽职调查

与传统信贷业务相比,资产管理业务的授信尽职调查工作仍相对薄弱,部分银行甚至缺少指导资产管理业务尽职调查的相关制度。银行应从人员组成、调查方式、责权分配等方面对资产管理业务尽职调查进行规范,尤其是对非标债权、股权等相对高风险业务,应通过实地走访投资对象、踏勘项目现场等方式全面获取信息,为评审和投资决策提供充足的依据。

(三) 针对备选投资标的做好前瞻性授信储备

资产管理业务的投资需要及时顺应市场行情的变化,尤其是在债券领域,其投资范围十分广泛,需要通过扎实的前期工作建立"备选标的池",以便把握投资机会出现时短暂的"时间窗口"。基于"先授信,后投资"的原则,从加强风险管控的角度出发,资管业务授信也需要做出前瞻性的安排,通过制定年度计划、季度计划等方式平滑授信流量,尽可能避免"临阵磨枪"的时限倒逼,防止在了解信息不充分、风控方案不健全的情况下仓促给予授信。

(四) 引入量化的风险计量指标

尝试将传统信贷业务中的违约概率、预期损失率等量化指标引入资产管理业务授信体系,以更加规范的方式进行风险计量和评估,并逐步建立针对资产管理业务的资产质量分类方法。积极研究统筹考虑风险与收益水平的指标,以准确度量和管控风险为目标,提高对夹层、股权等相对高风险业务和创新型业务的风险评估能力，以适应更为多元化的投资市场需求。

五　结论

综上所述，在经济"新常态"下，加强资产管理业务授信体系建设具有重要意义和现实价值。完善的授信流程、机制、方法和标准是提升资产管理业务风险防控能力的必要基础，也是促进资产管理业务长期稳步健康发展的重要保障。当前各家银行开展资产管理业务的体制与机制各不相同，在授信风险防控方面的要求也各具特点。本文关于构建和优化资产管理业务授信体系的思路是基于业界普遍存在的共性问题提出的，旨在为金融同业提供参考，并不一定适用于所有银行机构。下一步需要加强研究的方向，一是针对股权、夹层等新型资产管理投资业务的授信评审方法与标准，二是在监管新规"穿透原则"下的授信对象识别方式和授信机制，三是在刚性兑付逐步削弱的环境下委托方与银行间的风险分配和银行信用风险敞口的核定方式。

资管梦·十年磨一剑

徽商银行总行 郭 佳

自 2004 年国内首支人民币理财产品面世，银行理财已历经十余年发展。与此同时，伴随着 H 银行的辉煌十年，也正是行内理财业务从无到有、从小到大、融入大资管时代的十年。作为亲历者，笔者细数波澜、慎思笃行，为了心中的资管梦而上下求索。

一 "九越"波折渐平复 千里之行始于足下

回首十年前，作为较早涉猎理财市场的城商行之一，H 银行的理财业务发端于"黄山松"产品，投资运作依托日臻成熟的银行间债券市场，多以模仿国有大行、股份制银行的理财产品为主，如同一个稚子蹒跚学步，曾留下深刻的经验教训。

经历了两年的沉默期，H 银行对理财业务进行了全面的重新审定，对目标客户、管理模式、投资策略等问题进行了全面、深入、细致的思考和重新定位。2010 年 4 月，H 银行理财业务正式重启，以全新的品牌、全新的姿态、全新的市场定位，从零做起，一步一个脚印，奋力开拓。2010 年 6 月，首期"本利盈"银信合作债券类理财产品问世，标志着 H 银行"智慧理财"扬帆起航。

二 终日乾乾小作坊 固定收益全覆盖

H 银行充分考虑本地区客户的投资需求和特点，依托在银行间债券市场的传统优势，逐步确立以保本产品为核心产品、以固定收益类为主要投资方向，稳扎稳打，加大理财产品的开发和销售力度。继债券类理财产品之后，2011 年 4 月，H 银行推出"现金宝"货币市场工具类产品；2011 年 6 月，在安徽市场首家推出与上海银行间同业拆放利率（SHIBOR）挂钩报价产品；2011 年 11 月，陆续推出"周周赢""双周赢""月月赢"等开放式产品，填补理财业务空白。随后 H 银行逐步构建了货币市场类、债券投资类、组合投资类、定向资产管理类、信托受益权投资类以及资产管理产品投资类等较为完备的固定收益类理财产品体系。

在管理模式上，H 银行改变以前分散式管理思路，逐步建立依托总行资产管理团队"专业化投资、集中化管理"的全新管理模式。2011 年 7 月，全行完成理财业务管理体制改革与再造，为未来几年跨越式发展奠定体制基础。2011 年 10 月，发布《理财业务季报》和《每周理财发行信息及指导报价》，建立了理财业务专门的信息平台；2011 年 12 月，正式建立理财专员制度，建立了产品设计部门与销售一线的直接沟通渠道。

2011 年，理财发行规模突破 200 亿元；H 银行资产管理团队就靠 6 个人，没有系统，纯手工操作，天天绷紧弦，常常夜里下班，望着浩瀚星空：黑夜给了我黑色的眼睛，我却用它寻找光明。

三　解放思想破藩篱　组合投资新跨越

H 银行理财 1.0 时代属于家庭式小作坊，一个产品对应单一类型资产，技术含量低，基本是"看天吃饭"。在金融市场有效性不断提高的趋势下，安全性好、收益高且能够直接覆盖理财成本的金融资产将越来越少，"搬运工"模式难以为继。

痛定思痛，必须脱胎换骨。H 银行对产品系列和投资策略进行了一次重要的调整升级，用"组合投资类"打破旧有固化的产品类型命名方式，冲破了自 2010 年理财业务重启以来按照单一资产类型配置的思想藩篱，进一步丰富了投资运作渠道，极大地提升了投资运作的灵活性和运作效率，引领 H 银行理财业务的资产配置从"一对一"时代走向"一对多"时代，从此迈入金融资产组装商的 2.0 时代。

在合作机构方面，从银信合作走向银证合作，搭上"泛资产管理"业务发展的快车；在收益类型发面，大力推动个人非保本产品常态化发行，逐步实现理财业务"轻资本化"发展模式；在基础设施建设方面，理财资产管理系统上线，极大提升了资产管理业务的信息化、科技化水平。

2013 年，理财产品发行规模突破 500 亿元，存续规模首次达到 100 亿元。H 银行开始了解从小理财到资管梦有多大差距，又欣喜又惆怅，披荆斩棘，也要前行。

四　一卷风云琅琊榜　囊尽江淮好理财

十年间，H 银行理财业务一点一滴的成绩与荣誉，离不开监管部门、行业协会的提携指导，离不开行领导的关心支持，离不开前中后台的分工协作，正是在大家共同努力下才诞生了很多明星产品。

2011 年 6 月，H 银行在本地率先推出"与 SHIBOR 挂钩报价"和"嵌套保底收益与 SHIBOR 挂钩报价"产品，首期 7 天产品获得 8.6708% 的年化收益率；2013 年 6 月，创造了单期产品募集量达 10 亿元，单期产品年化收益率超过 10% 的历史新高；2013 年 8 月，《证券时报》报道，一期挂钩"1M"SHIBOR 的产品以超过 8% 的较高收益率水平在"钱荒"期间公开披露的银行理财产品中位居第一位；2013 年 11 月 12 日，H 银行于香港联合交易所主板成功上市，同期推出"H 股上市　感恩系列"特惠理财产品。

2014 年 6 月，H 银行全面拓展组合投资类和定向资产管理类产品的投资范围；2014 年 12 月，开展"理财缤纷月"专项活动，推出"双十二"秒杀产品、"平安夜夜市理财"、"老有所享"养老理财、普惠金融"徽农旺财"产品等多项创新产品；2015 年 10~12 月，推出"行庆十周年"专属理财产品；2016 年 9 月，推出"天天鑫"活期化理财、高净值客户专属理财、"情系灾区"专属公益理财产品。2016 年，H 银行荣获"中国银行业理财机构最佳合规奖""资产管理金贝奖"，"创赢"系列理财产品和"本利盈"系列分别获得 2015 年度"金牛理财产品"非保本浮动收益型和保证收益型奖项。

五　不经一番彻骨寒　哪得资管扑鼻香

随着国内机构与个人财富的迅速积累，中国资产管理行业得以迅猛发展。尤其在本轮监管放松中，证券、期货、基金、银行、保险、信托等纷纷求变，H 银行细数政策波澜，静观市场风云变幻。在金融监管去杠杆、信用风险、流动性风险不断累积，互联网金融蓬勃发展的当下，资产管理业务如何走得更远需要我们认真思考。

就商业银行来看，"大资管"包括两层含义：第一，内部要发挥合力。一是按照资产管理业务的运作规律明确前中后台定位，建立彼此间的协同配合机制，形成总行各部门、总分行之间分工协作的业务体系，发挥全行的合力。二是发挥综合化经营优势，综合理财、投行、直销银行、财富管理等业务优势，以及租赁、基金等综合化子公司功能，建设跨领域、一体化的业务体系，搭建全市场、全客户、全价值链的大资管平台。第二，要建立跨市场的运作机制。资产管理业务比传统业务更加灵活多变，可以进入传统业务不能覆盖的领域，延伸业务触角。资产管理业务可以根据客户选择，设计横跨多个市场的产品，满足客户多样化的投融资需求。全市场资产管理将迎来加强监管、规范发展阶段，也将迎来在更高层次上的开放、自由的新纪元。

2015 年 9 月，H 银行的理财存续规模突破 500 亿元。从 200 亿元到 500 亿元，用了一年的时间；2016 年 12 月，理财产品存续规模喜破千亿元。这两年，是有史以来最艰辛的两年，是有史以来变化最大的两年。年轻的资产管理团队顶住重重压力，做资管的同志们常常拿普希金的诗互相慰勉。

六　服务实体重任担　社会责任在路上

2012 年，H 银行成功当选中国银行业协会理财专业委员会常务委员单位，成为仅有的三家城商行常务委员单位之一。2016 年，该银行成功连任中国银行业协会理财业务专业委员会常务委员单位。H 银行积极践行常务委员单位职责，切实担负起服务实体经济、贯彻普惠金融的社会责任。

为支持地方经济发展，服务实体产业，满足企业多样化的融资需求，

H银行积极与相关部门及有关企业进行沟通协调，加强产品结构设计，通过有限合伙基金的形式，开展项目融资、企业并购等，满足企业的需求。2016年，H银行所在省成立产业升级基金（有限合伙企业），该基金坚持面向本地、面向实体经济、面向重点产业和战略新兴基地，通过股权投资、兼并重组等方式，大力支持本地产业结构调整、转型升级，培育一批支柱产业和骨干企业，提升产业整体核心竞争力，H银行理财资金持有该基金优先级份额。目前，该基金投资于某环保（集团）股份有限公司等一批高新技术企业，支持地方实体经济的发展。

为推进普惠金融建设，支持本地中小微企业发展，H银行理财资金通过有限合伙基金的形式，发起设立了3支专门用于满足地方中小微企业融资需求的创赢系列基金。截至2016年末，3支创赢基金累计投资中小微企业141户，总投资金额16.93亿元。创赢系列基金丰富了普惠金融的理财产品体系，推动了金融普惠发展和加大扶持中小微企业的力度，共享普惠金融带来的成果。

2016年夏季，H银行所在省内大部分地区遭遇洪涝灾害，H银行下属多家支行业务受到不同程度的影响。为认真贯彻落实省委、省政府关于做好防汛工作的部署要求，切实做好防汛抗洪各项金融服务工作，发挥金融部门"保民生、保生产、保稳定"的积极作用，认真履行H银行作为地方主流银行所应承担的社会责任，根据行领导关于扶持受灾网点业务发展的要求，H银行紧急启动"情系灾区"专属公益理财产品发行流程，设计理财方案、安排资产配置，最终设计一款期限半年、年化收益率达4.5%的较高收益产品，销售区域为6家受灾网点，全力支持灾后重建工作，助力灾区人民早日重建美好家园，受到各界好评。

七 长风破浪会有时 改革浪潮奋楫先

十年蝶变，十年磨一剑。在当前利率市场化改革步伐不断加快以及金融领域混业经营趋势日趋明显的大背景下，根据银监会要求及H银行理财业务改革方案，H银行明确了理财业务事业部制改革的"二级部→一级部→专业子公司"三步走战略。2016年，H银行理财业务治理体系第二阶段改革落地，H银行资产管理部（一级部）成立。部门成立以来，各项业务高效稳定运行，业务体系和组织体系初步搭建完成。在监管部门、协会、行领导的关怀指导以及各相关部门的鼎力配合下，资产管理业务加大改革力度，紧抓业务重心，贯彻落实"加大有效投放、服务实体经济"，全面推进"新金融"建设，促进资产管理业务健康稳定发展。截至2016年末，H银行理财产品存续规模喜破千亿元，实现了历史性的突破，完成了资产管理业务的弯道超车。

发展"大资管"业务是H银行主动从资产持有传统银行向资产管理新兴银行转变的根本需要，既是经营转型的内生动力，也是顺应市场变化和客户需求的外在需要。发展"大资管"业务，有助于降低资本消耗，有助于驱动业务增长与拓展盈利来源，有助于改善收入结构，有助于拓展与挖掘价值客户，有助于提升管理水平。H银行将加强"大资管"业务资源整合，以资产管理部作为推动"大资管"业务发展的核心部门，整合投行、直销银行、财富管理、同业业务优势，建立合理的资产管理组织架构体系，打造专业化的资产管理团队，优化资产管理业务考核体系，提升资产管理业务信息化水平。

过去十年，是H银行砥砺前行的十年。下个十年挑战与机遇并存，"长风破浪会有时，直挂云帆济沧海"，在利率市场化、金融脱媒大趋势下，H银行资产管理人以梦为马，驰骋趁年华。

可爱的理财经理

徽商银行淮南分行　宁　晨

俗话说"你不理财，财不理你"，随着人们收入水平的日益提高，人们的理财需求也日益增强，银行作为经营资金的专门机构，银行理财经理在人们财富管理中的重要地位日渐凸显。2012年，笔者大学毕业进入徽商银行，从支行柜员到分行零售银行部财富管理团队的一员，成为一名从事银行财富管理工作的人员，笔者用自己的视角带大家了解一下笔者眼中可爱的理财经理。

一　理财经理的一天

早上7点40分到岗，首先是晨会，主要内容是了解最新宏观和微观的经济新闻，关注各大市场的变化、最新零售产品信息，然后开始准备一天的工作——整理预约客户资料、查询理财产品到期时间、规划客户资产的配置方案、回访客户了解方案的执行情况等等。每每遇到客户的生日，还会送上温馨的祝福。接下来当客户来到银行，一天的客户咨询维护工作就此开始。下午5点30分是银行的下班时间，但是理财经理的工作远未结束，他们还要整理客户资料、通知理财当晚到期的客户、预约第二天要拜访的客户。理财经理是一个需要不断学习的职业，因为金融市场时刻发生着变化，新的产品不断涌现，金融知识更新得很快，因此晚上和周末理财经理经常要参加各种培训。理财经理只有拥有更丰富的专业知识，才能给客户提供更专业的理财服务。由于工作的原因笔者接触了很多理财经理，他们经常放弃休息，利用自己的节假日来学习新业务、帮助客户解决问题，他们从来没有任何怨言。对他们来说，最开心的事就是帮助客户解决了问题，看到客户的资产稳步增值。

二　做好配置赢得信任

理财经理这份工作需要非常细心，优秀的理财经理需要清晰地记得客户的风险承受能力、投资偏好、资金需求等特点。每次为这些客户进行理财规划时，笔者都能有针对性地为他们提出"私人定制"的理财建议。

曾有一位客户，事业正处于快速发展阶段，平时工作比较忙，希望用自己在银行的资金购买一款期限较长的理财产品，从而省去经常打理的麻烦。理财经理小 S 基于对这位客户的了解，认为这位客户的想法并不完全适合。一是长期限的理财产品虽然省去客户打理资金的时间，却制约了客户资金的流动性，一旦客户有用款需求，将无法动用这部分资金，而这位客户因工作需要，将来极有可能有短期的资金需求；二是根据客户的风险承受能力，客户可以承受一定的投资风险以获取较高收益。于是理财经理小 S 为客户设计了"定期＋理财＋基金"的资产配置规划，详细地教会了客户使用网上银行、手机银行的操作，满足了客户平时的资金往来需要。约半年后，客户由于事业发展临时需要一笔资金，而此时客户在行的资产恰好能够满足他的需要。一年后，这位客户通过计算发现，按小 S 建议配置的各种产品总收益略多于当初想购买的那一款长期理财产品的收益。通过这一次理财，客户对小 S 的专业性及责任心有了深刻的了解，对于理财经理愈发信任了。

就理财经理小 S 经历的这件事来看，很多客户在自己资产或者家庭资产配置上往往存在两种极端，要么完全不理财，要么盲目理财。有的客户觉得理财是有钱人的事情，我没有太多钱不需要理财；有的客户就生搬硬套各种理财定律，像是"4321 法则""80 定律""双十定律"等等。

"你不理财，财不理你"，一般客户资本量较小，但不意味着没有理财的需要。理财是通过对个人和家庭资产与资源进行配置和管理，以实现自己和家庭更高的生活目标，实现自由、自在、自主的人生目标。并非只有富人们才能追求更高的生活目标，普通百姓同样可以。同处于信息爆炸时代的人们，各种知识和信息充斥于耳，一些理财中所谓的黄金定律也广为流传。其中大多定律只是表明一种理财的观念和方式，在实际运用中还要结合实际情况，选择适合自己的理财方案。但很多投资者在运用这些定律的时候往往陷入误区，不是把定律中的比例认定为固定值，不顾自己的实际情况，一味迎合定律；就是忽视自己和市场的情况，明明自己心理承受力较低，资本市场持续走弱，依旧硬着头皮操作；等等。小 S 认为，理财经理不仅仅要给客户做好资产规划和产品配置，更重要的是培养客户正确的理财观念。

三 配置基金出奇制胜

2016 年下半年，某银行有一位理财经理小 R 给客户配置了上千万元的基金产品，就他看来这不仅仅是一次简单的销售，而是基于客户和市场的优化配置。如今，上证指数已经站上 3000 点，市场上充斥着对这波行情的种种观点。股市是经济发展的晴雨表，中国经济正在加速转型，经济发展步入新常态，再加上日益加强的反腐力度和持续推进的政治社会改革，都进一步激发了社会经济发展活力。在他看来，2017 年的行情正是对这种预期的反映。小 R 在一次理财沙龙上曾经说道："长期以来一些客户基金长期投资失败主要是因为投资没有与经济周期吻合，为了买基金而买基金，为长期投资而投资。投资特别是证券投资要与经济周期相吻合，理财就是要顺势而为，无论牛市还是熊市，趋势为王。"

找准趋势是基金投资的一种方式，基金定投也是一种配置方式。"现在的'80 后''90 后'，因为工作忙，压力大，大多没有时间打理自己的资产，只有每月收到信用卡账单的时候才想起来这个月的钱又花光了，喊着自己要'剁手'。基金定投作为一种强制储蓄的替代方法，适合很多年轻人。时间是熨平波动的最好工具，通过定投不仅可以使年轻人形成良好的理财观念，而且可以在不经意之间给他们攒下第一桶金。"小 R 说道。

目前，市场上的基金有很多种，货币型、混合型、股票型以及 QDII 等等。小 R 会根据客户的风险承受能力和理财目标的不同，给客户推荐适合自己的基金。随着最近股市的上涨，很多客户盲目增加基金配置，他就及时建议客户适度调整配置。在他看来就算是大牛市，把资金全盘投入基金也未必是明智之举。

小 R 仍对 2006 年基金大卖的情景记忆犹新，他说："那时几乎所有人都在讨论基金。"在当时，客户买了基金就像捡到聚宝盆一样，经常有客户告诉他一夜醒来，基金账上又多了几万元，高兴得一塌糊涂。还有的客户称，费心费力做一笔生意赚的钱还没有基金一周赚的收益高。那时，"见顶论"与"万点论"同时充斥着整个市场，已身处 6000 点高位的上海股市让这个刚刚步入理财经理岗位的小 R 感受到理财经理这份工作的分量和压力。后来，在整个市场下跌的时候，他一直陪伴在老客户身边，不断收集整理各方面的信息，想尽一切办法为客户挽回损失，不断给客户更多的指导和帮助。一路走来，客户不论赚钱还是赔钱，对他的信任都越来越强了。

经历过一轮牛熊市轮回的洗礼，小 R 对基金的配置也是越来越有心得。一是必须随着市场趋势走，不能无视市场主流的方向。二是不要企图买到市场的最低点和卖到市场的最高点，因为猜底和猜顶是毫无意义的，毕竟底和顶都是行情走出来后才能看得见的，要相信市场的波动。三是要不断学习和了解新知识、新情况，保持自己对整个市场的敏感度。

在基金的选择上，小 R 偏爱指数基金和分级基金。指数基金对于很多不懂或不想研究股市又想分享股市上涨收益的客户十分适宜。特别是在牛市中，股票风格转换很快，普通投资者很难及时把握热点板块或个股，往往存在赚了指数不赚钱和"满仓踏空"的现象，与其追涨杀跌不如把精力放在指数基金上。而在分级基金中 A 类份额可以帮助风险承受力较低的客户配置中长期资产，B 类份额又存在杠杆作用，让风险承受力较高的投资者博取更高的收益。

四 保险是资产的保护伞

除了基金产品，在资产配置中还占有一席之地的金融产品就是保险。国人大多对保险并不热衷，现在网络上时不时爆出存单变保险，以及这样那样保险"坑爹"的事件。然而在理财经理小 Z 眼中，保险是理财的基础，是资产的保护伞。小 Z 认为，那些保险"坑爹"事件大多是由有意或无意的误导所致，产品销售人员没有将保险产品的风险性、流动性、收益性对客户讲清楚，从而误导了投资者。坚持中立、强调风险是金融活动中非常重要的一环，这体现了一位金融从业人员的职业操守，是职业道德问题。小 Z 说只有适合的人买了合适的产品才不会产生问题。保险虽然不像基金那样刺激，可以带给投资者大量的收益，但保险一定是资产配置中必不可少的。人的一生中会遇到很多风险，而保险就是为了防范那些风险的。对的人在对的时候买了合适的保险，不仅仅可以获得保障，而且可以省下一大笔钱。

依小 Z 的经验看来，从客户的最初想法到最终理财方案的形成，保险在其中应该占有一定比例，但往往客户在最后的实施中却忽略了保险。这主要是客户通常只会从当下的情况出发，只在意对收益的美好预期，而忽视了未来的风险。这与国人的保险意识不强、大部分客户对保险的认识不够等有关，当一些风险隐患出现时他们很少想到要用保险来解决。这些都充分说明要加强对客户保险知识宣传普及工作，像保监会 2016 年推出的"保险，让生活更美好"的系列广告就很贴近生活，让很多客户对保险的认识有了一定的改观。

在保险产品的选择上，小 Z 更倾向于保障类的险种，例如给才开始工作的职场新人推荐配置意外伤害和大病险，给中年事业有成的高净值客户推荐配置商业养老保险，给年迈的老人客户推荐骨折和护理险等。

五 金融触网 理财走向线上

现今从余额宝开始，各类互联网金融产品如雨后春笋一般出现在人们视线中，以迅雷之势瞬间席卷了理财市场，从各种"宝宝"到 P2P 网贷再到陆续上线的直销银行，各种互联网金融产品已成为"80 后"乃至"90后"的理财首选。这些产品打破了传统理财规则，直接面对客户，给客户提供了简单、高效、快速的理财解决方案。

理财经理小 N 是一位"80 后"，作为一位网络时代成长起来的理财经理，小 N 很早就开始通过互联网发展和维护自己的客户了，例如，通过微信公众号来推送最新的产品信息，在微信群里保持和客户的联系，推荐客户尝试自己银行的直销银行等等。在他看来，无论互联网金融如何发展，理财经理都不可能由互联网所代替。互联网金融只是给客户带来了更多的选择，改变了原有的业务模式，然而理财绝不是单纯地购买产品，真正的

　　理财是资产配置，是一种因人而异的财富规划，这不是一两款金融产品可以解决的。每个人的财富管理在其不同人生阶段是不同的，这种需求是互联网无法解决的。互联网的确在改变着理财行业，以前大多数理财服务是在线下，现在理财经理必须学会借助互联网的力量服务于客户，因为未来理财必须将线上线下结合起来。

　　这就是笔者眼中可爱的理财经理，他们是一些普通的银行员工，却在普通的工作岗位上做着不普通的事情，他们用自己的辛勤工作为客户播下一粒粒财富管理的种子，实践着与客户共同成长的美好愿景。

业绩归因分析在 MOM 投资管理中的运用

中国农业银行总行　杜佳朋

近年来，我国步入经济"新常态"，经济基本面逐渐归于平稳，暂时未见爆发性增长点。与此同时，我国资本市场发展迅猛，利率、汇率的市场化改革迅速推进，沪港通、深港通接连启动。理财市场也逐步回归代客理财的本质，主动管理的净值型产品逐渐成为理财市场的绝对主力。在全球央行收紧货币政策、国内面临经济结构转型这一新的时代背景之下，如何持续为客户提供可靠、稳定的收益来源，成为摆在各家资产管理机构面前的首要问题。

一　MOM 破解投资难题

在我国经济高速增长阶段，各项事业都突飞猛进，各类资产都有不错的表现。如今我国已经步入一个中低增速的阶段，短期内难见高成长性的爆发性增长点，一些传统的重资产行业、产能过剩行业，可能还会面临长期的调整阶段。现在已经没有任何一种单一资产，能够为客户提供持续满意的回报。与此同时，以美联储为代表的各国中央银行，都面临货币政策的转折点，即美国经济持续复苏，欧洲复苏隐隐可期，货币政策收紧已是必然趋势。为了防患于未然、为了保证我国经济结构转型顺利发展，我国监管机构也开始加强监管力度，整治资产管理行业的秩序。

在没有"大水漫灌"普遍抬升资产价格以及在不确定性增加、风险事件频发的情况下，所有的投资者，不管是行业专家还是普通老百姓，有必要进行分散化多策略组合的投资，才有可能战胜风险加剧、超额收益难寻的市场。

MOM（Manager of managers）作为一种投资方式也好，作为一种投资策略也好，其核心在于事前以科学合理的标准精选市场上优秀的投资顾问，利用他们多样的投资策略、突出的投研能力、严格的风控体系，辅以事中事后的动态管理、投资绩效分析，做到一般单一投资者、单一投资策略无法达成的风险控制与投资绩效。虽然 MOM 与 FOF 的投资方式在世界范围内已兴起多年，但因其近两年越来越能满足我国独特的市场需求，所以才进入蓬勃发展的阶段。

二　解析业绩归因

MOM 与 FOF 的一大区别，就在于 MOM 的核心是人，而 FOF 的核心可以说是产品。FOF 的管理人，在一定程度上需要择时，需要做大类资产配置，FOF 可以投资单一资产类别甚至单一策略。FOF 最终的投资绩效，在一定程度上依赖于管理人的投研能力。MOM 对于管理人而言，在择时与大类资产配置方面的能力要求较 FOF 弱，但是在对具体投资顾问的筛选、管理方面，要求远远高于 FOF。FOF 的管理人，在决定好投资意向之后，可以简单地将资金平均分配给几家优秀的基金，不再做具体的区分。而 MOM 的管理人，则必须精挑细选优秀的投资顾问，在很大程度上，再由这些投资顾问去决定择时与大类资产配置。在如何挑选投资顾问，以及投资之后如何做好后续的动态管理方面，MOM 的管理人，很大程度上要依赖于业绩归因分析，或者说投资绩效分析。

简单的业绩排名、传统的风控分析指标，如夏普比率、特雷若比率等能直观地告诉我们谁的业绩好，谁的业绩不好，但无法告诉我们，业绩好的好在哪里，业绩差的差在哪里。而业绩归因分析，就能解决这一问题。如果将传统的分析指标埋解为“相对”的指标，那么业绩归因分析，就是“绝对”的指标。

盛行已久的 Brinson 模型，是在投资组合绩效分析中最为常见的一种模型。它将最终的投资业绩，分解为大类资产配置能力与具体的选券能力两种。做业绩归因分析的第一步，就是设置好一个比较基准。这个比较基准包含各类资产的配置比例，以及相应的业绩基准，如权益类资产配置30%，业绩基准为沪深 300 指数。在此基础之上的大类资产配置能力，即假设所有资产都取市场平均收益，看投资顾问是否多配了市场表现排名靠前的资产，少配了市场表现排名靠后的资产。择时、做大类资产配置是投资的第一个阶段，具体的资产、证券选择则是投资的第二阶段。第二阶段的投资决策，是在遵守大类资产配置比例限制的情况下做出的。所以对于选券能力的评价，是判断最终实际投资业绩是否超过相应投资范围、投资风格的业绩比较基准。超过基准，选券能力就加分，低于基准，选券能力就扣分。

当然，Brinson 模型只是最常见、最简单的一种业绩归因分析模型，它可以做到对组合投资初步的业绩归因分析，能简单地判断一个投资顾问在选择股票、债券、大宗商品等资产上的择时与具体配置能力。但若深入每一项资产内部，Brinson 模型就不够用了。例如，股票可以有策略分析、行业分析，债券有杠杆分析、久期分析、评级分析等，这时候就需要用其他更为复杂的模型，去具体分解投资顾问的业绩来源。

三 业绩归因在 MOM 管理中的运用

不管使用什么模型，最终的结果，都是要得出投资顾问业绩的具体来源，并运用到 MOM 的动态管理之中，主要体现在三个方面。

（一）监督、核实投资顾问的投资策略、投资风格和投资能力是否同预期相符

从传统方法上来说，通过回归分析也能得知投资顾问的投资业绩同哪一部分资产相关，即投资风格是否如实表述。但回归分析无法精确分解业绩来源，存在残差项（各个回归系数不能解释的部分）。业绩归因分析则不存在残差项，投资顾问的业绩来源能被分毫不差地精确分解。若在做归因分析的过程中，发现投资顾问的主要超额收益并非来自其传统擅长的投资领域，则表明投资顾问要么是改变了投资策略，要么是他的投研能力与其所宣称的不相符。此时 MOM 管理人就需要及时与投资顾问沟通，就资产配置方案、投资策略达成一致。若新的方案与原有方案不同，也需要调

整业绩归因分析的业绩比较基准，使业绩归因分析更贴合投资顾问的实际操作。若 MOM 管理人仍认同原有投资方案，则投资顾问需要调整回自己应有的状态。

（二）动态管理资金分配

资本市场是残酷的，有人取得超额收益，则必然有人对应地亏本赔钱。MOM 的核心理念之一就是对投资管理人优中选优，对表现良好、排名靠前的投资顾问予以资金倾斜是 MOM 本身的应有之义。原则虽然一目了然，具体操作却涉及诸多技术性问题，比如调整资金分配的频率、依据乃至调整的幅度。就投资业绩低于预期而言，若通过归因分析发现投资顾问的投资能力低于预期，则减少资金分配，乃至淘汰出局；若市场本身表现就不好，而投资顾问在大类资产配置、选券方面仍有可圈可点之处，则不必急于调整资金。此时应加强沟通，争取对市场的认识达成一致，以观后效。

（三）辅助 MOM 管理人进行投资决策

在投资方面，MOM 管理人自身不仅要专于择时与大类资产配置，更要专注于对"人"、对投资顾问的研究。一方面当 MOM 的管理人认可一项市场机会时，即可利用归因分析的结论，精选经过实战考验、真正精通此一投资方向的投资顾问，并加大此一投资方向的资产配置，争取为客户提供丰厚的回报；另一方面市场上总是存在能够穿越牛熊、长期屹立不倒的投资者，如果通过归因分析，发现、确认了这样的投资人，那么 MOM 的管理人有必要与其携手并进、共创辉煌。

四　Brinson 模型运用案例分析

某一投资顾问，从 2016 年 9 月 5 日至 2017 年 2 月 28 日管理一份资产，每份净值表现见图 1，其中股票类和债券类资产的收益情况见图 2 和图 3。

将股票、债券、现金类资产的收益率和配置比例，以及设定的业绩比较基准，分别代入 Brinson 模型，则可得到表 1 ~ 表 3 的结果。

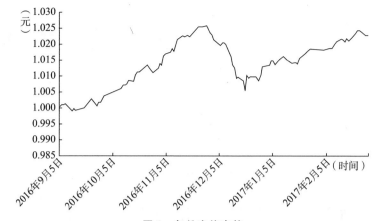

图1　每份净值走势

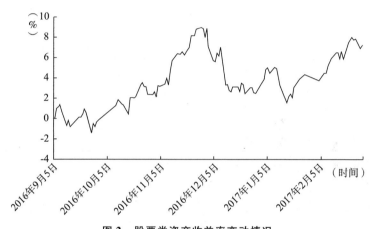

图2　股票类资产收益率变动情况

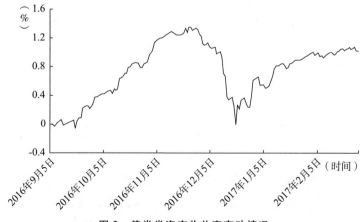

图3　债券类资产收益率变动情况

表 1　资产配置一

单位：%

资产类型	基准权重	基准收益率
股票类资产	15	沪深 300 指数（4.19）
债券类资产	80	中债信用债总全价指数（-3.11）
现金类资产	5	2

表 2　资产配置二

单位：%

资产类型	实际权重	实际收益率
股票类资产	16.64	7.2666
债券类资产	71.49	1.0192
现金类资产	11.87	2.4524

表 3　资产配置效益

单位：%

业绩基准收益率	-1.7595
组合实际收益率	2.2289
超额收益	3.9884
资产配置贡献	0.4708
股票类资产	0.0976
债券类资产	0.1149
现金类资产	0.2583
选券贡献	3.5176
股票类资产	0.5119
债券类资产	2.9520
现金类资产	0.0537

　　模型分析结果显示，这个投资顾问在大类资产配置与选券方面均具有不错的能力，为投资组合提供超额收益。超额收益主要来自选券的贡献，选券中又来自债券类资产的贡献，可见投资顾问在精选券种方面具有很强的能力。2017 年，在我国利率中枢大概率上移的情况下，MOM 的管理人

应该考虑将准备配置债券类资产的资金，更多地给予这样的管理人。此外，有一个不容回避的问题是，业绩基准的设立在很大程度上影响模型的分析结果。设立一个科学合理的业绩基准，不仅需要管理人与投资顾问密切沟通，也需要管理人自身经验的积累。

总之，要实现 MOM 的良好管理，需要精确的数据辅以决策，需要长期实战经验的积累。业绩归因分析作为决策依据的重要数据来源，对合理客观评价投资顾问的表现、投资策略的选择乃至评价 MOM 的管理人自身投研能力，都具有重要意义。业绩归因分析能力建设，不是一蹴而就的，需要数据搜集、处理、储存能力的建设，需要分析思路、分析能力的建设，需要将业绩归因结论用于实践指导，并形成实践、认识、再实践的循环，以逐步提高管理能力。

"大资管"需要"大融合"
——浅析资产管理业务融合发展

中国农业银行海南分行　陈　捷

随着我国经济的不断增长，社会财富的不断累积给资产管理行业带来前所未有的机遇。目前，我国整个资产管理市场规模为 60 多万亿元，即使剔除其中含交叉计算的规模，保守估计仍有 40 多万亿元，且呈现跨界、混业形态。可以说，国内金融市场正加速进入"大资管"时代，而商业银行凭借客户资源、项目资源、渠道资源等优势，在其中占据着主导地位。然而，目前的国内资产管理市场仍不成熟，商业银行发展资管业务仍存在制约。通过何种方式突破发展屏障，是国内商业银行亟待解决的课题。

一　"大资管"时代正加速到来

我国经济发展原动力正在改变，经济结构正在变化。在这种背景下，国内商业银行业必须对自身的运行模式进行深刻变革，以市场化业务的发展去应对市场化的压力，确保银行盈利模式可持续，确保业务模式与经济转型结合更加密切。

西方商业银行面对利率市场化冲击，选择发展中间业务特别是大力发展资产管理业务的路径作为经营转型的主线。自 20 世纪 80 年代以来，西方主要商业银行纷纷走上了转型之路，大力发展中间业务。到 90 年代末，主要商业银行中间业务收入占净利润的比重在 40% 以上。在各大银行的收入结构中，资产管理收入占比在 40% ~ 60%，其中瑞银、瑞信和德意志银行的资产管理收入占 60% 以上。

当前，国内商业银行也在进行同样的选择，良好的高净值客户基础、渠道网点、对公客户和项目的储备，是国内商业银行发展资产管理业务的先天优势。从 2004 年开始，资产管理业务进入商业银行视野，近几年发展步伐加快，截至 2015 年末，国内商业银行理财规模达到 23.5 万亿元，银行理财规模年均增速高达 50%。自 2012 年以来，资产管理行业分业经营的壁垒逐步被打破，形成银行、基金、券商、信托等不同金融机构之间交叉竞合的局面，资产管理行业进入"大资管"时代。

但与西方发达国家相比，我国的资产管理业务仍具有很大的发展空间。从资产管理规模与国内生产总值的比例来看，西方发达国家达到 200%～300%，而我国仅为 70%；从资产管理规模与表内资产规模的比例来看，国外大银行大多在 1∶1 左右，而国内商业银行大多仅为 10% 左右；从资产管理收入占中间业务收入的比例来看，国外大银行大多占 40%～60%，而国内商业银行占 15%～30%。

可见，从政策面、市场面和经营面分析，未来 10 年，将是我国资产管理业务发展的关键 10 年。国内商业银行必须紧紧抓住"大资管"的时代机遇，通过资产管理业务升级发展，实现向综合化经营战略的转型。笔者认为，在这一过程中，资产管理业务的融合发展是必然途径。

二 资产管理业务融合发展的策略选择

资产管理业务具有业务环节多、涉及部门广、价值链长的特点。从目前国内商业银行资产管理业务经营来看，业务条线分割、分业经营壁垒、价值链阻滞是制约发展的障碍。迫切需要强化融合发展模式，贯通发展筋脉，促进资产管理向市场化、专业化、体系化本质回归。本文所称的融合发展就是要通过经营模式转型，把握市场需求，加强内部协同和外部合作关系，打破制约资产管理业务发展的障碍，其着力点在于业务联动、内部协同与跨界合作。

（一）通过业务联动促进与市场需求的融合

由于资产管理业务具有多元化、跨市场经营的天然属性，加强资产管理业务与传统业务相互促进是推进其发展的必然途径。

在资产端，需要通过适当的资产配置为客户获取收益，分享各个市场的红利，其中重点是适应资产管理投行化趋势，使资产管理业务能够与资本市场需求有效对接起来。近两年，国务院陆续发布了资本市场新"国九条"、放开地方政府发债、筹划证券发行注册制、加速多层次资本市场建设等政策措施，促进了国内资本市场的活跃。不难看出，在支持经济增长、调节经济结构、降低实体经济融资成本的过程中，借助"发证券"补充"发货币"功能实现政策预定目标成为政府的重要选项。由此可见，资本市场快速发展必将成为我国经济升级发展中长期的现象。这意味着商业银行必须紧紧拥抱资本市场。在法律尚未允许商业银行混业经营的情况下，资产管理业务是目前商业银行进入资本市场的必然选择。为此，银行需将自身的投融资功能与资本市场的投融资功能进行对接，在并购重组、定向增发、股权投资、市值管理、结构融资、资产证券化等领域发力，打造"投资银行 + 资产管理 + 财富管理"的综合金融服务能力。

在负债端，要注重提升客户关系管理服务能力，加强资产管理产品的精细化营销。以客户为核心，提升与客户的关系、提高管理服务能力是商业银行的永恒课题。从资产管理业务角度来看，对于利润贡献高的高端优质个人及机构客户，应大力拓展私人银行和企业理财业务，打造定制化的高端资产管理服务，将互联网理财难以吸附的高端客户作为核心资源牢牢抓住。同时，要重新审视长期被忽略的长尾客户群体的理财需求，将零售业务视线下沉，研究采用低成本、高效率的手段，为"草根"客户提供包容性强的理财金融服务。

（二）通过强化协同效应促进内部机构间的融合

资产管理业务价值链包括产品设计、项目推荐、市场销售、投资运作、投后管理、风险控制等环节。要发挥商业银行综合化经营和传统资源的优势，必须加强资产管理业务价值链中内部机构创造价值的协同性。强化内部机构的协同效应，就是要使商业银行上下层级、平级部门间、各相关子公司在各司其职的同时加强协同配合，提高整个业务链的运作效率和价值创造能力。要有效设计安排资产管理各相关部门的职责，并按照业务价值链纵向展开，共同构建既分工又协作的业务组织体系。其中，前台产品销售和项目推荐部门（分行）负责市场营销、项目尽职调查及投后管理等工作；中台资产管理部负责全行理财资金的投资运作，根据客户需求开发设计理财产品，在整个资产管理业务链条中居主体地位；后台运行管理和托管部门负责理财产品的清算和财产保管。同时，将风险控制贯穿在整个业务流程中，由投资管理部门和各风险管理部门共同对资产管理业务开展全流程、全覆盖、系统化的风险监测和管理。此外，要发挥综合化、集团化、全能型的优势，综合集团理财、投行、托管、养老金等业务优势，以及租赁、基金、保险等综合化子公司功能，建设辐射境内外、跨领域、一体化的业务运营体系，搭建全市场、全客户、全价值链的"大资管"平台。

（三）通过跨界合作促进与外部机构的融合

资产管理业务在方式上比商业银行传统业务更加灵活多变，可以进入传统业务不能覆盖的领域，延伸业务触角。国内金融业仍采用分业经营管理的制度在一定程度上形成了行业壁垒，抑制了资产管理业务的市场适应性。在"大资管"的格局下，市场对金融服务的多样化和综合性将提出更高要求，加快推进跨界同业合作是必然趋势。商业银行可以通过跨界同业合作，充分发挥不同业务专长，丰富投资领域，优化投资结构，根据客户需求设计横跨市场产品，满足客户多样化的投融资需求，为客户提供灵活的资产管理手段，形成战略共赢的局面。

目前，MOM（Manager of Managers，管理人的管理人基金）、FOF（Fund of Funds，基金中的基金）等跨市场运作机制受到越来越多金融机构的关注。随着商业银行资产管理规模的不断扩大，大类资产配置需求不断提高，通过 MOM 或 FOF 形式进行跨界合作可以提高资产管理的专业性。以 MOM 为例，该模式具体是指管理人主要从事研究宏观经济、大类资产配置、管理人评价等工作，而将微观市场策略研发、交易操作、数据挖掘等工作委托给各细分领域的专业基金经理。该模式有利于通过专业分工提高市场竞争力、降低管理成本、实现规模效益。在国内，工商银行、光大银行和招商银行是同业中开展 MOM 业务较早的银行，目前交通银行和民生银行也已开展了第一期 MOM 业务投资。其中工商银行资产管理部于 2014 年初开始运作 MOM，第一期投资规模 30 亿元，目前对外委托规模保守估计在 300 亿元左右，占其理财资产规模约 1.5%。

三 促进资产管理业务融合发展的关键

促进资产管理业务融合发展，必须在体制机制上给予充分支撑。商业银行应根据资产管理业务的经营特征及发展趋势，前瞻性地规划设计其经营定位、组织架构、激励机制，使业务经营管理模式符合融合发展需要。这是商业银行能否通过融合发展主动适应"大资管"时代的关键。

（一）从战略层面规划好资产管理业务的经营定位

目前世界主要金融机构都将资产管理业务作为一个主要的客户服务领域和盈利来源，以整合的业务品牌在市场进行营销。以汇丰集团为例，早在 1994 年，汇丰集团就提出随着世界经济一体化、金融资产国际化的发展，需要值得信赖的国际金融集团为客户提供最好的全球资产配置方案。因此，汇丰集团将旗下分散在不同金融中心的地区性资产管理业务统一整合在"汇丰投资管理"这一全球品牌内，从而创造性地成为将全球投资能力和本地经验有机结合的强大资产管理业务提供商。反观国内，虽然各商业银行已纷纷意识到资产管理业务的重要性，但对其经营定位存在差异，在推进品牌整合上更乏善可陈。笔者认为，在"大资管"时代的背景下，商业银行必须从战略高度对资管业务进行规划布局，结合自身在客户资源、渠道资源、系统资源方面的优势明确资产管理业务的经营定位，加强品牌价值建设，打造差异化竞争优势。

（二）构建符合市场化运作特征的组织架构

农业银行行长赵欢曾撰文指出，要在理财事业部制改革的基础上，进一步鼓励具备条件的商业银行建立资产管理子公司和股权直接投资公司，从而实现商业银行自营业务与代客业务的风险彻底隔离。这揭示了商业资产管理业务组织架构的发展趋势。

目前，银行资产管理业务的组织架构可以分为传统部门制、事业部制和子公司制三大类。传统部门制运作方式是指资产管理业务由一个总行一级部门经营运作。在这一制度下，资产管理业务难以和银行自营业务实现有效隔离，前中后台分工、总分行分工、部门或条线间分工都不清晰，业务运转的内部成本很高。2014 年，银监会《关于完善银行理财业务组织管理体系有关事项的通知》出台后，国内多家商业银行通过事业部制改革整合了资产管理业务经营平台。事业部制相对于传统部门制，赋予资产管理部门更多的投资决策权限、风险管理权限和人财物权限，明确了前中后台职责，改善了业务流程分割的局面，但是表内外风险隔离、部门或条线间分工、总分行分工的问题仍然存在。笔者认为，事业部制仍是资产管理业务转型的过渡，未来资产管理业务组织结构会向子公司制方向发展。子公司制要求商业银行在开展资产管理业务、投资银行业务和银行表内业务时，分别由不同的法人实体负责经营管理，这不仅有利于彻底解决银行资产管理业务发展的诸多本质问题，对于银行本身而言也是一种高效的业务运作模式。

（三）建立行之有效的业务激励机制

资产管理业务联动性强、收益程度高，为有效促进业务发展，应针对其业务特点、市场需求等制定有别于传统业务的专门激励办法和考核方案。笔者认为，在激励方面，要以有效收入为主要激励标的，根据年度经营目标，按一定比例对实现收入的部门进行奖励，奖励按季兑现。在绩效考核方面，制定专门的考核方案，采用综合绩效考核的方式，以年度经营管理目标完成情况为主要考核内容。经营指标主要包括业务收入、交易量、利润、资产增加值等；管理指标主要考核风险水平、内控管理、客户管理水平、营销联动以及分支行评价等。从鼓励部门间、条线间合作，最大限度避免利益协调问题，降低沟通与协调成本的角度出发，对资产管理业务的考核，要按照不同的业务类型采取差异化的影子考核方式，即对需要部门间联动的业务，按客户推荐、产品支持、业务管理等工作的贡献度，对业务收入进行利润分配。

新经济形势下银行客户经理转型之路

北京银行南京分行 李亚庆

笔者作为已从事金融工作 10 年的理财经理，见证了银行理财业务的快速发展。如今，银行理财经理面临各种复杂产品的竞争、各类客户对产品的需求，同时客户的投资偏好已经发生转变。

一　银行客户经理是否需要转型销售复杂型产品

当前，很多理财经理不愿意销售复杂型产品，那么到底需不需要销售复杂型产品呢？

最近，兴业银行与波士顿咨询公司共同发布的 2017 年中国私人银行报告指出：中国个人财富预计在 2021 年达到 221 万亿元，较 2016 年增加 95 万亿元，银行理财规模已经接近 30 万亿元。目前客户已经不满足于参与银行理财了，尽管有的银行理财的年化增长率已达到 49%，但信托和私募的年化增长率则分别达到了 63% 和 58%，超过了银行理财。截至 2016 年末，信托资产的规模达到了 20.2 万亿元。市场上还有众多私募股权、海外投资、P2P 等，非银行理财的投资已经超越了银行理财规模。

理财产品对哪些客户是必需品，对哪些客户是非必需品？对普通客户来说，理财产品是他们主要的投资渠道，他们对理财收益率比较关心；而对高净值客户来讲，理财产品的吸引力非常有限，他们的投资渠道相对会更加丰富。假如只做一名普通理财经理，维护普通客户，只依靠理财也许足够；但要想做一名高端的理财人员或者是专业的私人银行客户经理，仅仅借助理财产品肯定是远远不够的。

据统计，有60%的高净值客户会选择3家以上财富管理机构，包括银行、信托、保险、证券等，而有近一半的高净值客户最近两年内考虑将更多的资产交给非银行金融机构打理。所以，银行私人银行需要转型，仅仅依靠理财是无法留住高净值客户的，这就需要通过一些创新的产品、复杂化产品，来体现银行理财的专业价值，抓住客户。但这类产品并不适合所有的客户，必须寻找合适的客户或者挖掘客户需求，把合适的产品介绍给合适的客户。

某银行南京分行对高净值客户的维护一直比较重视。2015年11月，人民币贬值趋势明显，分行给客户介绍嘉实资本京华优选系列产品，投资中资、欧资银行海外优先股，收益比较不错的是四号和九号，分别获得年化13%、12.5%的收益；七号客户年化收益2.5%；六号略差，客户暂未退出，现客户的年化收益5.4%。2015年12月，分行介绍客户投资本行首笔挂钩黄金价格的资产管理产品，半年客户年化收益5.5%。2016年11月，介绍客户投资挂钩香港股票市场的产品京华汇盈港股恒利一号，5月中旬开放，预计年化收益6.2%，近期京华汇盈港股恒利2号正在发行中。2016年6月至2017年3月，共计营销落地的信托定制产品11笔金额10520万元，产品年化平均收益5.5%～5.8%，落地华能信托京华财富22笔，金额7910万元，产品年化平均收益5.2%～5.6%。2017年3月，营销落地南方耀之资产管理计划，金额100万元，通过耀之私募基金投资国债套利市场。

某银行南京分行通过对上述产品的销售发现，客户并非不能接受新的产品，只是客户经理觉得客户没有这个需求，没跟客户深入交流。在做代销排查的时候，看到一些客户通过本行转账去行外购买信托等资产管理产品，经与客户沟通后知道都是一些财富公司、私募公司做的营销。所以说，不是客户没有需求，而是银行自己没有营销。

京华弘利系列产品是美元理财，是银行通过子公司加上资产管理在香港投资四大行的海外优先股。

在销售复杂化产品时，客户经理自己一定要吃透产品，然后再将它介绍给合适的客户，可以先从简单的固定收益型信托产品入手，逐渐挖掘客户需求。

二 银行客户经理如何认知自己的客户

在高端客户中，很少会有人将所有资金只选择放在一家银行。行内名士卡以上的客户有很大的潜力可以挖掘。对于重点客户，主要通过家庭背景、工作背景、投资偏好、资产情况和子女教育五个维度来认知客户，挖掘客户需求。下面举一个客户赵总的例子。

第一，从家庭背景看，赵总有过两段婚姻，有两个儿子，未来面临财富传承的问题。客户经理经常和他沟通家族信托业务，最终银行为其成立了家族信托，但必须要委托人配偶签字。赵总的受益人是其与前妻的儿子，在家庭内部未能协调成功，最终落地代销某信托 1000 万元，后期值得跟踪。

第二，从工作背景看，赵总是某企业法人，有一定的高端客户圈子，所以其客户经理通过赵总的圈子来寻找营销客户，在一次客户生日宴上结识了他的合作伙伴刘总，最终成功营销，使其成为本行私人银行客户。

第三，从投资偏好看，赵总是一个股票投资爱好者，客户经理是 2007 年认识他的。几年来既赚过钱也亏过钱。2016 年，股票被深度套牢，客户经理指导他打新股，实现盈利 450 万元，客户经理因此赢得客户高度认可。

第四，从资产情况看，赵总在银行理财 1350 万元，信托 1000 万元。在某银行信托 300 万元，其他理财 400 万元，在证券有价值 1500 万元的股票，所以他行及证券的资金将是其客户经理后期营销的重点。

第五，从子女教育看，赵总大儿子在英国留学，小儿子也有出国意向，有对美元的投资需求。赵总在某银行购买了 5 万美元准备进行理财，正在做海外的资产配置。

客户经理通过几个维度对赵总的情况进行分析，认为有很多地方是可以挖掘的，只有真正了解客户的全部情况，才能够将合适的产品介绍给合适的客户，所以客户经理需要深刻认知自己的客户。

做好营销条线的客户经理，应该深入一个社群，形成自己的圈子。从民生银行航天桥支行的非法集资案看，它是全国私人银行最多的一家支行，该支行通过高尔夫俱乐部营销私人银行客户 100 余名，客户资金 10 几亿元，高尔夫俱乐部就是一个社群。

　　某银行南京分行楼上有一个健身房和一个牙科医院。银行客户有没有健身需求，有没有治牙的需求，或者它们的客户有没有理财需求。对此，银行和健身房、牙科医院结成联盟，在端午节期间给该银行的客户赠送免费洗牙及健身服务，并通过专项活动把它们的客户变成该银行的客户。

　　除了以上两个社群，常见的社群还有摄影俱乐部、企业家俱乐部、孕妈妈社群等等，银行客户经理只要选择一个适合自己的社群，深入营销，做深做细，形成自己的一个圈子，就能够长期赢得客户。

三　银行客户经理如何安排自我学习

　　笔者本科是学计算机的，2006年参加工作，第一份工作是在证券公司。为了能够更好地适应工作维护客户，笔者学习了证券的各方面知识，通过证券业协会的所有考试，拿到了证券分析师、金融理财师和期货的从业资格。2010年，由于工作调动，笔者到期货公司从事风控工作，为了提升管理能力，笔者参加了南京农业大学MBA学习，自学了FRM风控管理师的知识。2012年笔者加入××银行，通过了CFP国际金融理财师资格考试，为了能够更好地维护高端客户，笔者最近在学习中国政法大学法学硕士课程。涉及高端客户，法律知识是必备知识。

　　学习是一种态度，也是一种技能，大家缺什么，就需要学习什么，而学习知识是一个积累的过程，不是一蹴而就，需要不断地学习及培养。

　　2017年2月，总行安排笔者去香港学习，笔者也参观了很多金融机构，包括瑞银、高盛等等，这些金融机构的从业人员大多是清华北大的高才生，他们比我们更多地接触市场，更加努力学习。有句话说：比我们优秀的人，比我们还努力，那我们有什么理由和借口，不努力，不学习。

　　让我们以持之以恒的学习态度和积极学习的精神，去迎接新经济形势下银行客户经理的转型之路。

开发性金融与银行同业合作创新推动
金融领域供给侧结构性改革

国家开发银行辽宁分行　赵　勇　王雨楠

随着中国经济步入"新常态"，党中央提出了以"去产能、去库存、去杠杆、降成本、补短板"（以下简称"三去一降一补"）为核心的供给侧结构性改革。供给侧结构性改革是从提高供给质量出发，用改革的办法推进结构调整，矫正要素配置扭曲，扩大有效供给，提高供给结构对需求变化的适应性和灵活性，提高全要素生产率，更好地满足人民的需求，促进经济社会持续健康发展。金融领域是我国经济中至关重要的一环，是供给侧结构性改革的动力源泉。进一步增强金融业服务供给侧结构性改革的能力，推动金融领域自身的供给侧结构性改革是当前刻不容缓的重要工作。

作为我国中长期投融资和新型城镇化建设的骨干银行、最大的对外投融资合作银行，以及全球最大的开发性金融机构——国家开发银行（以下简称 G 行）在服务国家供给侧结构性改革中发挥着关键的作用，同时也是推动金融领域自身供给侧结构性改革的先行者。一方面 G 行面向实体经济，在经营发展中始终坚持把服务供给侧结构性改革作为工作主线，围绕"三去一降一补"精准发力、持续发力，取得了显著的效果；另一方面国开行面向金融同业市场，作为债券银行，主要是通过银行间市场发行债券筹资。作为批发银行，资金落地需要银行同业代理结算，对银行同业依存度较高。因此，开发性金融与银行同业的合作是金融领域自身供给侧结构性改革的重要一环。

本文基于开发性金融视角，以城市商业银行为研究对象，探索银行同业合作在推动金融业自身供给侧结构性改革中的作用。

一 开发性金融与供给侧结构性改革

2015 年 3 月，国务院批复《国家开发银行深化改革方案》，明确了国家开发银行开发性金融结构的定位，提出 G 行要紧紧围绕服务国家经济重大中长期发展战略，在重点领域、薄弱环节、关键时期发挥开发性金融的功能和作用。

（一） 具有中国特色的开发性金融原理

开发性金融是不同于政策性金融和商业性金融的一种金融形态。开发性金融的历史并不算短，早在 19 世纪的欧洲，就有开发性金融活动的影子。在中国，国开行于 2000 年 3 月首次对外提出了开发性金融的概念，经过近 20 年的探索研究，形成了具有中国特色的开发性金融原理，即以服务国家发展战略为宗旨，以国家信用为依托，以资金运用保本微利为经营原则，以市场化为基本运作模式，以建设市场、信用、制度为核心，以银政合作和社会共建为主要抓手，以规划先行为工作切入点，以中长期投融资推动为载体的科学的金融原理。

（二） 开发性金融与供给侧结构性改革相契合

具有中国特色的开发性金融原理与供给侧结构性改革具有极强的契合性。一是供给侧结构性改革解决的是中长期经济问题。与之相契合，中长期投融资可以说是开发性金融与生俱来的"基因"。国开行通过金融债筹集大量中长期资金，引领社会资金支持重点领域建设。二是供给侧结构性改革涉及经济社会发展的薄弱环节。与之相契合，开发性金融以市场建设为核心，通过市场建设、信用建设和制度建设，完善薄弱环节的体制机制建设，为供给侧结构性改革注入持久动力。三是供给侧结构性改革从源头解决经济发展中的供需问题。与之相契合，开发性金融机构以规划先行为工作切入点，推动各方做好长远规划，最大限度整合资源，配置资金，提升金融供给质量。

（三） 开发性金融服务供给侧结构性改革

国开行始终坚持服务供给侧结构性改革，在"三去一降一补"五大任务上取得了阶段性成果（见表 1）。开发性金融之所以能够很好地服务供给侧结构性改革，是因为其自身始终处于改革发展之中。开发性金融改革的内在动力就是开发性金融原理的核心，即市场建设。与传统的经济增长"三驾马车"投资、消费、出口相比，市场建设处于供给侧。开发性金融以市场建设为核心，其本质是在供给侧进行结构性改革，为传统的经济增长模式铺路搭桥。在市场空白、缺损的情况下，G行通过推进信用建设等微观制度建设，以及会计标准等金融基础设施建设，培育健康的市场主体，在此基础上，"三驾马车"才能充分发挥作用。从这个角度来看，可以把市场建设看成拉动经济增长的"第四动力"，这也是开发性金融服务供给侧结构性改革的最大贡献。

表1　开发性金融服务供给侧结构性改革的成果

工作重点	具体措施	取得成效
去产能	调整行业准入政策，有扶有控、有保有压、有增有减；推进"一带一路"建设，促进优势产能走出去	钢铁行业贷款余额减少53亿元；煤炭行业未有新增贷款
去库存	继续加大对货币化安置棚改项目支持力度，严控新建安置房比例，积极消化存量商品房	累计发放棚改货币化贷款7929亿元，消化存量商品房52万套4835万平方米
去杠杆	主动防范化解金融风险，推动改善债务结构，逐步消化泡沫和杠杆问题	2016年1～9月定向置换政府债务3432亿元
降成本	开拓低成本资金来源，内部挖潜、降本增效，主动向实体经济让利	发放人民币贷款，平均执行利率为4.43%，低于同业55个基点
补短板	统筹资源，重点支持脱贫攻坚、棚改、"海绵城市"、"综合管廊"、科技创新、生态环保、战略新兴等短板领域	以扶贫为例，派驻183名扶贫专员，累计发放贷款1.82万亿元

资料来源：郑之杰《发挥开发性金融作用服务供给侧结构性改革》，《中国金融家》2016年第12期。

开发性金融不仅需要服务于供给侧结构性改革，同时也需要进行自身的供给侧结构性改革。在金融同业市场中，银行同业既是国开行的重要筹资渠道，也是国开行服务的客户，开发性金融自身的供给侧结构性改革离不开银行同业合作。开发性金融与银行同业合作创新的过程就是开发性金融在银行同业市场中的市场建设过程，也是金融领域自身供给侧结构性改革的重要过程。

二 开发性金融与银行同业合作创新

在银行体系中，城市商业银行资产规模仅占整个银行业的11%，不及五大行、股份制和农村金融机构，其机构数量为133家，虽然不足农信社的1/10，但在地方经济发展中，却发挥着不可替代的作用。相比五大行，它们更加灵活；相比股份行，它们更有创新动力；相比农信社，他们更加规范；相比外资行，他们更熟悉中国市场。城市商业银行是银行业的毛细血管，在国内金融终端业务上有着不可替代的优势。

G行分行与城市商业银行的关联业务较多，并且享有一定的授信权限，可以较为自主地开展试点创新业务，本文选择辽宁域内的某地方银行作为研究对象，结合工作实际开展理财投资业务创新。

(一) 锦州银行基本情况

××银行股份有限公司成立于1997年，总部位于辽宁省某市，在北京、天津、沈阳、锦州、大连、哈尔滨、丹东、抚顺、鞍山、朝阳、阜新及辽阳设立了12家分行，168家支行；3家小微支行以及1家专营机构；投资控股村镇银行5家，下设村镇银行支行11家，分布在该市内和县域4家；同时作为控股股东发起设立锦银金融租赁有限责任公司。××银行于2015年12月在香港联合交易所上市，上市以后业绩指标全面大幅提升（见表2）。

表2 2013～2016年锦州银行重要指标

单位：亿元，%

序号	科目	2013 年	2014 年	2015 年	2016 年
1	总资产	1798.83	2506.92	3616.60	5390.59
2	总负债	1682.63	2348.15	3353.89	4961.65
3	发放贷款和垫款总额	767.29	865.49	973.13	1219.30
4	营业收入	39.02	57.72	115.03	163.78
5	净利润	13.35	21.23	49.08	81.99
6	不良贷款率	0.87	0.99	1.03	1.14

资料来源：锦州银行股份有限公司2016年业绩报告。

（二）开发性金融与城商行合作模式创新探索

国开行是总、分行两级管理模式。城商行可以与总行开展总部对总部业务，既购买 G 行金融债、同业拆借、理财投资等同业业务，也可以和所在地分行开展业务合作，如结算代理、银团贷款、票据业务等信贷业务。通过创新业务模式，打通渠道将同业和信贷业务联合起来，对国开行来说，既可以统筹配置资源，做到"降成本"，又可以创新业务模式，做到"补短板"。这正是开发性金融自身供给侧结构性改革的需要。对于锦州银行来说，也可以获得同业和信贷业务的双重支持，有利于自身发展，增加收益。从银行同业市场的角度来看，两者的有机结合有助于资金落地并流向基层实体经济，有助于金融业更好地服务供给侧结构性改革，有助于金融领域自身的供给侧结构性改革，是一举多得的举措。

1. 基于代理结算业务的合作创新

支持棚户改造、助力房地产去库存，打好脱贫攻坚战，推进民生"补短板"是 G 行服务供给侧结构性改革的重要举措。这些业务均需要将资金落实到最终受益的百姓，而 G 行是批发银行，不具备对私业务，需要银行同业进行代理结算。城商行作为银行的毛细血管，在服务终端业务上有着不可替代的地缘优势。两者在资金代理结算领域的合作顺理成章。传统业务模式是，国开行选择代理行，代理行履行代理结算职责。对 G 行来说，代理结算资金是必须支付的，是无成本的，未产生收益似乎也无可厚非。但对于银行同业来说，代理结算资金就是流动性，是信贷规模增长的有效渠道，是宝贵的资源。从银行同业角度出发，需要创新业务模式"补短板"，增加中间收入降成本。通过创新"彩虹桥"业务模式，在输出代理结算资金的同时，××银行购买 G 行理财产品，并吸收 G 行理财投资的协议存款。在有效加速项目资金落地的同时，通过创新业务模式，将信贷业务和理财投资业务相结合，增加了中间业务收入。

2. 基于票据业务的合作创新

××银行每年开出大量的银行承兑汇票，汇票未到期承兑会占用该银行的资金。在目前流动性趋紧的情况下，票据贴现收益对于商业银行吸引力不足，它们更希望腾出信贷规模投资收益更高的项目。银行同业的需求就是业务创新的动力源泉，G 行将传统的票据贴现业务与理财投资业务相结合，对××银行进行票据贴现和转贴现的授信，通过贴现和转贴现为××银行腾出信贷规模，便于其优化信贷结构，支持实体经济。同时，××银行按照一定比例购买 G 行理财产品，实现合作共赢。

3. 基于扶贫转贷款的业务模式创新

扶贫转贷款运用开发性金融原理和方法，依托政府、G 行、合作银行的资源优势，引导金融资源向建档立卡的贫困地区聚焦。具体模式是 G 行向贫困地区中小型金融机构批发资金，合作银行再将资金转贷至企业、其他组织以及自然人，用于发展对建档立卡的贫困人口具有扶贫带动作用的行业。在这种模式下，G 行让渡贷款利润，通过批发模式大力支持脱贫攻坚，并通过协议存款的方式对城商行进行正向激励。城商行可在其存量业务中筛选符合国家扶贫政策的项目使用 G 行转贷款进行支持，从而腾出信贷规模用于支持其他项目获得收益。对于符合扶贫标准的项目来说，G 行限定了转贷款的最高利率，降低了项目融资成本，让利于实体经济助力"补短板"。

三 创新驱动金融领域供给侧结构性改革

供给侧结构性改革可分解为供给侧＋结构性＋改革。上述三个业务模式创新的关键在于，抓住了增加城商行有效规模供给这一关键点，通过打破传统的结构模式将同业业务与信贷业务相结合，在供给侧为城商行提供有效规模，从而实现多方共赢。开发性金融与银行同业合作模式的创新是运用开发性金融方法进行供给侧结构性改革的一次实践探索。供给侧结构性改革是全国性的大命题，即便缩小到开发性金融自身的供给侧改革也是一个大命题，还有很多工作要做，还有很多问题要研究，作为一名 G 行的工作者，将始终本着创新的理念不断前行。

国内银行资管子公司发展方向

——中美银行业资产管理行业发展阶段对比

国家开发银行宁波分行　张　颖

回顾当前国外银行理财的发展演进、对标国内资产管理行业、参考国外资产管理公司发展路径，并据此厘清银行资产管理子公司未来可能的发展方向，是当前大资管时代，国内银行业亟须研究的重要课题之一。

一　我国银行理财业务发展历经五个阶段

银行理财是我国资产管理的中流砥柱。经过十多年的发展，国内银行理财经历了经济周期的磨砺，见证过股票和债券市场的熊市，积累了丰富的投资管理经验，实现了快速发展。我国银行理财业务发展大致可分为以下五个阶段。

启蒙阶段（2003～2004年）：商业银行从国际市场探索引入外币理财产品，开始为部分高端客户设计发行理财产品。

起步阶段（2005～2007年）：银监会2005年颁布了首个理财制度——《商业银行个人理财业务管理办法》，人民币理财业务迅速发展。伴随资本市场的发展，结构化和打新股类产品大量出现，商业银行尝试发行代客境外理财产品，理财产品投资范围扩大到国际市场。

调整阶段（2008～2009年）：受国际金融危机及资本市场调整的影响，之前发行的部分与资本市场相关的理财产品出现亏损，商业银行发展策略及监管政策都随之出现调整。之后伴随着经济复苏及社会融资需求的增加，理财业务融资项目成为主流投资品种，银信合作理财产品成为热点。

起飞阶段（2010～2012 年）：银行理财业务快速增长，委托债权投资、信托受益权转让等创新融资模式出现，非标准债权项目成为理财产品的重要投资标的。同时，券商理财、基金理财创新加速，理财市场竞争激烈，产品呈现品牌化、系列化、定期化和多元化特征。这一阶段，围绕银行理财的发展模式也开始出现一些争论。

转型阶段（2013 年至今）：泛资产管理时代来临，互联网理财方兴未艾。脱胎于利率市场化先行者的角色，在完成存款替代和监管套利者的角色职责之后，在利率市场化的环境下，银行理财回归资产管理本质，亟待明确其在资产管理行业中的定位。各类金融业态在资产管理领域全面开展竞争，商业银行在资产管理行业中的市场主体地位受到挑战。

二 美国银行业资产管理业务发展的四个阶段

资产管理业务起源于美国，最初是投资银行管理其合伙人及相关人士的资产，后逐步演变为机构或个人委托专业金融机构管理资产的金融业务。随着世界经济的发展以及金融创新水平的提高，居民财富快速累积，对财富增值要求日益旺盛，资产管理作为一个新兴行业迅速崛起。

"二战"后至 20 世纪 60 年代，由于受到当时法律制度和市场环境的限制，在这期间美国银行等金融机构的理财服务品种较单一，主要局限于简单的资金委托代理、咨询顾问等。银行表外业务规模较小，处于欠发展状态。之后随着欧洲及美洲经济金融的元气恢复，经济环境的变化加大了投融资双方的金融服务需求，存贷款等传统业务的竞争越来越激烈，商业银行开始发展理财服务并将其逐步常规化。

20 世纪 70～80 年代，在经历了两次石油危机后，美国进入滞胀时期，经济呈现低增长、高通胀。特别是布雷顿森林体系瓦解后，股市长期低迷，美元等货币汇率风险增大，衍生产品交易兴起，银行客户对投资理财需求日益旺盛。美国银行等金融机构开始向社会提供投资组合的理财产品服务。到 20 世纪 80 年代末期，银行已经开始将融合传统存贷款业务、投资业务和投资理财顾问业务的多样化理财产品向社会发行。资产管理业务迅速兴起并逐步成为现代商业银行的核心业务之一。

20 世纪 90 年代至 2008 年，全球银行机构资产管理业务井喷式发展。

各类投资工具、衍生产品、场外市场交易规模以惊人速度扩张。理财产品的投资组合、投向、风险承受和利润分配模式创新层出不穷。1999年美国《金融服务业现代化法案》颁布后，资产管理业务逐渐成为商业银行增强银行风险对冲能力，提高银行竞争力和客户忠诚度的利器之一。到21世纪初，美国银行、瑞银集团、花旗集团等金融机构已是知名的资产管理银行，其资产管理业务规模逐渐接近表内资产规模。资产管理业务已成为决定银行机构高端客户市场竞争力的战略性业务。

2008年至今，"后危机时代"资产管理行业格局的变化。2008年国际金融危机导致大多数投资人经历了空前的挑战，机构投资者挑选资产管理机构的标准更为严格，对其投资过程、历史业绩和风险管理系统等的审视也更加系统化和多元化。此外，金融危机使投资者要求资产管理机构提升专业化服务水平，要求产品、费用和风险等方面的信息披露更为清晰透明。近年来，除对冲基金规模小幅下降外，其他渠道资产管理业务发展迅速，规模均已达到或超过2008年国际金融危机爆发前的水平。在当今世界金融服务业范围中，资产管理行业是成长最为迅速的行业之一。目前，全球资产管理资金规模已接近100万亿美元。

三　我国资产管理行业目前所处的发展阶段

与美国银行业资产管理业务进行纵向对比，我国的资产管理行业尚处于美国20世纪80~90年代的发展阶段。这一结论的得出主要基于以下三个层面的判断。

一是资产管理规模与GDP的比值水平。2016年6月末，我国资产管理总规模约60万亿元，2015年GDP为68.9万亿元，两者比值达到87%，接近美国1987年89%的水平。

二是利率市场化水平。利率市场化的程度直接制约资产管理行业的发展水平。美国的利率市场化是始于1970年，而我国目前存款利率浮动上限已经放开，利率市场化改革进入最后阶段。

三是混业经营程度。美国于1987年修正了《格拉斯－斯蒂格尔法》，允许银行持股公司、子公司以一定比例的资金投资银行业务，金融混业经营放松管制，1999年《金融服务现代法案》使金融混业经营全面开放。在该法案实施 5 年后，转换为金融控股公司（BHC）的银行数量占银行业的 12%，但资产总额已占到 80%。2012 年以来我国证监会、保监会、银监会出台一系列资产管理市场的新政，打破了各金融机构资产管理业务分割的局面，分业监管、混业经营趋势显现。

四 未来我国商业银行资产管理子公司的发展方向

横向对比中美资产管理行业的发展环境，可以发现，中美监管环境的共同趋势是更加严格。在金融危机后，因为公众对以前监管不力的诟病，欧美等监管当局加强了对资产管理行业、影子银行的监管，出台了新的监管规定。尤其是 2010 年美国颁布的《多德－弗兰克法案》，将加强监管保护金融消费者合法权益，防范金融体系的系统性风险作为核心内容。同样在我国，银监会于 2013 年和 2014 年相继颁布 8 号文和 35 号文等文件，约束"非标"，规范影子银行，限制"资金池"管理模式，强调风险隔离和栅栏原则。2016 年 7 月出台的《商业银行理财业务监督管理办法（征求意见稿）》更是重新定义了银行理财的顶层设计。监管规则对塑造理财业务未来发展模式将起到决定性作用。商业银行资产管理子公司具有银行的基因，在继承商业银行经营风险的基础上创新和突破，会探索出不同于券商、基金和信托等资产管理机构的发展道路。我国与发达国家金融市场对比，结合监管指引，我国银行理财子公司或将呈现以下发展趋势。

（一）资产管理业务在银行收入中的占比将迅速提升

经过 70 年的发展，国际资产管理行业机构形成了五大类别，第一类是大型银行资产管理机构，如 JP 摩根大通银行等；第二类是专门化资产管理机构，如高盛资产管理公司等；第三类是股份制投资公司，如富达集团等；第四类是合伙制资产管理机构，如伯克希尔哈撒韦公司等；第五类是私募基金，如黑石公司等。目前，在全球排名前 20 位的资产管理公司中，银行系共有 9 家，包括摩根大通、瑞银、汇丰等，银行系资产管理公司在全球市场中占有重要地位。从规模上看，银行的资产管理规模已经与银行自营资产相当；从收入结构上看，在资产管理业务居前列的美国综合性大银行中，摩根大通和富国银行的资产管理收入分别占其银行总收入的 12%

和 17%。而目前我国银行理财在银行的收入中贡献仅占 7% 左右。随着居民财富不断积累、利率市场化推进、金融综合化经营、技术持续创新等条件的成熟，我国银行理财在银行收入中的占比将赶上或超过国际先进银行的水平。

（二）客户关系将向长期化、机构化转变

欧美国家的资产管理行业，多以机构客户为主。例如，2015 年末在欧美资产管理行业的资产管理规模（AUM）中，有 75% 来自机构客户，仅 25% 来自个人客户。在机构客户中，保险公司占 37%，养老金占 33%，其他机构占 27%，银行占 3%。机构客户具有资金来源稳定、追求长期业绩的特点。机构客户占比高，使资产管理机构拥有充足的发挥空间，可以依照比较优势按自己的投资原则实施投资策略，而不受制于注重短期业绩的压力。目前，在我国银行理财余额中，约 2/3 来自个人客户，1/3 来自机构客户，在机构客户中多数是一般工商企业和金融机构。这种个人客户占比大的结构造成客户投资行为较为短期化、更加注重短期收益，和理财的较长期限投资之间形成期限错位的局面。未来，银行资管也会逐步开展养老金、社保资金、企业年金的受托管理业务，长期机构投资者占比会逐步扩大，相应客户关系将会向长期化转变。

（三）产品形式向共同基金和专户委托方面倾斜

国外银行的资产管理子公司实际上也是大型基金公司。综合来看，面向个人投资者的机构投资范围相对广泛，尤其是高端客户的私人银行。国外大银行的资产管理能够提供考虑客户生命周期的大类资产配置，提供从税收到养老、房地产投资等范围广泛的咨询投资服务。而对机构、公司客户它们更倾向于专业化、特色化的服务。对机构客户和高端客户它们主要提供委托资产管理服务。从产品形式来看，国外银行资产管理公司向机构客户提供产品和服务的主要形式就是共同基金和专户/委托管理（一般分为全权委托和咨询委托）。委托管理适用于高净值客户和机构客户，其大致比例是基金占比近一半，委托管理占比略多于一半。中国的资管行业刚刚起步，产品的投资渠道相对单一。2016 年 7 月出台的《商业银行理财业务监督管理办法（征求意见稿）》也较多地参照了公募基金的管理办法。理财产品转型和管理模式转型之间存在有机的联系。共同基金和专户委托

等类基金的类产品将是银行资产管理子公司产品转型的方向。

（四） 管理模式向综合服务商转型

欧美国家银行资产管理公司的管理模式，大体可以分为三类，即综合服务商模式、核心服务商模式和专业服务商模式。综合服务商模式涵盖广义的资产管理范围的全部业务，包括资产管理（狭义）、财富管理和投资银行，能为客户提供三位一体的服务，这对资产管理机构的投资管理能力和客户规模都有很高的要求。JP摩根大通银行、德意志银行、瑞银和瑞士信贷等金融机构都采用综合服务商模式。核心服务商模式则是在三种具体业务中取两种，比如"财富管理 + 资产管理"，像汇丰银行、加拿大皇家银行等金融机构就是这类模式；或者"投资银行 + 资产管理"的模式，如贝莱德、高盛等金融机构。专业服务商模式则是在狭义的资产管理细分领域中运作，专门从事投资理财的资产管理服务，比如国际上流行的风格各异的对冲基金等。对我国大型股份制银行来说，基于客户规模和业务范围，综合服务商模式可能是未来的管理模式。

（五） 泛固定收益投资向全市场投资转变

资产管理机构存在的价值就在于组合投资。做好大类资产配置，在大类资产轮动中寻找投资机会是大型资产管理机构的重要职责。国外大型资产管理机构的投资方向几乎无所不包，包括全球各个国家的固定收益、权益、房地产、衍生品、另类投资等。从国外大型银行年报披露的资产管理投资情况来看，大多数银行资管的股票类投资占20% ~ 40%，固定收益投资占20% ~ 50%，与我国银行理财资金投资在固定收益、非标准债权类等泛固定收益资产上差异显著。银行理财独立成为子公司之后，投资方向所受的限制将会放松，将向全市场投资转变。因此，资管子公司亟待提升多市场和多工具的投资运作能力。从投资的专业技术上看，需要提升价值投资方法、量化投资技术、衍生产品定价技术、套利交易技术等；从风险管理技术上看，需要提升多品种、跨市场的风险管理手段，通过多种风险管理工具组合运用以增强量化风险判断能力，并提高衍生品交易参与度以提升风险对冲能力。

（六） 更加丰富的人员结构和市场化的激励机制

资产管理行业的竞争本质上是核心人才的竞争，如果没有一套适应市场化要求，充分调动和激发全员创新发展的体制机制，面对完全市场化的信托、基金、券商和保险等市场化同业的竞争，银行资产管理子公司将处于全面被动的地位。我国银行的资产管理部门无论是和国内的基金公司相比，还是和国外银行的资产管理子公司相比，在人员数量、激励机制上都差距较大。摩根大通年报显示，2015 年其资产管理公司约有 2 万名员工，其中组合管理经理有 600 多人，研究分析师 250 人，市场策略师 30 人。在我国，目前管理资产规模超过 2000 亿元的基金公司，员工基本在 400 人以上，而多数理财规模达几千亿元甚至上万亿元的银行，资产管理部只有几十人，只有个别大银行资产管理部有上百人。从理财产品销售到投资管理等多个环节，仍主要借助和依托分行和总行其他部门的力量。未来，在实施公司化运作之后，银行资产管理子公司应配置更加多样的人员结构和市场化的激励机制。

一是需要增加人员配备，特别是要增加研究和策略分析团队，形成产品、研究、投资、风险管理等全方位专业化管理体系。二是增强人员激励机制的市场化和差异化程度。可以考虑在管理人员和核心员工中分层、分步推行股权激励和员工持股计划，吸引并留住优秀人才，提升公司凝聚力和战斗力。

房地产企业财富管理的几点设想

国家开发银行海南分行　闫培锋　郑裕林　李雪晶

关于财富管理，通常被认可的概念是，财富管理是指以客户为中心，设计出一套全面的财务规划，通过向客户提供现金、信用、保险、投资组合等一系列的金融服务，将客户的资产、负债、流动性进行管理，以满足客户不同阶段的财务需求，帮助客户达到降低风险、实现财富增值的目的。财富管理范围包括：现金储蓄及管理、债务管理、个人风险管理、保险计划、投资组合管理、退休计划及遗产安排等。从概念上看，财富管理的核心是，通过综合金融服务满足客户不同阶段的财务需求。在国家整体经济形势呈现下行趋势，房地产行业受政策、市场波动影响显著的大背景下，如何通过为房地产行业类客户提供财富管理，对冲外界因素对企业财务造成的影响，是值得深入研究和探讨的领域。

一　我国房地产业特点

我国房地产业起步于 20 世纪 90 年代初，至今已有近 30 年的历史。由于其规模宏大，关联产业多，且是城市化的主要载体，又直接影响国计民生，一直以来都是全社会关注的热点。

综观我国房地产行业主要呈现如下特点：一是具有开发周期长、投入资金量大、投资回收期长等特点；二是涉及的关联部门、行业众多，收费项目繁杂；三是成本的可比性低；四是法规适用存在差异、专门法规多；五是涉税风险较高；六是相关法规的地方差异；七是受市场波动、政策影响显著。

二 房地产企业财富管理需求

(一)项目前期资本金需求

在项目建设初期,项目开发费、筹备费、规划费、设计费等前端费用一般占项目总投资的 20% ~30% ,需要开发商自筹资金解决,而该部分资金存在较大的需求缺口。

(二)项目建设阶段中长期贷款需求

房地产项目开发建设周期长,投入资金量大,需要期限长、利率低的中长期贷款提供资金保障。在现实中,有许多项目因资金不足无法按期建成,成为"半拉子"工程。

(三)项目运营期间流动性资金需求

房地产项目主要运营收入来自商品房的销售和自持物业的综合经营或租赁。在企业取得预售许可证后即可销售,在保证企业正常运营和保证还本付息的前提下,对于回笼的资金通过哪些财富管理手段,可以提高综合收益,存在需求敞口。

(四)整个项目建设期间,有风险缓释需求

房地产项目受政策及市场波动影响显著,其投资周期长增加了房地产建成后面临的与市场机遇期不同步的风险。在现实中,不少房地产企业在房地产业处于上行趋势时投入重金建设,当项目建成销售时赶上市场价格进入下行期,资金回笼困难,贷款进入还本期,企业还贷资金压力大。

三 房地产企业主要风险

(一)宏观政策风险

房地产行业发展与国家政策导向紧密相关,虽然短期房地产发展仍然看好,新型城镇化、较为宽松的货币政策带来了发展契机,但从长期来看,仍存在不确定因素,一是整个房地产行业的高房价能否长期维持,二是房地产政策的稳定性不确定。

（二）投资决策风险

投资节奏把握呈现与市场机遇期不同步的现象，拓展时机的把握和资金的矛盾，投资机会的判断和选择，正在成为目前大部分房企面临的最大决策难点和风险所在。

（三）产品销售风险

自我国开展调控以来，部分房企项目的产品设置与市场发展节奏以及客户需求不匹配，大户型普遍滞销，别墅等高端产品市场接受度低等问题凸显。随着棚户区改造的全面推动，未来商品房供应量大于市场需求量，房地产产品库存激增，影响房地产价格及销售。

（四）工程建设风险

赶工现象普遍存在，工程存在质量隐患。主要体现在定位及设计不合理，造成产品缺陷难以弥补；工程进度管控不力，工程延误；质量问题导致后期维修成本高。

（五）成本管理风险

成本管理风险主要体现在招投标过程不规范，工程变更风险（由于涉及调整变更等增加成本），成本动态管控滞后，造成成本失控。

（六）资金管理风险

销售和融资的双重压力，加大资金平衡风险。一是销售难度增加导致房地产行业资金链风险加大；二是对银行和用于房地产资金的双重监管，降低了资金的使用效益；三是融资难度加大，融资成本的高低成为决定项目成败的主要因素。

四 房地产企业财富管理现状

随着我国房地产业快速地发展，房地产金融业务也在迅速成长。从早期相对单一的商业银行开发贷款、购房按揭贷款到2008年第一支行业基金的设立、信托资金大规模地介入，及至近些年国际资本通过企业股本金的扩大和项目投资渠道等方式大量地流入房地产业，我国的房地产金融系统也在逐步健全和完善。但是，针对房地产企业的财富管理呈现非系统性问题的导向，即针对不同需求，提供不同金融服务。企业与金融机构合作的契合点是，企业融到资，银行赚到钱。双方并没有从企业长期可持续健康发展进行考虑判断。

在解决资本金方面。根据《国务院关于调整和完善固定资产投资项目资本金制度的通知》（国发〔2015〕51号）等相关文件，房地产项目资本金比例不低于20%。该部分融资，应由投资者认缴。但在现实中，企业往往通过私募、股东借款等隐性融资方式筹资，而这些利息高、期限短的融资不利于企业长期发展，会埋下企业过度融资隐患。

在解决中长期贷款方面。各商业银行等金融机构产品相对比较成熟，且通过保理、信用证、银票、保函等产品提供上下游资金服务。

在解决运营期流动性方面。针对贷款方，目前以流动资金贷款、委托贷款、银票等产品为主。针对销售回笼资金，有理财、存单等增值产品。

在解决项目风险方面。以各大保险公司提供的工程险、财产险等为主要保障措施。

五 运用财富管理对抗市场波动的几点设想

财富管理其实是所属产品的服务整合，强调的是不同时期、不同阶段多元化的财富规划和管理，这种专业化的系列服务可以是对一个财富客户整个生命周期的服务。每个企业因自身状况不同，需要的财富管理方式也不尽相同。而且会随着项目所处阶段、市场环境、内部管理、财务状况等变化而变化。但在总体上，要想运用财富管理手段帮助房地产企业对抗市场波动需要制定如下步骤。

（一）检查企业全面情况，做出客观公允的综合判断

一是通过尽职调查，了解企业架构、财务管理、公司运作等基本情况，完成对企业状况的初步检查，并针对检查情况，对公司财务状况进行重点分析，理清资金流入流出的基本规律。二是深入了解与企业相关联的企业、集团情况，上下游合作情况，侧面了解企业运营状况。三是对房地产项目位置、市场判断、同业竞争力等进行综合分析，判断未来发展空间。四是运用风险评估模型等方式，判断企业信用等级，风险偏好等。

（二） 明确综合财富管理目标，制定财富管理风险底线

一个可靠的财富管理规划包括一个正式、可控的预算，符合实际情况的投资策略和独一无二的目标。在现实中，企业往往希望通过财富管理，实现利益最大化。这就导致有一些企业盲目追求经营投资并盲目扩张，而忽视伴随高利益产生的高风险，忽略了财富管理的本质需求。作为专业财富管理机构，需要从资产配置的角度出发为客户管理资产，严格控制投资风险，遵守投资纪律并适时地进行调整，将合适的方案推荐给合适的人，以客户利益为重，坚持提供一揽子服务方案，通过资产配置来实现财富的保值与增值。在初期，财富管理机构需与房地产企业就企业综合财富管理目标和财富管理风险底线等进行梳理、沟通、确认。

（三） 制定阶段性行动计划，全面对接合适的产品服务

即使每个企业的计划有所不同，但一个值得信赖的规划都应符合灵活性、流动性、保障性原则。灵活性能够应对企业生命周期中的变故或者突发事件；持久充裕的流动性是指企业需要钱的时候，能够及时获得现金的支持；保障性是为企业在运作中可能面对的风险提供基本保障。

（四） 具体落实行动计划，并在实践中逐步完善

财富管理计划不是目标，只是实现目标的工具。实际上应该将财富管理计划当成一张地图，而不是束缚。如果财务目标变了，财务管理计划也会相应地有所改变，这可能会导致管理者迷失方向或陷入僵局，但只要地图足够清晰，总能找到正确的路。另外，可以尝试增加一些"新的道路"，但目标一定要牢记，确保行动始终朝着目标前进。

未来，为企业提供财富管理服务将会随着市场需求，逐步完善壮大，成为保护企业可持续健康发展的重要保障。

选好承租人、租赁物和担保措施
加强租赁项目风险管理

国家开发银行国银金融租赁股份有限公司　陈　坚

金融租赁企业开发每一个租赁项目，就等同于投资一个项目，因其不掌控项目运作，其风险甚至比投资一个项目的风险还要大，通常租赁项目租期长，短则 3~5 年，长则 10 年以上，如果金融租赁企业对租赁项目调查不实，把控不严，盲目决策，就会造成损失，而损失一个项目，往往需要几个甚至几十个项目的利润来填补。不良资产项目生成的原因是多方面的，既有客观原因，也有主观原因，而多数是由主观原因造成的，所以说，在选择租赁项目时，判断选择承租人、租赁物和项目担保措施，对租赁公司尤为重要。

一　租赁项目承租人、租赁物与担保措施的关系

租赁项目中的承租人、租赁物、保障措施三者关系，从租赁项目价值的角度可概括归纳为三个方面。一是承租人的经营管理水平高低决定租赁物创造价值的高低，懂得经营管理的承租人其租赁物创造价值比原值更高，不懂经营管理的承租人其租赁物创造的价值比原值低或没价值。二是租赁物是承租人创造价值的工具，对会使用的承租人它是不断创造价值的宝物，对不会使用的承租人是没有价值的累赘或废物；有的租赁物本身具有流通价值，其价值受市场供求关系影响会上下波动，承租人或出租人如果能够把握好时机，将其租赁物在市场价格上升或最高时处置，其价值最大；反之，如果承租人或出租人如果没有把握好处置租赁物的时机，在市

场价格下跌时将租赁物处置，其价值最小，这种情形在房地产、船舶等行业容易出现。三是担保措施为防范承租人经营出现风险和租赁物出现贬值风险时，采用弥补价值损失的办法，它是根据承租人实力、信用、经营管理水平、租赁物价值等因素确定的。

二 选择租赁项目的承租人、租赁物及担保措施

对租赁项目承租人、租赁物、担保措施的判断，主要通过观察项目承租人对租赁物操控出现的各种状况，判断分析其管理能力，预判项目未来的好与坏。租赁项目涉及企业类型很多，有国有、股份、民企等大中小类型的企业，管理比较规范的是国有和国有控股的大中型企业及上市公司，管理相对规范的是民营或民营股份大中型企业及上市公司，管理不规范的多是民营中小型企业。

观察判断一个承租人经营状况的好坏，不是从财务报表就能看出来的，因为企业的财务报表可以人为编造出来，有的企业往往是编最好的财务报表给银行、租赁公司等金融机构看，编最坏财务报表给税务部门看，真实的财务报表会给自己或股东看，所以看财务报表只能作为分析承租人的辅助手段，必须结合项目的现场调查进行综合分析。现场调查时需要注意的是，有一些达不到融资条件的承租人，为掩饰自己的条件不足，达到融资的目的，往往会采取各种办法应对业务人员的现场调查，如果工作人员不认真、不尽职，就容易上当受骗，写出不真实的调查报告。

（一）观察判断承租人

1.通过承租人经营自然形成的表面现象，观察分析其经营状况

观察判断一个企业经营状况的好坏，从企业日常经营状况的表象就能看出来，这些状况是企业在日积月累的经营中自然形成的，不是企业一时作假可以编造出来的。企业经营状况一旦转差，就会暴露出一连串的问题，如办公场所、厂区等环境不整洁，员工工作状态和精神面貌差，拖欠员工工资，出现员工闹事或罢工现象，机器停产、设备维护保养差，库存、销售减少等现象。

俗话说得好，"透过现象看本质"，在现场调查时可观察企业的办公场

所、厂容厂貌状况，看看工作场所的工作气氛和工作状态，了解设备维修保养状况，观察一下员工的精神面貌等，并随机走访企业上、中、下层员工，通过他们了解企业现状及工资待遇、生活状况等，走访与该企业的关联单位及客户，了解企业经营和法律诉讼情况，看看其提供的财务报表，通过综合分析就可得出企业的经营状况。一个经营状况好的企业，其表象往往是：它的办公场所布局合理、卫生整洁，岗位上的摆设处在工作状态，企业的厂容、厂貌干净整洁，设备及产品、原材料等摆放有序，机器设备正常维护保养；各岗位都处在工作状态，设备在运转并有长久运转的痕迹，现场有运送产品及原材料的汽车进进出出，工作场面有热火朝天的气氛；企业各层次员工精神面貌好，都乐意接受别人了解自己企业的情况，会有多数员工认可自己的企业。

一个经营状况差的企业，其表象是：它的办公场所看起来冷清或者不整洁，岗位上看不出有工作状态的摆设，缺少人气；工厂管理杂乱无序，物品乱堆放，机器设备维护保养差；工人工作状态差，岗位上少有或无人操作，设备无长久运转的痕迹，工作场面冷清；企业人员精神面貌差，随机了解企业员工生产状况，低层员工多数不认可企业经营现状。总之，判断企业经营状况的好坏，需要综合分析，因为每个企业经营状况都不一样，涉及不同行业且情况复杂，不能草率得出结论，需要做好调查研究工作。

2. 从承租人经营团队现状，观察判断经营管理能力

承租人的经营管理能力包括承租人决策能力、操控能力和执行运作能力。

（1）了解承租人对项目的决策及控制能力。一是了解项目实际控制人的性格、品行、投资习惯，是否有经济能力支撑控制项目，是否具有该行业专业背景经验，是否有多元化投资的习惯，根据他性格、品行、实际投资的现状，判断其属于什么类型（冒险或开拓、保守或稳重等）的投资者。二是看其对项目的选择，选择项目的产品是处于市场的上升期、平稳期还是下降期，选择项目是否把握在市场的上升期，项目设置是否考虑原材料、人工、销售等各种有利优势。三是看管理团队的组合，管理、生产、销售人员的配置是否合理，是否有行业从业经验、专业技能等。四是看企业品牌及生产、销售网络，是否拥有具有社会影响力的产品品牌，是否有自己的生产及销售网络等。五是看企业内部管理机制，能否按照项目特点设置机构，各项管理制度是否健全，运作流程是否规范，员工是否购买社会劳动保险等。六是看企业办公及生产场所是否按照项目需要配置办公及生产场所，工作岗位上有无明显长期工作的痕迹等。七是看法律关系，是否有不利于企业的法律诉讼、关联担保、拖欠员工工资等行为。

（2）了解承租人对项目任务的执行能力。一是看执行运作人员的行业背景，操作租赁物的人员是否具备行业管理经验，是否成功管理过同类行业的企业，是否成功创立过名牌产品和品牌，设备管理人员是否成功管理过此类设备生产，专业技术人员是否熟练操作过设备正常生产。二是看企业或工厂管理，主要看企业或工厂管理是否有序，如厂况及设备等摆放是否整齐有序、工场的工作气氛和工人的工作状态如何、机器设备是否正常维护保养等。三是看完成生产状况，主要看厂区、仓库等的动态气氛，如设备是否正常生产，设备是否满负荷生产，工人是否在忙碌地工作，运送原材料及产品的车辆是否进进出出，是否有人气。四是产品销售状况，了解项目产品在市场上的地位，了解项目产品市场销售网络，看看产品库存状况，了解应收账款及经营现金流情况，看看运送销售产品车辆进出情况，再随机找项目相关人员及经销商调查，了解了这些情况就可以得出项目产品销售的真实结论。

（二）观察判断租赁物

除正确选择承租人外，正确选择租赁物也非常重要。在租赁业务中，有融资租赁业务的租赁物，有经营租赁业务的租赁物，有回租业务的租赁物，有属于通用型设备类租赁物，有属于专业型设备类租赁物，要根据不同租赁项目的特点正确选择租赁物，才能保证租赁物增值保值。

如何正确判断选择租赁物，一是把握租赁物市场变化规律，选择其价格最低时操作业务。例如，商业房产、船舶等行业的租赁物其价格受市场变化影响明显，如何判断其价格最低时介入，这需要考验业务人员的智慧，在其价格处于低位时操作业务项目能盈利，在其价格达到高位时操作项目则会亏损。二是选择最好的、正规厂家生产的租赁物可以保值，租赁物市场和一般的商品市场一样，有品牌及非品牌产品。例如，租赁物的船舶市场，江南造船厂等大型船厂和江、浙、闽小船厂造的同一类船，江南造船厂等大型船厂造的船质量较好，贬值慢，江、浙、闽等小型船厂造的船容易出现问题，贬值很快。所以，选择租赁物一定要选择正规大型工厂生产的租赁物。三是选择使用周期长、先进的租赁物。每一种租赁物都有其使用年限，机械设备类租赁物使用年限长，电子设备类租赁物使用年限短并且更新换代快，特别在操作回租业务时，要注意租赁物的使用年限及更新换代情况，避免操作过时或未来使用年限短的老租赁物，尽量选择操作先进、效率高、使用寿命周期长的租赁物。四是选择维护保养好的租赁物，特别是回租业务的租赁物，保养好的租赁物说明其能正常为承租人创造价值，保养差的租赁物说明承租人管理能力差，不能创造更多的价值。五是操作工厂设备租赁业务要将工厂的土地厂房作为担保物，防止承租人经营出现风险，造成设备与工厂分离，租赁物严重贬值。六是选择正规、有合法手续的租赁物，操作租赁业务一定要通过正规渠道，租赁物要有合法的手续，这样可以杜绝或减少法律纠纷。七是选择有定单任务、运转正常的租赁物。有定单任务及运转正常的租赁物，定单任务的收益能覆盖租赁物租期的价值，保障租赁项目的收益。八是选择便于市场流通的租赁物。这样的租赁物是通用设备，可在市场上流通使用，其价格受市场供求关系影响。

（三）选择保障措施

租赁项目的保障措施是防范租赁项目出现风险时的补救办法，它是根据租赁项目的风险程度、承租人的信用度等因素确定的，操作租赁项目时，承租人要提供与租赁物价值相等或以上价值的担保措施作项目保障，其价值一定要以能从市场变现为标准。根据当前评估市场的现状，评估机构往往都高估担保物的价值，一旦承租人出现风险，担保物的价值弥补不了项目的损失。

租赁项目经常采用保障或担保措施，有企业及个人信用担保、企业及个人连带责任担保、有价值的股权及债权、有价值的实物及土地房产等等。租赁项目选择保障措施要根据项目风险程度不同，参考承租人金融机构信用评级等因素确定。第一，以企业信用作保障。采取这种办法一是有实力懂经营的大企业，银行等金融机构资信评级高，并为其提供信用资金，没有出现过违约行为；二是认定租赁物的价值增值，可通过市场流通变现，合同收益保证可覆盖租期的项目，如船舶、飞机等租赁物项目。第二，企业连带责任担保。被认定的企业有实力懂经营、产品品牌在市场上有知名度、负债率不高，企业没有关联担保。第三，个人连带责任担保。个人有经济实力，有没被担保的资产，特别是民营企业其控制人必须是夫妻二人及家人要承担个人连带责任。第四，以土地房产作抵押。一是房产土地来源合规合法，评估真实合理，因土地房产价值市场预期变动大，一般承租人提供的评估报告的价值会比实际价值大得多，价值的确认要亲自到当地市场调研；二是操作工厂设备租赁项目时，应将租赁物下的土地、厂房作抵押，防范项目出现风险，租赁物贬值或损失，否则不利于项目风险的整体化解。一般工厂的土地价值不大，当地政府规定用途，不能随意转让。第五，以公司股权作质押，必须是有市场价值的一般公司股权及上市公司股权。第六，以公司债权作抵押，必须是合理合法、可回收、可转让的，其价值可覆盖租赁物价值的债权。第七，其他有市场价值的保障措施。

总之，选择租赁项目时正确选择承租人是关键，它关系整个项目的成败，正确选择懂经营管理的承租人，项目运作就会成功，反之就会失败；选择正确的租赁物能提高承租人的经济效益，同时使租赁物保值增值；选择正确有效的保障措施，一旦承租人经营出现风险，租赁项目就可以免受或减少损失。

中小银行理财产品基金化运作的困境与突围

长城华西银行总行　彭小江

一　引言

2004 年 9 月，光大银行发行我国第一款人民币理财产品——阳光理财 B 计划，开启中国商业银行理财业务的元年。自此银行理财业务发展突飞猛进，截至 2016 年底，全国共有 497 家银行业金融机构开展有存续的理财业务，理财产品数达 7.42 万只；理财产品存续余额为 29.05 万亿元，较年初增加 5.55 万亿元，增幅为 23.62%；理财产品日均存续余额为 27.01 万亿元，较 2015 年增长 7.47 万亿元。

银行理财业务经过十多年的发展，规模巨大，而理财产品基金化的现象却是近几年才开始出现的。2013 年 3 月 27 日，银监会下发《关于规范商业银行理财业务投资运作有关问题的通知》（下称 "8 号文"），对非标准化债权资产类业务进行规范。"8 号文" 明确了银行理财投资管理模式的转变方向，产品投向具体透明、收益分配以真实投资资产收益为基准的基金化理财产品，将是未来银行理财的发展方向。在 2014 年末，银监会对即将出台的《商业银行理财业务监督管理办法》征求了意见，其内容更多地参考了公募基金管理办法，提倡理财产品改变以预期收益率型产品为主的状况，向开放式净值型转型。

在此情形下，不少银行开始尝试改变理财产品的收益结构，摒弃此前侵占理财产品超额收益、将理财产品 "类存款" 运作的做法，向理财产品基金化运作迈出第一步，净值型理财产品开始进入人们的视野。《中国银行业理财市场年度报告（2015）》显示，2015 年末，净值型理财产品资金余额 1.37 万亿元，较上年末增长 0.81 万亿元，同比增长 144.64%，市场份额从 3.73% 提升至 5.83%。

二 基金化运作的提出

（一）什么是基金化运作

基金化运作模式也称为净值型模式，产品无预期收益率，实行定期开放，定期披露净值，投资者可按净值进行认购或赎回，并根据开放日的净值，计算上一周的投资收益率。

（二）理财产品基金化运作的必要性

第一，对发行理财产品的银行机构来讲，基金化运作能够打破刚性兑付，回归真实的资产管理。理财产品基金化的好处在于其收益率随投资收益率波动，公开透明，有助于打破刚性兑付，实现投资者风险自担。

第二，对监管机构来讲，基金化运作使理财回归资产管理实质，银行理财产品与管理人自身固有财产相分离，可避免银行承担过多不受监管约束的金融风险，降低发生系统性风险的可能性，因此得到监管部门的推动。

第三，对投资者而言，基金化运作使产品信息更加透明，投资者可以具有更多的主动选择。

（三）基金化运作的要求

1. 理财产品与管理人的资产严格分离

商业银行理财产品的财产独立于管理人、托管机构和其他参与方的财产，因理财产品的管理、运用、处分或者其他情形而取得的财产，均归为银行理财产品的财产。

商业银行理财产品管理人管理、运用和处分银行理财产品所产生的债权债务，不得与管理人、托管机构和其他参与方因固有财产所产生的债务债权相互抵消。

2. 严格的信息披露机制

商业银行理财产品定期报告应当披露理财产品存续规模、收益表现，并分别列示直接和间接投资的资产种类、投资比例以及前10项资产具体名称、规模和比例等信息。

3. 市场化运作，产品可估值，可净值申购与赎回

产品运作透明度提高，投资者可随时查看估值，并按当前净值进行申购和赎回操作。这就需要管理人具有估值系统，并能够在投资运作中给产品提供流动性。

三　中小银行理财产品基金化运作所面临的困难

（一）客户认可度较低，销售恐面临较大困难

多年来，以基金为代表的净值型产品，其净值历经了大幅波动，投资者"赚少赔多"，客户对此缺乏信心，从基金与银行理财产品规模增长情况的比较就可看出端倪。近年来，基金规模增长主要得益于货币基金规模的快速增长，这与余额宝等互联网管理产品的出现有很大关系，相对于收益具有很大不确定性的股票、债券、混合基金来讲，净值型基金规模增长远不如银行理财产品（见图1），其市场认可度并不高，因此银行理财产品如果完全基金化运作，其市场认可度可能会大幅降低。特别对中小银行来讲，失去银行声誉担保的理财产品，客户对其投资能力的信心可能还不及那些在市场上摸爬滚打数年的基金公司。

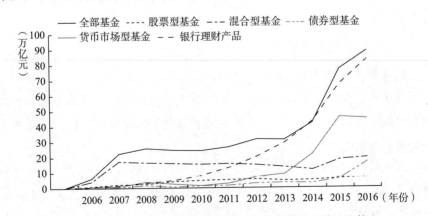

图1　2006～2016年基金与银行理财产品规模增长情况比较

资料来源：Wind 资讯和历年《中国银行业理财市场年度报告》。

（二） 中小银行投资交易能力普遍较弱，且短期内难以大幅提升，恐一时难以满足理财产品基金化运作的要求

对银行而言，相比传统的稳健型理财产品，基金化运作的理财产品对产品管理人的要求更高，这将考验银行大类资产配置和投资交易能力。大类资产需由传统的债权投资向全市场资产配置进行转变，要根据市场走势进行大类资产的相机选择，投资操作也从传统的以持有到期、配置为主转为配置和交易兼顾。因此，理财产品之间的竞争最终将演变为资产管理能力的比拼，考验银行在市场研究、投资交易、流动性管理、风险控制等方面的综合财富管理能力。而中小银行在各方面的能力均处于劣势，需大幅提升。

（三） 完善系统支持，需要较大投入

理财产品基金化运作，在产品投资交易、估值核算、信息披露方面提出了比传统理财产品更高的要求，为了能高效合规地完成上述事务，中小银行必须对现有销售和投资管理系统进行升级，以满足业务开展和监管要求。这必然会增加人力和物力的投入，对中小银行来讲也是一个挑战。

（四） 纯资产管理业务利润较低，银行机构动力不足

基金化运作的理财产品，属于纯粹的中间业务，大部分管理人仅能赚取管理费。从国际经验来看，全球资管产品中基金化运作的比例较高，但同样面临利润率不高的残酷现实。2014 年高盛年度报告显示，其财富管理业务平均有效管理费占 0.4%。全球最大的资产管理机构贝莱德公司 2014 年末资产管理规模高达 4.7 万亿美元，但净收入仅为 33 亿美元，净收入仅占资产管理规模的 0.07%。波士顿咨询公司 2015 年资产管理业报告指出，2014 年全球资管行业利润 1020 亿美元，利润率仅为 1.43‰。就目前我国银行理财产品动辄 1%～2% 的管理费（超额收益）来讲，基金化运作带来的收入将大幅减少，银行作为追逐利润的机构，对基金化运作理财产品的动力将大大减弱。

四 中小银行理财产品基金化运作的突围

（一） 充分发挥比较优势，紧紧抓牢客户资源

银行资产管理机构比其他资产管理机构具有天然的渠道优势。长期以

来，银行固定网点多、客户黏性大、品牌效应突出，使得银行在资产管理行业产业链的下游环节具有较大优势（见图2），券商、基金、保险、信托产品都要借助银行渠道进行销售。因此银行应在新客户开发、客户维护与服务以及品牌营销上下功夫，充分发挥比较优势，确立资管行业的有利地位。客户是一切利润的源头。

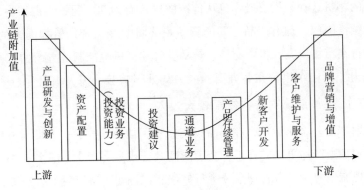

图 2 资管产品产业链分布

（二） 做好基金化理财产品的宣传工作，提升客户认可度

虽然投资者教育工作从来都不是一件容易的事情，但是自基金业务开展以来，基金的销售工作一刻都没有停过，因此银行对理财产品的转型也应当借鉴基金公司的销售策略和方法，做好投资者宣传工作，通过细致入微的营销和潜移默化的引导，提升客户对新产品的认可度。一方面要帮助投资者树立正确的风险投资意识。银行在进行投资者教育时，不是让投资者看懂晦涩的产品说明书，而是帮其树立正确的风险投资意识，使其懂得投资是有风险的，但同时不要过度畏惧风险，因为风险是获得投资收益的前提。另一方面要帮助投资者形成正确的投资理财观念。投资者教育是培育银行理财市场和促进其健康持续发展的必要内容，进行好投资者教育，才能吸引更多的投资者进入理财市场。

（三） 通过多种方式提升自身的资产管理能力

资产管理能力的提升不是喊喊口号就能完成的，需要自己的投资团队向优秀基金公司看齐，资本雄厚的银行可以通过收购、参股基金公司完成投资团队建设。另外，也可通过改善管理和薪酬体制吸引优秀投资团队加入。自行培养投资团队，成效较慢，但也是一个可以选择的方法。

（四）有选择地开展自身优势业务

理财产品基金化运作后，理财业务带来的中间业务收入可能下降，且面临更大强度的监管，因此一些实力较弱的银行可以选择仅开展销售产品的业务，而放弃投资部分，这也并非不可取。

私人银行研究

我国私人银行发展的法律规制

中国建设银行山西分行　卢玉婷

20 世纪 80 年代，在私人财富不断增加和财富管理需求强劲增长的背景下，私人银行业务迅速发展，并成为国际商业银行核心业务和利润增长的重要来源。近年来，中国经济快速增长、社会财富总量扩大和富裕阶层财富积累，为私人银行业务带来了发展契机和广阔空间。但是，我国现行的分业经营体制不仅限制了商业银行私人银行业务向其他金融市场的延伸，而且也限制了私人银行业务对高端客户的吸引力。此外，从监管的角度看，由于私人银行业务领域涉及不同金融市场，其业务行为会涉及银行、证券、保险、外汇等多个监管部门。监管主体的多元化，不仅会增加监管成本，还会因多头监管形成监管真空，降低监管效率。

一　我国私人银行发展的现状

在我国，虽然有巨大的市场优势和利润优势，但私人银行业务的发展并非想象中的那么顺利，在实践中遇到了各种障碍。究其原因，包括管理体制不合理、专业人才匮乏、专业设备落后等内部因素，潜在客户的不信任、认识偏差等社会因素以及法律因素。其中，法律障碍方面的因素尤为重要，需要我们加以深入研究。

（一）反洗钱义务与私人银行业务发展存在矛盾

洗钱对私人银行的冲击是巨大的，卷入洗钱活动，哪怕是无意的，也意味着面临大笔罚款，以及其他来自法律的制裁。更为严重的是，私人银行也将面临利润锐减、被媒体负面报道的影响，名誉受损从而削弱客户及市场的信心，对私人银行的专业声望和信誉产生巨大的、持久性的破坏。私人银行产品服务的特点一般包括账户复杂、渠道多元，跨境交易较多，交易金额大，交易速度快，这都将导致反洗钱的难度加大。一方面客户尽职调查工作难度大。在尽职调查中，部分客户不愿意如实说出职业、家庭住址等信息，即使说了，客户经理也难以去核实其真实性。另一方面真实的"资金来源"信息难以获取。发达国家银行的私人银行在反洗钱方面主要是因为其跨境资金转移便利、金融工具和金融产品的复杂化而难以确认资金来源。金融机构开展反洗钱工作，必然要加大对客户信用和资质的审查，这就使原本相对宽松的服务变得更加严格和复杂，客户往往会认为银行在"监视"自己的隐私，从而引起客户的忌讳和反感，银行因此势必会损失部分客户，使直接收益下降，反洗钱的监控成本也大大提高了私人银行业务的总成本。当各家银行在激烈的市场竞争中拼命争取高端客户的时候，某些银行及其员工就有可能因为利益的诱惑而在判断客户财产合法性时怠于履行反洗钱义务。

（二）银行与资产托管客户的法律关系不明确

委托资产管理可以选择委托代理模式或者信托模式。委托代理是指代理人在被代理人授权范围内，以被代理人的名义实施民事法律行为，所产生的后果由被代理人承担的法律制度。根据委托代理原理，资产所有人作为委托人与作为受托人的商业银行签订委托合同，商业银行以委托人的名义管理受托资产，资产的所有权仍然归委托人，委托人对商业银行在代理权限范围内的资产管理行为承担法律后果，商业银行通过收取管理费来获得收入。这种将理财业务和信托业务分开的变通方法，尽管在一定程度上使银行既能做信托业务又不违法，但是使私人银行业务中委托人与受托人之间的法律关系变得模糊起来，当事人双方的权利与义务到底是按委托代理关系确定，还是按照信托关系确定，法律规定得并不明确。

（三）财产合法性难以甄别

《民法通则》第 75 条规定："公民的个人财产，包括公民的合法收入、房屋、储蓄、生活用品、图书资料、林木、牲畜和法律允许公民所有的生产资料以及其他合法财产。"这种列举式规定不能保证个人财产范围的准确和完整。当前，富裕阶层很难完整地说明财产来源渠道及其合法性并提供对应的法律证明文件。法律所规定的诸如工资单等收入证明文件类型已不适应其收入来源渠道的多元化趋势。在决定是否接纳一笔巨额财富的时候，银行承担着巨大的法律风险，随时可能因为涉及帮助非法资金外逃和洗钱犯罪等法律罪责而遭受制裁。

二　我国私人银行法律规制的必要性

（一）保护客户信息的必然要求

随着银行信息网络化程度不断提高，对客户所有金融数据的收集、存储、处理、复制和传递都变得更加方便，因此加强对客户信息的保密工作就显得越来越重要。私人银行业务向来高度强调对客户隐私的保护，从国外的经验看，保密制度是私人银行业务发展的重要基石之一，也是高净值资产客户信赖私人银行业务的重要原因。瑞士《联邦银行法》明确规定，任何破坏银行保密法的行为都被视为违法犯罪，任何银行职员都必须严格遵守保密原则，保守其与客户往来情况及客户财产状况等有关机密，而且保密协议终身生效，不因为银行职员离职、退休、解雇而失效。如果有人泄露了客户和银行信息，都将面临高额罚金乃至牢狱之灾。我国《商业银行法》虽然有关于保障存款人合法权益、为存款人保密的规定，但是这些规定过于原则和抽象，缺乏具体的保护措施和实施要求，也缺乏相应程序和制度设计，使得法律条款不便于操作和落实。

（二）保护私有财产的客观需要

建立一个安全可靠的财产保护机制，是私人银行业务健康发展的重要条件。目前，相关法律法规关于商业银行对客户财产保护的规定主要体现在《商业银行法》中。该法第二十九条规定，除法律另有规定外，商业银行有权拒绝任何单位或者个人对个人存款的查询、冻结和扣划。在私人银行业务中，商业银行所接触和掌握的客户信息不限于存款信息，所管理的客户资产也不仅仅以存款形式存在。对这些信息和财产如何保护还缺乏专门的法律规定。相关法律法规的缺失，使个人隐私和财产保护的法律边界、保护方式，公权力干预范围及方式，损害赔偿等内容处于缺失状态，无疑将对商业银行合法、适当地履行对客户隐私和财产的保护义务带来不利影响。

(三) 私人银行业务监管的内在要求

私人银行业务以财富管理为核心，根据客户需求提供量身定做的个性化一揽子服务方案，内容涵盖资产管理、投资、信托、税务、遗产安排、收藏等领域，服务方式和服务范围均有别于传统的商业银行业务。但是，目前我国尚无专门针对私人银行业务的监管规定，有关私人银行业务的一些管理规范散见于商业银行理财业务监管规定当中。监管规范不健全，使私人银行业务在服务范围、准入条件、客户构成、产品定价等方面存在不确定性，缺少统一具体的监管规定不利于私人银行业务的规范发展。

三 我国私人银行法律规制的路径探索

(一) 明确私人银行业务信托法律关系

要明确私人银行业务中商业银行投资管理行为的信托法律性质，适当扩大信托业务主体资格范围，协调商业银行法律法规与信托法律规范的关系，为实现受托管理财产与风险隔离，维护客户财产安全，发挥私人银行主动管理职能提供必要的制度基础和法律保障。

私人银行服务范围涵盖了客户财富管理、家庭管理及教育规划等各个方面。以遗产安排为例，私人银行机构承担受托人的角色，为委托人提供遗产管理、增值、分配等服务，与客户之间形成民事信托关系。虽然现行的《信托法》对信托的法律行为做出规定，但民事信托法律的具体规范尚未出台，有关信托业务的法律法规及监管规定多集中于商事信托领域。民事信托法律规范不健全，使得私人银行业务创新发展受到一定的限制和束缚。因此，应当加快民事信托的立法进程，健全民事信托法律规范，对委托人及受托人法律地位、权利义务、受益权享有等做出基础性规范和约束，为私人银行的非金融服务创新拓展制度空间。

(二) 健全私人银行业务监管规范

建议出台有关私人银行业务的专门监管规定，对私人银行业务的市场准入条件、业务范围、信息披露、监管流程等做出较为全面、系统、详细的规定，为商业银行的私人银行业务健康发展提供监管保障。逐渐放松对国内居民境外投资的外汇管制，保障个人境外投资的外汇资金自由出入，投资收益及时兑换，以适应私人银行业务国际化发展的需要。逐步建立具有超前性的功能监管模式，健全定性和量化监管指标，加强风险监管和规范监管，在支持私人银行业务创新发展的同时，对相关业务实行有效监管。同时，在商业银行代客境外理财业务监管合作的基础上，进一步加强与国外金融监管机构信息交流和监管合作，加快与国际监管标准接轨，防范监管套利行为，推动监管制度国际化。

（三）完善私有财产保护制度

一是继续完善《宪法》的内容，对各类财产实施平等保护，对公有财产和私人财产保护的不同表述应予取消，以体现法治的平等原则。二是加快制定《民法典》。《民法典》是私法领域最基础、最重要法典，对私人财产应享有的权利及其实现范围，对限制、征用和剥夺私人财产的实行条件、法定程序及其相应的补偿做出具体的、详细的规定，突出法律的具体性和明确性。

我国私人银行的回顾与展望

徽商银行安庆分行　丁　凡

一　私人银行业务的阐述

私人银行是一个"从摇篮到坟墓"的综合金融业务，是专门针对高净值客户进行的一种专业性和私密性极强的服务，要求客户经理以客户为中心，以财富管理和财富继承为核心，根据客户需求量身定制投资顾问及理财产品服务，帮助客户合理避税，进行子女教育、移民及信托计划服务。其最主要的特征是高门槛的客户标准，服务对象是社会上的高净值客户。

与外资金融机构的私人银行相比，中资私人银行在发展过程中有自身的优势和劣势，面临着不可错失的发展机遇期，同时也面临着前所未有的挑战。中资商业银行在本土市场精耕细作，培育了大量优质客户，庞大的营业网点布局在获取顶级客户上降低了成本；但是在国内金融市场上投资品种单一、高素质人才匮乏、分业经营的限制等约束了私人银行的发展；富人数量不断增多为开展私人银行业务提供了良好的客户基础，利率市场化造成存贷款利差不断缩小，不良贷款率上升、利润下滑，各大商业银行迫切地需要寻找新的利润增长点，而私人银行业务的出现正可以提高中间业务的比重，减少银行对传统利差收入的依赖，为银行业务的发展创造了历史机遇期；发展模式成熟的外资银行对中资银行构成了强烈的竞争；中国严格的金融系统分业监管的限制，大大局限了私人银行业务的发展。

二　我国私人银行业务发展现状

私人银行业务起源于 16 世纪的欧洲,在欧美等西方国家发展有百年历史。改革开放以来,中国经济实现了飞速发展,国内金融行业逐步发展成熟,个人财富不断积累,形成了 120 万亿元的个人财富管理市场,在金字塔顶端的 20% 的客户更是拥有中国 80% 的财富,为私人银行业务的开拓与发展提供了条件。改革开放和人口红利让一部分人先富起来,他们的财富往往是短时间内井喷式增长,巨额财富管理和传承财富是富人们迫切的理财需求。根据欧美市场的经验,私人银行业务所带来的利润能达到零售客户平均水平的 10 倍左右,各家银行为了分得这块利益蛋糕纷纷开展私人银行业务。2007 年,中国银行与苏格兰皇家银行合作开展私人银行业务,标志着中国私人银行业务正式起步。同年,招商银行、中信银行、交通银行的私人银行相继成立。到 2017 年,中国私人银行走过了辉煌的 10 年,规模迅速成长,12 家中资商业银行的私人银行总客户数已经超过 50 万,管理客户资产近 8 万亿元。

三　我国私人银行发展存在的问题

(一) 缺乏高素质人才

私人银行业务不同于一般的理财和投资顾问业务,它的业务涵盖范围广,涉及证券、保险、外汇、法律、税收等专业知识,从而对私人银行家及其背后的顾问团队提出了更高的要求。要求他们具有丰富的从业经验,熟悉金融市场、国家税收和移民政策。由于国内私人银行走的是从低端向高端发展的道路,发展时间短,体系内现有人才的知识结构和专业素养远不能适应私人银行财富管理的需要,高素质人才十分稀缺,需要进一步引入、培养和提高。

(二) 分业经营带来的业务限制

我国分业经营的金融体制在很大程度上限制了中资私人银行业务的发展。一方面分业经营对各类金融机构的拓展业务形成了约束。例如,商业银行不能在二级市场买卖股票，因此银行更加习惯发售刚性兑付的固定收益类理财产品，缺乏对权益类产品投资管理的能力。在我国以间接融资为主要融资来源的金融市场，各类主要金融投资产品的底层资产大概有80%是存款、货币市场工具、债券和非标准化债权，股票的占比不到20%，固定收益类产品的供给比例远大于权益类资产，造成了中资私人银行机构在财富管理能力上的不足。

（三）产品创新不足，业务同质化严重

我国银行业发展时间短，业务发展没有特色，多是在模仿与被模仿中运行。当前，国内私人银行专属产品无非是一些起步门槛更高、收益率更高、产品更灵活的理财产品，同大众理财产品并无太大区别。私人银行业务采取的业务模式基本是零售升级和产品驱动。而私人银行业务零售升级的核心主张是大零售业务的升级版，对私人银行的服务体现在更优质的银行服务、收益率更高、更稳健的理财产品上；产品驱动是指私人银行机构依靠产品而非专业的投资顾问服务吸引客户。与国外老牌私人银行机构相比，中资机构仍在"跛足前行"过分依赖产品销售，轻视专业投资顾问和大类资产配置能力的培养。

四　我国私人银行发展的对策

（一）加强人才队伍的培养

为了突破私人银行发展瓶颈，主流商业银行需要积极探索出具有中国特色发展模式的私人银行业务，形成以客户为中心，建设专业化的私人银行人才队伍、高素质的理财经理和投资顾问队伍是私人银行发展的核心。国内有实力的私人银行机构可以大胆引进海外先进私人银行机构的管理人员，强化人才队伍培训机制，从各岗位精挑细选出私人银行队伍后备人才，加强专业知识的培训和职业经历的历练，力争提高我国私人银行队伍的整体服务水平。

（二）优化客户结构，有效细分市场

现阶段，我国银行需要对现有优质客户进行分类管理，筛选出那些有财富管理需求的富裕家庭作为我国私人银行业务的目标客户，以富裕家庭

的财富管理需求为发展导向，并借鉴发达国家私人银行业务的经验，适当整合现有的各种营销资源，及时着手建立私人银行业务管理系统，组建高素质、专业化财富管理的团队，努力把自身系统优势以及信息优势转化为服务优势、财富管理优势，开发能够有效满足我国富裕阶层财富管理需求的产品体系。构建完整私人银行业务服务营销体系，从战略高度推动我国私人银行业务发展，缩小我国与国外银行个人业务服务水平的差距，巩固与高端客户的长期合作关系。

（三）深耕产品和服务

有竞争力的产品和服务是私人银行的核心竞争力。随着高净值客户在财富管理方面日益成熟，他们对理财的需求不仅仅停留在追求高收益理财，只有开展资产配置、财富传承、合理避税、移民规划等综合化金融服务才能留住客户。私人银行机构要加强市场调研和产品研发，根据客户的需求调动各方资源，为其开发设计专属的金融产品，真正做到私人定制。

（四）与外资私人银行机构联姻

我国私人银行机构通过与外资私人银行机构联姻，形成长期的战略合作关系，通过资源整合弥补中资私人银行机构在业务发展中的短板，在节约资金和时间成本上走捷径，更快地培养专业人才、积累经验，在私人银行业务方面发展得更广更远。

五　我国私人银行业务前景展望

2016 年，受股市、利率等宏观不确定性因素影响，高净值客户整体投资风格偏向保守。在资产配置单中增加信托理财、保险、存款等固定收益类产品，大幅减少了股票、基金等高风险产品。在资本市场整体低迷的大环境下，刚性兑付的银行理财仍是高净值客户资产配置的首选，同时储蓄和信托也持续保持了较高的吸引力。值得注意的是，近两年保险产品对高净值人士的吸引力上升显著。

2017 年，经济环境仍然充满了不确定性。国际政治经济格局日趋复杂，"黑天鹅"事件可能更加频繁；在后金融危机时代下的宏观经济转型、监管持续收紧可能对市场产生较大影响。宏观环境的复杂性和不确定性使得资产配置的难度加大。私人银行机构需要积极研究资产配置和风险对冲策略，加强快速反应和风险管理能力，为高净值客户持续性创造价值。政府在房地产市场调控的驱动下，会打压投资者对房地产投资的热情，可能会有大量释放出来的资金寻求新的投资渠道，给财富管理市场带来机会。各私人银行机构应当加强投资顾问和客户综合服务能力，以吸引资金抓住机会。

从 2007 年第一家私人银行成立到现在，我国私人银行业既实现了规模上的迅猛发展，也赢得了客户的信任和对经验的积累。但与此同时，金融机构牌照等的条条框框也制约了私人银行业务的发展。进入 2017 年，国内私人银行业务正站在转型思变的十字路口上，需要深入思考未来的道路和方向。对上一个 10 年中国金融市场的特点和经验进行总结，在宏观经济改革进入深水区、市场竞争日趋激烈、客户不断成熟分化的大环境下，探索出一条独具中国特色的私人银行发展之路。

展望下一个 10 年，拥有真知灼见、锐意进取的中国私人银行家们能够苦练内功、勇于创新，抓住机遇迎接挑战，助力私人银行业最大限度地发挥对中国金融业、银行业转型发展的作用。同时，中国的私人银行机构能够以客户为中心、以市场为导向，践行差异化的客户价值主张，打造强大的全价值链能力，建设私人银行专业化组织体系，从而造就中国特色的私人银行。

我国私人银行国际化探索

一　私人银行及私人银行客户

私人银行，并不是指银行组织的私有产权属性，它是一种银行服务，一种面对高净值客户的综合金融服务。其实，"私人银行"从来没有一个确切的定义。银监会在《商业银行个人理财业务管理暂行办法》中将其定义为："商业银行与特定客户在充分沟通协商的基础上，签订有关投资和资产管理合同，客户全权委托商业银行按照合同约定的投资计划、投资范围和投资方式，代理客户进行有关投资和资产管理操作的综合委托投资服务。"

对于特定客户的认定，各家国际性大银行在不同地区，不同时间段要求的最低金融资产额度略有不同，比如高盛对中国港澳地区私人银行客户设置的门槛是 1000 万美元，汇丰的最低门槛是 300 万美元，瑞银对中国内地客户的离岸账户的金融资产要求为 200 万美元。而自 2012 年 1 月 1 日起实施的《商业银行理财产品销售管理办法》对商业银行私人客户的门槛定义为"金融净资产达到 600 万元人民币及以上的商业银行客户"。较高的门槛使得私人银行客户必定是处于社会财富金字塔顶层的人群，相对而言较为稳定，也更容易接受以收费产品和服务为基础的业务体系。

二　我国私人银行业务概况

2005 年 9 月，瑞士友邦银行获批在中国境内设立私人银行代表处，成为中国境内第一家私人银行，随后包括花旗、汇丰在内的多家外资银行先后在中国推出私人银行业务。2007 年 3 月，中国银行与外资合作开展私人银行业务，此后交行、工行、建行和民生银行的私人银行相继开业。2012 年以后，国内城商行也开始跻身私人银行领域，可以说我国的私人银行市场已经进入全面竞争的阶段。

需要指出的是，如果将中国商业银行看作一个整体，那么与商业银行在中国金融业的地位相比，中国的私人银行业务在高净值客户中的普及率还有相当大的提升空间，这在很大程度上是因为本土私人银行不能够满足中国富裕阶层日趋复杂和多样的需求。在经历了十数年经济高速发展之后，国内高净值人群的投资领域从简单转为多元，风险偏好从保守逐步转为可承受中高风险，产品选择从标准化到追求定制，投资需求从个人服务上升到以家庭为核心的综合服务，投资焦点从专注于国内市场拓展到海外，服务模式也由线下转向线下线上相结合。高净值客户的金融需求正在回归"代客理财""综合服务"的本质。私人银行服务不再是，也从来不是简单的财富管理升级版。从这一点看，我国的私人银行在理念与实务方面同西方成熟的国际大行相比还有一定差距，国际化之路可以说是道路漫长。

2017 年，中国的私人银行业将面临更复杂的外部环境，包括宏观经济转型、金融市场改革等更加复杂和多样化的客户需求，以及日益激烈的跨行业竞争。中国的私人银行必须更为全面客观，努力从产品、服务、团队、线上体验四个方面不断拓宽自己的国际化之路。

三 产品的国际化探索

目前，国内私人银行在产品上基本可以划分为固定收益类产品、结构性产品、净值型产品和传承保障类产品。其中固定收益类理财产品凭借其发行主体——商业银行的"国民地位"以及准"刚性兑付"的稳健收益，深受投资者的青睐，是境内理财产品的主流。但由于其信息披露不透明，资金投向不清晰，近期也广受批评。境内部分私人银行以理财产品收益率作为争夺客户的利器，背离了私人银行为客户提供综合性金融服务的初衷。结构性产品则是将固定收益产品与金融衍生品合二为一，能够满足客户不同风险承受能力、不同流动性和不同市场观点的定制需求，例如平安银行首先在国内推出的高息票据（ELN）产品，包括票据或债券，是一个与股票挂钩的股票期权，其效果和认沽期权一样。净值类产品以基金、券商或基金专户为代表，与具体的投资市场挂钩。其中不乏海外投资标的，例如江苏银行与鹏华基金合作的合格的境内机构投资者（QDII）基金专户，为境内客户提供投资海外市场的渠道。传承保障类产品以保险和信托类产品为主，工银安盛、建信信托等银行系的金融机构以及友邦、大都会等具有外资背景的保险公司以合作的方式同商业银行签订协议，由商业银行代理销售第三方的相关产品，为私人银行客户进行相关财富传承和人身保全的安排。

在西方自由市场混业经营的金融市场环境体制下，私人银行为高净值客户提供的产品组合可以包括银行、证券、基金、信托、保险等多个领域，然而在我国分业监管的管理体制下，有许多金融衍生产品，特别是跨市场、交叉性的金融产品无法在商业银行推出，导致私人银行金融产品匮乏，业务结构单一，服务功能不充分，对我国私人银行业务发展产生一定的影响。同时，由于受制于我国外汇管制，我国私人银行无法直接投资境外公司发行的股票、债券和债务凭证等金融产品，只能与相关券商或基金公司合作，利用其 QDII 额度进行海外资产配置，或者更多地配置国内已有的可投资产品。目前，国内缺乏成熟的对冲产品渠道，使客户较难实现对投资风险的有效对冲和分散。而且，由于代销产品管理人不是银行本身，容易产生代理风险，所以客户在进行相关配置时也会有所顾虑。

四　服务的国际化探索

在产品高度同质化的市场环境下，差异化产品的复制和模仿周期越来越短。经历了多年的市场实践，境内私人银行就服务与产品对客户的吸引力有了新的认识，服务意识不断加强，服务体系不断完善。与境外私人银行通常只提供金融服务不同，为满足高净值人群的多元化需求，境内私人银行在健康、商务出行、子女教育、奢侈品购物、移民咨询、运动养生等方面推出了各种增值服务。例如，工商银行的"一对一问诊"，建设银行的私人医生服务，民生银行的私人飞机预订服务和国际顶级院校思想课程服务，中国银行的奢侈品搜寻及采购服务，建设银行的香港投资移民服务等。这样的增值服务大多是免费的，但只为达到相应资产门槛的私人银行客户服务，而在现实中，这往往显得一相情愿。对于私人银行所服务的高净值人群而言，经过一段时间的财富积累所带来的医疗资源、商务资源、教育资源使得其对此类增值服务并不感兴趣。

与千篇一律的境内私人银行增值服务不同，境外私人银行或境内外资私人银行更倾向于个性化或定制化服务，体现其专属性。例如，它们热衷于赞助体育和艺术赛事，一方面可以提升品牌，另一方面可以为客户提供独家观看、参与活动的便利。汇丰的私人银行同全球最大的体育营销公司IMG旗下高尔夫部门达成合作协议，一方面向高尔夫球星提供理财咨询服务，另一方面能让银行的客户获得与全球顶级高尔夫球手进行对决的机会，这种机会或者平台可能是其他渠道和资源很难企及的，对客户的吸引力也是巨大的。再如，针对"创二代"的青年精英论坛，帮助背景条件相似的年轻富豪建立自己的人脉圈，沟通企业经营理念，思考接班企业和财富传承的问题。这样的服务切合私人银行客户核心需求，也会增加客户对银行的认可度。

从国际经验来看，增值服务不可或缺，但它并不是私人银行的主业，不是核心竞争力的体现。私人银行应该着重加强对客户的综合金融服务，不能单单依靠增值服务去加强客户黏度，真正的私人客户也不会因为增值服务而对自己的财富管理决策做出改变。

五　团队的国际化探索

从国际上看，大多数成熟的私人银行采取"事业部"或者"子公司"模式运营和开展业务。而国内私人银行大多采取大零售模式，在此模式下私人银行部一般隶属于总行零售业务部，在分行层面则设立私人银行中心，实行总行私人银行部和分行零售部双重管理。之所以采取这种有别于国际的组织框架，主要是我国私人银行业务起步较晚，大部分私人银行客户是由前期的高端零售银行客户转换而来，采用大零售模式可以使私人银行直接利用本行原有的客户资源，而客户对银行和产品线的熟悉程度得以最大限度地保留。而采取"事业部"模式，要求私人银行成为独立核算的部门，自负盈亏；不仅需要大量的先期投入进行客户开发，而且容易与零售银行在客户资源和绩效分配方面产生矛盾。此外，由于缺乏立法依据，私人银行在我国难以获得独立的金融牌照，其独立法人的实体地位在短期内难以实现，所以"子公司"模式在我国难以推广，大零售模式成为我国私人银行的主流。

私人银行业务涵盖公司、投行、法律、信托、基金、租赁、税务、资产管理、房地产、离岸金融等多个领域，使跨领域人才非常难得，所以境内外私人银行不约而同都采取了专家团队模式，组建专家团队为私人银行客户经理提供专业支持。该模式可以保证为客户提供更专业化的服务，同时节约了私行客户经理的时间与精力，使其能更好地投入与客户的沟通交往。从目前的实践来看，这种方式比较适合国内私人银行业务发展现状。但同样的专家团队模式，在实践中也存在重要的区别。如果说西方私人银行的服务模式是"1 + N"的话，那么境内私人银行大多采取的是"1 + 1 + N"模式，即在私人银行客户经理前设置一个理财经理，甚至再加设一个客户经理助理，采取"1 + 1 + 1 + N"的模式。由原有零售银行理财经理和助理来处理客户普通金融服务，由私人银行客户经理处理客户财富管理等高端业务。这种安排体现了大零售模式下绩效分配的合理要求，但也暴露出了国内私人银行人才紧缺的问题。

六　线上体验的国际化探索

传统私人银行经营倡导的是"一对一"的高端服务，在过去的业务模式下，私人银行客户经理与客户面谈讨论投资组合和策略，客户以此获得有针对性的个性化建议并获得保密安排。目前，我国专业私人银行客户经理数量不足以满足迅速增长的市场规模，如果仍旧按照固有模式发展和运作，我国私人银行快速展业所需的"规模化"与客户要求的"定制化"之间的矛盾将日益凸显。近年来，中国互联网金融发展迅速，以支付宝、微信等为代表的互联网金融企业以移动支付为抓手，正潜移默化地改变人们的支付习惯，也迫使传统银行做出改变，自觉或不自觉地拥抱互联网。一般认为，互联网金融与传统银行争夺的大多是年轻的"屌丝客户"，更多的是属于零售银行范畴，但越来越多的高净值客户也开始关注并涉及这一领域，使得中国私人银行对线上服务越发重视。

　　私人银行线上服务是近年来才兴起的新兴事物，国内外私人银行对于线上体验的探索差距并不大，我国私人银行提供的线上服务与国外相比丝毫不逊色。西方成熟的私人银行，以瑞士银行（UBS）和星展银行（DBS）为代表，通过大数据提供定制化的投资建议和市场动向监控，并在客户经理修改投资建议时，自动触发系统警报。而我国私人银行，以建设银行和交通银行为例，均推出了私人银行网银，除普通的网上银行功能外，私人银行专属个人网上银行主要提供在售私人银行产品信息查询、购买、已购产品投资报告查看、财富管理简介等功能；此外还提供增值服务查询与介绍、跨境产品简介、需求调研功能。根据客户填写的风险测评问卷，一些银行会推荐包含不同风险等级产品的投资组合。最具代表性的是大多数商业银行推出智慧定投服务，该服务由人工智能自动完成，既减少了工作量，又体现了便捷性和实效性。目前，高净值客户依然高度依赖线下服务，他们希望获得针对其个人的建议，希望有需要时能够和私人银行客户经理单独会面，而客户经理不想为一些琐碎的事务承担时间成本。若客户愿意，将其投资组合中一些能由自己管控的领域从线下转移到线上，不仅便捷，而且更透明，这将成为下一阶段我国私人银行业务发展的主要方向。

七　总结

　　受制于外汇管制与我国商业银行不得混业经营的市场环境，我国私人银行在所能提供的产品种类上不能与境外私人银行展开全面的竞争，所以境内私人银行多数希望能在提供的服务上把失去的"分数"补回来，各种各样的增值服务虽然有部分并不能真正打动私人银行客户的心，但显示了其与国际接轨的决心。除了服务意识，境内私人银行另一个国际化探索便是私人银行团队的专业化建设。但相比中国财富管理市场的增长，相关团队的成长略显滞后。私人银行线上服务的推出，有望缓解这一矛盾。中国私人银行市场和客户与海外市场有一定的差异，如何学习西方先进私人银行的经验，走出一条具有中国特色的国际化之路，值得我们思考。

浅谈私人银行业务国际化

中国建设银行厦门分行　林恒炜

　　私人银行业务起源于欧洲，兴于美国，是金融机构针对高净值客户及其家庭所提供的全方位金融产品和服务，是西方银行的重要金融服务项目之一，亦是银行重要的中间业务收入来源，更是衡量银行金融服务水平高低的重要标准。中国银行是首家开办私人银行业务的大型商业银行，2007年3月其与苏格兰皇家银行合作，在北京和上海两地开展私人银行业务，标志着国内商业银行正式涉足私人银行服务领域。经过10年的摸索与发展，境内私人银行业务规模与服务水平均有了长足发展。从客户数量上看，已披露的上市银行私人银行客户数量在2016年突破了50万户，管理资产规模近8万亿元。其中，问鼎客户数量的是中国银行，达到了9.5万户，其次是工商银行和农业银行，客户数量分别为7.0万户和7.0万户（见表1）。需要说明的是，由于各家银行对于私人银行客户设定的门槛并不一致，因此客户数量的比较并非绝对公允。从业务规模来看，招行领衔的万亿元俱乐部为第一梯队，紧随其后的是农行等依托大零售发展起来的第二梯队，中小银行和外资银行则组成了第三梯队。此外，近年来风生水起的第三方理财机构也以其灵活多变的经营策略，在群雄逐鹿的私人银行领域占得一席之地。

　　在服务内容方面，除传统的财富管理，财富传承已成为私人银行服务的标配，工商银行、农业银行、中国银行、建设银行等大型国有银行，招商银行、光大银行、江苏银行、民生银行、平安银行、浦发银行、中信银行等中小股份制银行均明确提出加大家族信托、家族办公室等财富传承业务的推进力度。

表1　2016年国内12家上市银行中资私人银行情况

银行名称	开业时间	客户数量 （万人）	客户资产规模 （亿元）	户均资产规模 （万元）	准入门槛 （万元）
中国银行	2007年3月	9.5	10000	1000	800
招商银行	2007年8月	6.0	16600	2800	1000
中信银行	2007年8月	2.2	3200	1500	600
工商银行	2008年3月	7.0	12100	1700	800
交通银行*	2008年3月	3.0	4000	1400	1200
建设银行	2008年7月	5.9	7900	1300	1000
民生银行**	2008年10月	1.6	3000	1900	800
农业银行	2010年9月	7.0	8200	1200	800
兴业银行	2011年4月	2.0	2900	1400	600
光大银行	2011年12月	2.8	2600	900	1000
浦发银行	2012年1月	3500	3500	1800	800
平安银行**	2013年11月	1.6	2800	1800	600

注：各家私人银行准入门槛的资产规模认定标准以及计算方式略有不同，而客户资产规模和户均资产规模均为整约数，仅供参考。

* 交通银行未在2016年中报、年报中披露相关数据，以2015年年报披露数据为准；** 民生银行和平安银行未在2016年年报中披露完整相关数据，以2016年中报数据为准。

资料来源：兴业银行、波士顿咨询公司：《中国私人银行2017：十年蝶变、十年展望》，和讯网，http：//hk. stock. hexun. com/2017－04－28/188998684. html，2017年4月28日。

一　中资私人银行业务的国际化探索

尽管私人银行业务规模呈现跨越式发展的态势，但与西方成熟的私人银行相比，本土私人银行的国际化进程尚处于蹒跚学步阶段。

（一）被动服务（跟随服务）

国内私人银行国际化发展的推动力，主要来自客户需求的趋势性转变。在全球化的背景下，近年来中国海外移民浪潮正在迅速兴起。与前两次的劳工移民潮和技术移民浪潮相比，当前的移民浪潮以投资移民和教育移民为主。私营企业老板、个体经营者和企业高层管理人员所组成的高净值人群成为此次浪潮的主力军。伴随移民潮出现了大量的海外投资、海外购房、海外生育、海外就学等金融需求。国内私人银行跟随客户需求变化，被动地为客户提供汇兑、见证开户、海外楼宇按揭、移民留学中介推荐等跨境金融服务。

（二）海外布局和业务受限

相较于中资银行整体的国际化程度，中资私人银行在海外布局十分有限，除香港地区外，其他地区的境外服务仅限于私人银行客户海外结算、移民贷款、房屋按揭等一般零售银行服务。作为国际化和多元化程度最高的国内银行——中国银行是国内唯一一家连续5年入选全球系统性重要银行的金融机构。其服务网络覆盖中国内地及46个国家和地区。中国银行的海外资产占比超过20%，而内地其他商业银行占比不超过5%。即便如此，中国银行在海外展业仍然处处受限，更不必说其他只有批发牌照的中资银行的海外分支机构了。例如，开立个人账户等在国内司空见惯的业务，在境外却未必可行。整体而言，中资私人银行真正意义上的离岸服务仍以香港为核心，国际化发展尚处于萌芽期。

（三）国际化人才缺乏

中资私人银行从事国际化的历史和发展进程较短，因此具备国际化发展视野的专业人才较为缺乏，对国际金融发展态势的研究以及业务创新方向的把控不足，都制约着中资私人银行国际化发展水平。

尽管在境外业务的发展中大型中资银行每年都会遴选优秀人才至海外人才库，但挑选的主要标准就是外语能力，导致派驻后未必适应当地政治、文化、法律环境，这不利于展业。

（四）境内外联动机制不顺

现阶段，中资私人银行依托国内广泛的网络布局、庞大的零售客户群拥有数量众多的私人银行客户，内地分行推荐的客户是海外分支机构的主要客户来源。近年来，随着客户走出去需求的增长，为争取这部分客户能在集团"体内循环"，中资银行纷纷出台了境内外联动方案，明确了业务分润及激励机制，有效推动了境内外一体化进程。但在具体操作过程中，因为人员变动、监管政策的差异，导致解释口径不一、业务办理效率低下、客户服务体验不佳等情况时有发生，这样的联动机制还需进一步理顺。

（五）合规意识和风控能力有待提高

在全球监管日益加码的环境下，中资银行境外业务的快速扩张与其全球经营管理能力和风险控制能力不足之间的矛盾日益凸显，其面临的监管合规压力也日渐突出。相关报告显示，从 2000 年至今，中资银行各类风险案件不下 10 起。特别是 2016 年，陆续曝光的工行马德里分行、中行米兰分行、农行纽约分行涉及的洗钱案件，都给中资银行再次敲响了警钟。这些案件的发生都出于一些相近的原因，如在短期业绩与长期稳定发展间的矛盾、海外分支机构欠缺遵守当地法律法规要求的认识、银行内部缺乏有效的监督机制以及在合规方面缺乏足够的人才培养和使用。

二　中资私人银行国际化的几点建议

国际化是商业银行保持持续发展和增强竞争力的重要选择。波士顿咨询公司（BCG）与兴业银行发布的《中国私人银行 2016：逆势增长　全球配置》报告预计：到 2020 年，中国个人境外资产配置比例将从目前的 4.8% 上升至约 9.4%，新增市场规模达 13 万亿元人民币。市场广阔，潜力巨大。中资私人银行应从以下几个方面把握业务机会。

（一）主动出击，加快海外布局

在 10 年前，中资银行设立海外分支机构，主要从交流合作和人员培训等方面考量，并不太看重境外业务规模和赢利能力。近年来，面对高净值人群的迅速增长及其海外投资需求的上升，中资银行开始着眼于为私人银行客户提供全球化、综合化金融服务，统筹考虑国内外市场，在全球范围内合理配置资源。中资银行可通过自建或合作、并购的方式，加快海外布局。

所谓"自建"，是指中资银行进行海外分行的布局和设立，依托境内外联动，搭建全球私人银行服务平台。中国银行是最早设立海外私人银行中心的中资机构，目前已在中国香港和澳门以及新加坡等东南亚客户业务需求最多的地区和国家设立私人银行中心。工商银行和建设银行也纷纷加快了海外布局，例如建设银行在中国香港和新加坡两地设有私人银行中心。招商银行也于 2015 年 8 月，通过永隆银行在香港成立境外私人银行中心，目前已形成永隆银行私人银行中心、招银国际私人财富管理中心和私人银行（纽约）中心、私人银行（新加坡）中心四位一体的全球私人银行财富平台。

中资私人银行受限于自身投研能力，在对海外市场环境、产品体系和监管政策等方面还需要"借力"，借助第三方合作伙伴引入境外投资产品是解决客户境外投资需求的重要途径。因此，与外资专业财富管理机构合作的"借船出海"模式是现阶段的一种权宜之计。例如，农行与加拿大蒙特利尔银行推出私人银行跨境金融服务，平安银行与施罗德、美盛集团合作为客户开发全球投资产品，兴业银行与瑞士隆奥银行达成私人银行业务战略合作协议等，建设银行新加坡分行与瑞信合作，为私人银行客户搭建海外投资产品平台。

（二）循序渐进，实施差异化策略

中资银行的海外业务偏重在政府和大型企业中开展，对中小企业及个人的海外金融服务能力仍较薄弱。例如，在中国香港设有分行的 6 家股份制银行中，仅有 4 家提供零售金融服务，这无疑制约了私人银行业务的拓展。

发展境外私人银行业务不但能够拓展银行的中间业务，提升盈利水平，还能在服务私营企业主、企业高管的过程中，强化银行机构与企业的关系，助推对公业务的发展。对有境外投业务的银行机构来说，境外私人银行业务更可发挥协同效应，作为有力的产品分销渠道。因此，中资银行在私人银行业务国际化初期，要实施差异化策略，把好客户和业务准入关。首选有"走出去"需求的境内存量私人银行客户，从跨境投资、离岸业务和境外在岸业务三个阶段循序渐进。对反洗钱风险等级高的客户要认真识别，做好客户尽职调查；一些复杂程度高的业务则要做好风险防范与风险揭示，做到宁缺毋滥。

（三）加强境内外联动，实施私人银行国际化人才培养战略

目前，中资私人银行的境内外协作模式一般以境内私人银行客户经理为主要关系维护者，工作重点是了解及挖掘客户境外投资的需求；境外分行客户经理则负责具体产品交易、业务落地的支持维护，以及对境外客户服务等工作。要达到顺畅协作，除了在机制上形成明确的规范，如客户转介流程、境内外客户经理的角色及分工、客户投诉的管理机制以及考核与奖金等，更重要的是构建"1＋N"式国际化专业团队。

在国际化背景下，私人银行客户经理除具备财富管理、企业金融管

理、投资银行的经验与能力，还应具备国际化视野和国际一流的知识结构，现阶段可以采取"请进来"和"走出去"相结合的培养方式。"请进来"是指聘请私人银行领域的外国专家派驻或培训，"走出去"是指借助海外金融培训中心培养人才或到合作机构跟岗实习等。

（四）提升境外风险识别与合规经营能力

中资私人银行"走出去"，同样面临全球金融监管日益严格和审慎的大背景，因此首先要在"走出去"的区域选择上对全球布局、客户定位、业务定位、盈利模式、管理手段等方面认真研究，有所为有所不为。其次，要平衡短期效益和长远发展关系，夯实业务基础，做好风险管理和内部控制。再次，要加强合规意识，加强对当地监管法律的了解，融入当地。最后，要认真比较国内反洗钱立法和处罚与国际通行标准的差异，审慎发展，合规经营。现阶段应侧重做好客户尽职调查（了解你的客户，KYC）、反洗钱（AML）工作、业务风险揭示以及合规销售等四方面的工作。

（五）加快信息技术（IT）建设，利用大数据为私人银行客户服务

大数据是信息通信技术发展积累至今，按照自身发展逻辑，从提高生产效率向更高级智能阶段的自然生成。它为我们看待世界提供了一种全新的方法，即决策行为将日益基于数据分析做出，而不是像过去那样更多的是凭借经验和直觉做出。在大数据时代，如何获取、储存、搜索、共享、分析信息，乃至将客户的需求和银行的服务有机融合在一起，不断改善客户资产在全球的配置能力，是中资私人银行均要考虑的问题。目前，已有部分中资银行开始尝试运用大数据为私人银行业务服务，例如工商银行私人银行正利用数据仓库和信息仓库精准挖掘客户需求；建设银行某分行私人银行中心为满足不同梯队高净值客户的差异化需求，利用"大数据"细分客户群体，实现了客户营销模式及营销手段的创新。种种迹象表明，大数据的运用，有助于中资私人银行轻装出海，运用融资和融智等方式为私人银行客户提供综合服务。

综上所述，私人银行作为小众业务，服务的是小类客户，但小类客户有大需求。在金融透明化、价格市场化、交易网络化、业务国际化的环境下，私人银行具有连接资产端和负债端的独特优势，中资私人银行应立足本土，拓宽思路，积极探索，在商业银行转型过程中谱写亮丽篇章。

无资管　不私行

——浅议资产管理在私人银行转型发展中的重要作用

渤海银行总行　姜龙军

随着中国经济的持续发展和国际地位的稳步提升，国民收入水平与财富资产规模日益提高，高净值客户的数量大幅增长。与此同时，中国改革开放40年来，催生的一大批"创一代"开始向"富二代"传承交班，数量激增与结构变化带来的旺盛需求，给中国私人银行业注入了强大的生机和活力，各类服务于高净值客户的金融机构和非金融机构如雨春笋般应运而生，竞相抢占这个千载难逢且充满商机的市场，其中不乏信托、保险、券商、投行、基金、外资及跨界第三方等，甚至是P2P、担保公司和小贷公司以及律师事务所等。

中资银行自2007年开始涉足私人银行业务，迄今已整整10年，但真正开展私人银行业务的中资银行却不过20余家，远远不能满足庞大的市场需求。作为传统的金融龙头，在冠以"银行"的私人银行领域已经痛失先手、落于下风。

2017年3月，在中国银行业协会"私人银行业务专业委员会2017年第一次全体会议"上，某股份制银行私人银行部总经理坦言："私人银行在外界看来高大上，在银行内部其实很孤独……银行在其他渠道都是老大，但在私行领域所占份额却连10%都不到，我们还有许多工作要做，必须知耻而后勇，找回自己的尊严。"与会各家银行的私人银行，虽然所处的发展阶段不同，但这一番话，还是令在场的协会领导和成员单位的私人银行负责人深以为然、感同身受。

一 私行业务何以举步维艰

中资银行的私人银行为何在竞争中处于下风，笔者认为，主要在于内部掣肘严重、自身盈利不足。中资银行的私人银行业务脱胎于传统零售银行的个人金融和财富管理，表面看来拥有庞大的客户群体和渠道优势，但由于严重依赖物理网点、品牌形象、人员数量和业务规模，因而形成"点多面广"、高投入、低产出、周期长、见效慢的"重资产"模式，这极大地拖累了私人银行的业务发展。真正能够在零售板块乃至私人银行业务中获取足够利润的中资银行可谓"凤毛麟角"，业界恐怕仅数招商银行。就连号称"宇宙第一大行"、拥有银监会核发的 3 张私人银行牌照之一的工商银行，其私人银行在内部的业务规模和利润占比也较为有限。

笔者在与私人银行同业的交流中发现，中资银行普遍倡导的"三驾马车"（批发、零售、金融市场）或是"四轮驱动"（批发、零售、同业、投行），无一例外地将零售银行列为优先发展的"朝阳板块"，但零售银行服务的特殊性和所承担的社会责任，与时下银行追求的资本消耗低、利润贡献大的"轻资产"业务始终格格不入，从而使私人银行业务处于"叫好不叫座"的尴尬境地。

在中资银行内部，独立的风险审批、专业的资产管理、营利的批发银行和各具管理职能的中后台部门，早早就瓜分了各自的"势力范围"，在各自领域拥有无可争辩的话语权与核心利益。私人银行所推崇的"1 + N"模式，对内部的开放程度和配合程度要求很高，而私人银行作为后起之秀，在实际工作中，却难以得到内部其他条线足够的支持与配合。因此，大多数从零售银行起家的私人银行业务，常常是先天不足、举步维艰。

二 私人银行需要摆脱零售思维

目前，中资银行的私人银行业务，大多还停留在渠道代销和高端增值服务上，"高大上"的场所维护、五花八门的沙龙活动和投入不菲的增值服务，造成维护成本和运营成本居高不下。私人银行客户数量虽然不少，但在实际收益分配中，由其他条线形成的收入和利润往往被划回相关业务条线，很难真正归集到零售条线甚至私人银行部门，能够争取到"双边记账"已经是一种不错的协调结果，这就使得大多数私人银行难以做到收支平衡。同时，因为需要直面客户，但又缺少内部话语权，私人银行还要应对客户的诸多诉求和来自内部的种种非议，沟通成本非常之高。

中资银行的私行业务该如何切入、如何定位、何去何从、归于何处？这都是中资私人银行从业者需要深入思考并加以解决的困惑与问题。

中资银行的传统业务集中于"存、贷、汇"，利润主要来自利差和中间业务收入，从这个角度说，私人银行跟银行的关系并不大，而似乎更偏向于投行和混业，这也是大量非银行金融机构能够在私人银行领域抢占先机的原因。

一位私人银行高管曾经说过："私人银行从业者首先要知道，你做的是私人银行，还是高端财富管理。因为高端财富管理是'有地板和天花板的'，而私人银行只有'地板'（无论客户资产规模的门槛是 600 万元、800 万元，还是 1000 万元），而没有'天花板'，私人银行的客户，他的资产可以高达数亿元、数十亿元，甚至数百亿元，你要考虑他们真正需要的是什么。"

银行业有一种说法，"私行客户看重的是安全，而不是收益"，这是典型的零售思维。试问比尔·盖茨、巴菲特、扎克伯格是不是私行客户，马云、马化腾、刘强东是不是私行客户？他们哪一个不在追求资产增值，哪一个会把安全感寄托在别人身上？即便是坐享其成、无所事事的"富二代"，又有哪一个甘心财富在自己手中日渐缩水。可见，与客户共同奔跑，为客户打理资产、满足其投融资需求，实现资产保值增值，才是私人银行的核心价值。

很明显，私人银行和高端财富管理并不是一回事，仅仅通过资产规模来完成私行客户画像，只是银行一厢情愿的零售思维，而私人银行只有摆脱零售思维，投身资产管理，持续创造价值，提高赢利能力和话语权，才能真正获得出路。在这一点上，非银行机构在私人银行领域的成功经验，恰恰给予了证实。

三　资产管理或成私人银行的破局之道

在流动性泛滥、经济下行和利率市场化的今天，"批发业务投行化、储蓄存款理财化"的趋势已经十分明朗，集团客户和私行客户对资产管理的需求十分迫切。券商、信托、基金、保险、私募、投行等机构，在私人银行领域大行其道，抢占了大量的市场份额，正是迎合了私人银行客户的资产管理的需求。

批发银行作为中资银行利润贡献最大的业务条线，已经率先开始摒弃"拉存款、放贷款、赚利差"的传统打法，转而为企业提供发债、票据、资产证券化等金融解决方案，向"轻资产"的同业业务和金融市场积极靠拢，而零售银行出身的私人银行，却依然停留在贡献渠道、输送客户的代销阶段，与财富管理缠绵悱恻，与资产管理貌合神离。

2016年，某股份制银行的私人银行业务改制，打拼多年且初步成形的私人银行事业部，重新回归大零售，着实令人扼腕。私人银行不是简单的请客吃饭、不是领着客户游山玩水，如果没有明确的赢利目标，继续沉迷于零售银行的传统发展之路，那么其必将丧失优质客户资源，最终一步步滑向低端。笔者认为，要摆脱这一困局，必须紧紧追随批发银行的脚步，"脱虚向实"、主动拥抱资产管理，以满足私行客户对资产配置的差异化需求。

四　无资管、不私行

私人银行的核心价值在于为高净值客户提供资产配置的全方位解决方案，而资产配置的核心就是对客户资产实施有效管理。目前国内私人银行大多游离于资产管理之外，仅提供简单的产品代销和华而不实的增值服务，而将客户及利润让渡给外部渠道和行内其他业务条线。从本质上来说，产品代销和非银行增值服务都不是私人银行的自营业务，这样做的结果，不仅无法提升客户黏性和忠诚度，也让自身沦落为银行内部的"成本中心"，处处受制于人。

单个私人银行客户动辄千万元的资产规模、超前的财富视野和较高的风险承受能力，已经具备了资产管理客户的基本条件。在资本市场、债券市场、票据市场、外汇市场发展得如火如荼的今天，私人银行客户已经很难置身事外，如果能够将资管业务内嵌于私人银行，直接服务于私人银行的客户，不仅可以缩短业务链条，提升私人银行业务管理水平，更可以与内部的金融市场条线开展良性竞争，扩大客户来源，实现相互促进、共存共荣。

事实上，私人银行同质化的代销业务对私行客户的吸引力正在不断下降，而众多的高端增值服务不仅耗费了银行的大量成本，也造成私行客户在不同银行之间进行攀比和寻租，一个私人银行客户往往被 3 家以上的银行同时营销，客户的忠诚度和贡献度令人担忧。目前，一些风险偏好较高的城商银行，已经将资产管理理念更多地融入私人银行业务中，例如北京银行的家族信托、江苏银行的私募专户、宁波银行的 FOF 基金、包商银行的定向增发等，为其私人银行业务带来了较为鲜明的特色，虽然这些特色业务还难以成为主流，但至少代表了一个探索的方向。

在宽松的市场环境下，通常是没钱的人把钱放在银行，而有钱人则想方设法地从银行融资。在对国内私行客户的调查中不难发现，私人银行客户最为看中的是银行在投融资领域的专业性和风险控制能力，从银行获得流动性，而资产管理恰恰是最能体现专业性、营利性及风控水平，满足私人银行客户另类投资与融资需求的业务领域，但遗憾的是，资管人才恰恰是私人银行难以寻觅且最为稀缺的人才，这块短板有必要尽快弥补，以便让资产管理在私人银行业务中发挥更大的作用。

以国际成熟的私人银行为例，百达、隆奥、宝盛等单一从事私人银行业务的机构，主打全权委托投资账户，收入主要来自资产管理费；瑞银、瑞信、美林等则侧重投资银行业务，为拟上市公司或转让、并购股权的企业主提供有竞争力的投行产品，也借此吸引更多有价值的企业客户；汇丰、苏皇、巴黎银行等全能型银行则着力发挥集团内部零售银行、批发银行、投资银行之间的协同效应，解决由本位主义思想与激励机制不到位而引发的利益冲突。这些成熟的外资私人银行机构，无疑都拥有强大的资产管理能力和顺畅的内部合作体系。

五 私人银行业务理应侧重投研，以风控为先

当然，任何事物都具有两面性，资产的流动性、收益性和风险性是高度相关的。资产管理业务的复杂性和衍生性，使这项业务本身面临较高的风险，也是监管部门重点关注的领域，操作风险、信用风险、市场风险、监管风险乃至系统性风险无处不在，稍有不慎，就会造成难以挽回的重大损失。而很多服务于高净值客户的金融机构，往往是重管理、轻投研，重

销售、轻风控，一旦出现问题，后果相当惨烈。因此，中资银行的私人银行在拓展资产管理业务时，必须配备强大的投研团队和风控团队，以把握方向、把控风险，不仅要对客户进行"买者自负、卖者有责"的风险教育，更要在内部建立起严格、有效的风险管理体系，一方面要严格防范"飞单"和"误销售"，另一方面要坚持"分业经营"原则，满足银监会的监管要求，避免一味追求利润，触碰监管"红线"。

近期某股份制银行曝出支行销售30多亿元的"假理财"事件，震动了整个银行理财市场，也为中资银行的私人银行敲响了警钟，该支行上百位私行俱乐部成员在网点员工的诱导下，购买了子虚乌有的理财转让产品，其涉事金额之大、影响之广、涉案人员之胆大妄为，令人咋舌，直接反映出该行内部管理缺位和诸多乱象，造成了极坏的社会影响。

在风险控制方面，非银行金融机构的教训更是触目惊心。信托、券商、私募及独立第三方理财公司因为作风激进、片面追求规模和收益，屡屡在信用违规、定向增发、债券投资、股权投资等方面踩中"地雷"，进而向银行端传导，给客户和自身造成资金损失和声誉风险，前车之鉴、后事之师。

当前国内外形势复杂多变，金融乱象有所抬头，个别不法机构和人员夸大歪曲宣传，以高额回报误导投资者，非法募集公众资金，隐蔽性、风险传递性突出，给金融市场的稳定和投资者的资金安全带来了巨大的安全隐患。作为中坚力量的中资银行，有必要在私人银行领域发挥积极的主导作用，将资产管理纳入私行业务之中，正本清源，为投资者树立正确的标杆，使其远离金融乱象，维护客户资金安全。

综上所述，非银行增值服务和渠道代销只能是私人银行初级阶段的服务内容，代表不了长远的发展趋势。中资银行若要夺回属于自己的话语权，扩大私人银行的市场占有率，必须博采众长、融会贯通、主动出击、创新求变，摆脱零售银行的思维限制，向资产管理方面寻求突破，只有适时引入专业化的资产管理和资产配置，加大投研团队建设和投资者教育，扎实做好前瞻性的投资研究、专业性的投资管理和严谨性的风险控制，向私行客户展示真正的资管实力，令客户资产保值增值，努力成为私人银行客户的智囊、助手、管家、保姆和保镖，为中资企业家合规经营、走出国门"保驾护航"，才能真正赢得客户的忠诚与信赖，从而为中资银行创造更多的"非利差"收入，为转型发展打开局面，实现持续的互利共赢。

私人银行发展模式与路径探析

　　私人银行业务能提高客户的品牌忠诚度与综合贡献度，为银行带来稳定的零售存款，增加手续费、佣金和管理费等净收入。随着中国私人财富高净值人群的不断增加与财富保值增值意识的增强，私人银行市场前景广阔，日益成为商业银行调整业务结构和盈利模式的重点，是银行战略转型的重要领域之一。但是，自国内私人银行起步以来，尚未形成成功的、可复制的私人银行模式范例。未来国内私人银行究竟应该如何发展，业务模式应该如何构建，本文借鉴国际领先私人银行发展的经验进行了比较分析，对业内广泛关注的几个专题进行探讨。

一　组织模式："大零售"、"事业部"还是"子公司"模式？

（一）国际私人银行组织模式探析

目前，国际主流私人银行主要有以下二种组织模式。

1. 独立的私人银行

欧洲老牌家族式私人银行，包含私人所有、家族所有及合伙制三种形式。

2. 隶属于银行的私人银行子公司

花旗、汇丰、摩根大通、德意志银行等，均将私人银行业务从自身独立出来，成为具有法人资格的子公司。

3. 银行内部的私人银行事业部

瑞银集团（UBS）在统一品牌、统一法人的基础上对私人银行事业部授权并相对独立运作。

受以下三个因素的影响，国际主流私人银行的运营均相对独立。一是私人银行客户定位特殊，需提供差异化的服务范围、服务渠道与服务方式；二是需要专业与复合型人才，采取有别于一般银行业务的人才管理体制；三是服务专业性更高，需要专业化独立性的运作模式。

（二）国内私人银行组织模式解析

目前，中资私人银行组织模式主要有两类。

1. "大零售"模式

在零售银行板块内设立私人银行部，负责私人银行业务规划和管理；私人银行分部隶属于分行，由分行负责人、财、物的成本，收益也计入分行。在此模式下，私人银行业务像是超市内的精品屋，与贵宾理财和个人信贷等属同一管理级别，共享零售银行的客户资源，以及信息技术、产品研发、市场营销、风险管理资源等。中国银行、建设银行、交通银行、招商银行、光大银行、民生银行等主流银行均采用"大零售"下的私人银行一级部模式。

2. "事业部"模式

部分银行借鉴国际经验，在私人银行筹建初期，在总行层面成立私人银行事业部，拥有独立的人力和财务权限，进行独立运营、单独核算和垂直管理。例如，中国银行、民生银行私人银行在前期均采取了事业部模式，以期克服传统银行业体制弊端，实现以客户为中心的发展目标。但在传统集权管理的挑战与传统部门的人才、客户、资源、利润的争抢下，几年后它们均先后宣告失败，转向"大零售"模式。部分地方性商业银行采取了改进措施，在利润分配上实行"双边记账"，不与分支行抢客户、抢资源；还有部分银行采用改良的准事业部模式，如工商银行私人银行部是一级部门，又持有经营机构牌照，在各地区设立分部，在利润分配上，私人银行业务收入计入客户开户行，同时以管理会计方式反映到相关分部，并最终汇总到总行私人银行部。中信银行私人银行也采取中外合作的形式，采用类似事业部模式。

（三）私人银行组织模式路径选择

1. "大零售"模式适合起步阶段

"大零售"模式契合总分行体制特点，既可共享分、支行资源，又能平衡"条""块"利益，充分调动各方面积极性，在私人银行发展初期有利于快速积累客户、降低成本和发展壮大。招商银行私人银行业务近年来迅速发展，领跑同业，重要经验之一就是采用了"本土血缘和国际视野有机结合"的"大零售"模式。而与之同时成立的中信银行私人银行，由于一直固守事业部模式，其客户数量和资产规模仅为招行的1/6。但是，在"大零售"模式下私人银行与原有的贵宾理财等界限模糊，客户服务的专享性无法彰显，难以从制度上形成有效的发展推动力，不利于私人银行的可持续发展。近年来招行在全国建立了42个私人银行直营中心，对客户收益实施"双算"，已经开始出现"准事业部"制特征。

2. "事业部"模式适合成熟阶段

该模式权、责、利明确，资源优势集中，有助于建立私人银行专属的差异化服务体系和品牌。从国际经验看，事业部、子公司等独立发展的私人银行业务是主流，也有国外研究发现事业部制下的私人银行业务规模、收益等指标均优于其他组织结构。但在国内现阶段，事业部模式更适合客户基础薄弱的城商行、农商行或外资银行。对于客户基础较为雄厚的全国性银行而言，事业部模式与总分行体制的冲突在短期内难以磨合，会产生明显的部门间利益冲突，难以有效分流其他部门的客户资源，不能发挥银行分、支行网络和庞大客户基础优势。此外，国内私人银行业务处于初级阶段，私人银行、财富管理和贵宾理财服务存在重合，服务的差异性与特殊性不够，不足以支持其成为独立的事业部。因此，在我国私人银行发展还不够成熟的条件下，发展独立的私人银行事业部存在较大困难。

3. "子公司"模式尚不具备条件

采取独立子公司模式的私人银行拥有自主品牌，独立经营、自负盈亏，充满生机和活力，但对专业要求较高，风险和责任较大。无论是独立注册的私人银行还是作为银行集团的子公司，受国内监管政策的限制，短期内在国内不具备可行性。并且，国内银行在人才储备、盈利情况等方面，也远未达到成立私人银行子公司的水准。

综上所述，在发展初期，"大零售"模式有助于私人银行的迅速起步与客户积累。当客户基础壮大到一定程度，如果延续"大零售"模式，私人银行将难以摆脱商业银行贵宾理财业务的服务模式，无法建立专属的私人银行平台、业务系统和经营考核机制，难以健康和特色化发展。因此，当完成大规模的客户与人才积累时，私人银行需要更清晰的战略定位、更系统精确的管理以及更明确的盈利模式，并且行内外达成一致认识后，事业部制的优势将会凸显。从国际私人银行业的经验来看，未来只有成立独立经营、独立核算的专门化私人银行经营机构，吸引和培养具有强大市场竞争力、职业化的私人银行服务和销售团队，才能真正提高私人银行的服务水准。可见，根据不同发展阶段的需要，我国私人银行的发展路径将很有可能先后经历"大零售"模式→准事业部模式→事业部模式等组织结构发展阶段。

二　与其他部门的关系：独立、整合或仅仅是渠道？

在"大资管"时代，如何理顺私人银行与零售银行、财富管理与资产管理部门的关系，将在较大程度上影响私人银行服务能力与产品设计水平。

（一）与行内客户部门的关系

欧美大型银行集团的财富与私人银行业务均以子公司或事业部的形式独立运营，但将财富与私人银行归属在哪个核心业务板块，则各有不同（见表1）。

1. 建立独立的财富与私人银行板块

瑞银集团、渣打银行、巴黎银行等的财富与私人银行业务均以独立的核心板块出现，自行承担客户营销、产品设计等全套业务流程。

2. 将财富与私人银行分拆装入不同板块

汇丰银行单独设立专为高净值客户服务的"全球私人银行"板块，并将为中高端客户服务的财富管理业务归入零售银行板块，形成了"零售银行和财富管理"板块。

3. 将私人银行与公司业务整合

汇丰银行全球私人银行通过全球银行及金融市场板块提供公司理财等服务，苏格兰皇家银行也将私人银行对公客户部门划在一个板块。

表1 部分国际银行资产/财富管理业务范畴

机构	业务条线		业务范围	行内业务板块设置
摩根大通集团	资产管理 Asset Management	私人银行 Private Banking	为高端个人客户提供财富管理服务	消费者和社区银行、公司和投资银行、商业银行、资产管理四大板块
		投资管理 Investment Management	为个人、理财顾问和机构客户提供资产管理服务	
巴克莱银行	巴克莱财富 Barclays Wealth		为全球个人、机构客户提供私人银行、投资管理、信托、经纪业务等	个人和公司银行（含财富）；巴克莱卡；非洲银行业务；投资银行四大板块
德意志银行	资产和财富管理 Asset and Wealth Management	私人财富管理 Private Wealth Management	为高端个人客户提供财富管理服务	公司银行和证券、全球交易银行、德意志资产和财富管理、个人和企业客户、非核心运营单位五大板块
		资产管理 Asset Management	为个人和机构客户提供资产管理服务	
巴黎银行	投资解决方案 Investment Solutions	财富管理 Wealth Management	为高端个人客户提供财富管理服务	法国零售业务、世界零售业务、特殊融资、公司及投资银行、私人银行、资产管理、证券服务、保险及房地产、巴黎资本市场九大板块
		资产管理 Asset Management	为个人和机构客户提供资产管理服务	
		证券、房地产、保险等独立部门（未单列）	为个人、机构客户等提供相关服务	
汇丰银行	财富管理 Wealth Management		为富裕人群提供理财服务	零售银行和财富管理、商业银行（对公板块）、全球银行和市场、全球私人银行四大板块
	全球私人银行 Global Private Banking		为高端个人客户提供全方位的财富管理服务	
渣打银行	财富管理 Wealth Management		为高端个人客户提供财富管理服务	公司和机构客户、商业客户（中小企业）、私人银行客户、零售客户四大板块
苏格兰皇家银行	财富管理 Wealth Management		为高端个人客户提供财富管理服务	个人和企业银行；商业和私人银行；公司和机构银行三大板块

续表

机构	业务条线	业务范围	行内业务板块设置
美国银行	在线经纪服务 Merrill Edge	为2万~25万美元投资的客户提供产品服务	消费者和企业银行、消费者不动产服务、全球财富及投资管理、全球银行、全球市场五大板块
	美林财富管理 Merrill Lynch Wealth Management	为25万~1000万美元间的客户提供产品及顾问与策略服务	
	美国信托和美银私人财富管理 U. S. Trust and Bank of America Private Wealth Management	为1000万美元以上的超高净值客户提供服务	
富国银行	财富、经纪和养老 Wealth Brokerage and Retirement	为高端个人客户提供财富、经纪与养老服务	社区银行,批发银行,财富、经纪和养老三大板块
瑞银集团	财富管理 Wealth Management	为高端个人客户提供财富管理服务	财富管理、美洲财富管理、零售和公司、全球资产管理、投资银行五大板块

可见欧美主流银行大多将财富管理与私人银行业务进行整合,以独立板块形式开展运营。仅汇丰银行将财富管理与私人银行进行分拆,分别归入零售银行与私人银行两个板块。同时,部分银行为了强化私人银行业务与对公客户联结紧密的特征,将私人银行业务并入对公业务板块。无论其业务如何合并,能否在集团内部建立有效的客户推荐与业务协同系统,包括激励机制和跨越不同行业的核心业绩指标等体系,是私人银行独立运作成功的关键。例如,汇丰银行实现了个人理财客户群和工商企业客户群向私人银行转移客户,并均在集团内部通过推荐和转移系统实现了有效公平的激励机制等。

而国内的私人银行大多作为"大零售"板块下的成员部门,作为"功能与服务部门"存在,与个贷、理财、信用卡等业务一样,共享零售银行的客户等资源,发挥其为高端客户提供更高层级服务的职能。

(二)与行内资产管理部门的关系

1. 独立模式

私人银行客户资产管理与机构资产管理分开,有利于为私人银行客户设计个性化的资产管理产品与服务,有利于在客户、客户经理、证券资产管理人之间建立更加密切的关系（见图1），如富国银行、美国银行等。

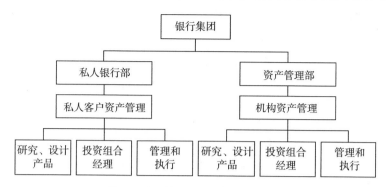

图1 独立模式私人银行组织结构

2. 资产管理整合模式

私人银行不单独设立资产管理业务，而是通过资产管理部门的私人投资组合经理为客户提供产品和服务。资产管理部门具有更为集中、高效的产品开发能力，在私人银行发展初期，避免了资源浪费，降低了成本（见图2）。这种模式的缺点在于客户关系经理和投资组合经理之间难以形成紧密的合作，两个部门之间的利益分配容易产生分歧，需要建立一套完整的内部定价机制。

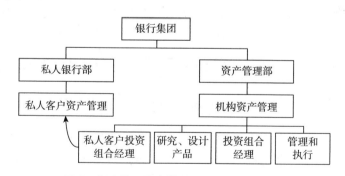

图2 资产管理整合模式私人银行组织结构

3. 渠道营销机制

资产管理业务集中在全行，增强了产品的研发和推广能力，可以为银行集团内的所有客户提供精确的投资管理服务，如摩根大通集团、瑞银集团、汇丰银行等，进一步增强了资产管理能力与客户的投资组合管理能力，私人银行部门能够集中精力做好客户关系的维护和顾问销售工作（见

图3）。该模式的缺点在于难以了解客户的真实金融需求，并为客户量身定制产品和服务。

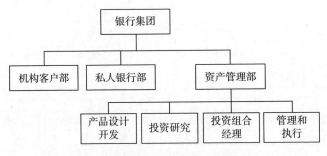

图3　渠道模式私人银行组织结构

欧美大型银行集团旗下的私人银行更青睐把资产管理业务集中，把私人银行业务作为分销渠道，将私人银行发展成全球开放式产品引进机构，综合优选集团内外部优质产品，以顾问服务引导客户进行独立配置或委托私人银行进行资产管理。与欧美银行一样，目前国内主流银行在行内也多将资产管理业务集中，把私人银行作为代销渠道。但是，参照国外先进银行经验，国内银行亟待将私人银行作为内部管理会计利润核算主体，做好部门间的利润分成机制，调动双方积极性，发展好资产管理业务。此外，应加强与第三方机构合作，增强私人银行业务的资源整合能力。

三　盈利模式：依赖产品销售收入还是管理费收入？

（一）国际私人银行盈利以佣金、管理费收入为主

国际领先银行均按客户资产层级，将客户在私人银行与传统零售银行间进行分割，私人银行收入包含客户全部负债内部转移收入、资产管理收入、交易服务收入等多种来源，而最主要的来源是佣金（资产增值提成）、管理费用和咨询费用，还有部分高信誉客户借贷的利息收入。而私人银行最大成本是人力成本，只要能留住优秀的私人银行家，私行的赢利能力就有保证。在先进的资产管理与财富管理能力助力下，国际先进私人银行业务的利润能达到零售业务的10倍左右，私人银行业务对全行的利润贡献度平均在30%左右。例如2014年，美国银行在"全球财富及投资管理"板块的收入为184亿美元，净收入29.74亿美元，分别占全行的22%和

62%，连续三年成为全行资本回报率最高的板块。2014 年，摩根士丹利在财富管理板块净收入占全行的 43%。

欧美发达国家早已实现利率市场化，财富管理或资产管理业务不像我国银行理财一样作为利率市场化的替代品，而是形成了银行在利率市场化形势下的重要盈利来源，由银行发挥专业优势帮助客户配置资产、管理客户投资，并成为全行的重要盈利板块之一。国际领先银行资产管理规模占总资产的比重通常达到 30%～90%，远高于国内大银行，可见利率市场化后，资产管理业务将有广阔的发展空间。对银行来说，原来的存贷利差收入转变为管理客户投资的管理费收入。虽然利差收入减少，但由于资产管理业务占用资本少，可实现更高的资本收益率，中间业务收入增加，解决了银行资本充足率和资本回报率之间的矛盾、投资管理能力强大和资本有限之间的矛盾，也符合客户希望提高投资收益率的要求，是客户和银行分享投资收益、共赢的选择。

（二）国内私人银行盈利以产品销售收入为主

国内私人银行客户与零售客户并未在归属上进行部门间分割，在"大零售"模式下，私人银行作为"成本中心"，客户依然归属零售部门进行利润计算。私人银行客户在零售、对公条线带来的其他可观收益均无法单独计量，使得私人银行收入远小于零售银行负债业务。这也直接导致私人银行业务以产品销售为导向，根据每笔交易规模收取 0.2%～2% 的手续费。私人银行着眼于销售业绩的提升，更像是商业银行经营理念下的高端理财。同时，零售业务和私人银行面对的外部环境、金融监管和客户特征大同小异，私人银行盈利模式也与零售业务并无本质区别，明显偏离了国际先进私人银行的盈利模式。

"大零售"模式是中国私人银行业务发展初期的必经阶段，随着业务模式逐步成熟，客户基础不断夯实，未来私人银行客户逐渐独立于零售银行范畴，"事业部"或"准事业部"模式将逐渐成为主流，盈利模式将有望发生深刻转变。

四 产品服务模式：投资顾问还是产品销售？

目前国内私人银行的产品服务模式基本分为产品端实现资产配置的资

金池模式和在客户端实现资产配置的开放式顾问模式两大类。前者是银行主动管理的包括各类资产和各类策略组合的综合产品，资产配置在产品投资端来实现。而后者像货架一样，银行列出投资于货币资产、固定收益、权益资产、股权另类资产等的产品，由私人银行团队根据客户特性给出资产配置建议，在客户端实现资产配置。

工商银行是产品端实现资产配置模式的代表，有着强大的总行产品设计能力，在产品端提供各类资产和策略组合的产品。对私人银行部的考核也以产品销售收入为主，分支行发展私人银行业务，均以私人银行产品销售为重要内容。此种方式较好地满足了当前"资产荒"形势下客户对资产保值增值产品的巨大需求。

招商银行则是客户端实现资产配置模式的代表。招商银行私人银行从前台到后台，本质都在提供客户需求驱动的专业化投资顾问咨询服务。一方面是选产品。招商银行后台筛选出超过 3000 个不同风险属性、不同资产类别、不同投资策略的产品，由产品部门建立严格的准入标准和严谨的评审流程，逐一开展尽职调查，在产品选择中体现了专业化投资顾问服务。另一方面是做配置。投资顾问紧跟市场变化，每天根据每个客户的风险偏好和资产状况，给出个性化的资产配置建议，包含各类资产配置的比例变动，并加入最新研究观点。在招商银行投资顾问团队中，还涵盖了法律、税务等领域的资深专业人士。

工商银行着眼于发展自身的"资产管理"能力，将私人银行经营重心仅放在产品研发与设计，而招商银行更加注重对"财富管理"能力的培养，把握欧美领先的私人银行服务精髓，培养领先的投资顾问服务与资产配置能力，为下一步向"管理费模式"转型奠定了坚实基础。当前我国的富裕群体尚处于成长阶段，对财富的快速增长有着强烈需求，并且有明显的财富配置偏好，私人银行业务可以产品销售为主。随着"富一代"年龄的增长以及"富二代"的成长，他们的个人资产达到相当规模后，部分客户的需求会转为财富保护和转移，此时管理费型的投资顾问模式能够帮助高净值客户达到稳定的资产管理目的。

因此，虽然现阶段私人银行经营方式以产品销售与手续费收入为主，但加强私行客户关系管理，逐步增强投资顾问服务能力，是私人银行的重要发展方向。同时，将"以产品为中心"转换到"以客户为中心"，还应对分行私人银行与私行财富顾问的考核指标进行调整，重点考核管理客户资产增长率等指标。只有真正为客户提供高质量的咨询顾问和综合性解决方案，才具备向客户收取管理费的条件，才能逐步向管理费型模式过渡。

五 部门性质：成本中心还是利润中心？

在事业部模式下，私人银行被自然定位为利润中心，有着明确的盈利指标和方向。而在私人银行发展初期，若采取"大零售"模式经营，将私人银行定位为"成本中心"则更有利于其长期健康发展。分行私人银行部主要负责业务规划和提供专业支持，不与下属分支机构争利，打消了分支机构的疑虑和顾虑，分支机构可以最大限度地凝聚全行上下发展业务的合力，扩大私人银行在全部渠道的张力。在"成本中心"定位下，私人银行可以充分利用既有品牌优势和多年积累的客户基础，实现业务快速起步和壮大。因此，私人银行不应该被定位为产品销售部门，而应该首先成为私人银行客户关系管理部门。只有做好客户关系管理，在此基础上提升投资顾问与资产配置服务能力，才能更好地把握客户需求。

对于发展到一定阶段的私人银行，在大零售模式下，也可以尝试向利润中心转型。例如，某银行于2010年宣布私人银行实现盈利，其分行私人银行中心员工为银行带来的综合利润率占到考核权重的一半，初显利润中心之姿态。

六 职责定位：要不要、能不能直接经营？

基于成本中心的定位，分行私人银行部应该成为单纯的管理中心，似乎不应该直接从事经营。但这个问题应该一分为二地看。对大型商业银行的私人银行总部与一级分行而言，私人银行客户数量较多，服务区域较大，应重点做好发展规划、服务支持和业务指导工作，不应开展直接经营。对大型商业银行的城市分行、二级分行及股份制商业银行的分行而言，私人银行部在做好管理和服务的基础上，可以设立直营机构，直接开展新客户营销工作，尤其是对同城的私人银行客户要负责直接营销和服务。这既增加了私人银行业务营销和服务的力量，也使私人银行部更贴近市场和客户，同时还可以提升客户服务的层级。建设银行从 2013 年起开始加快推进二级分行私人银行业务直接经营模式，招商银行已在全国建立了 42 个私人银行中心，开展客户直接经营，并在全行形成了客户推荐的良好氛围。

要不要、能不能开展私人银行直接经营，是一个开放式的问题，不应该一刀切也不应该全面推开。可以明确的是，建立二级分行私人银行中心有助于加强辖内私人银行客户的集约化经营，显著提升服务专业性与服务质量。因此直营模式的建立，必须结合各二级分行 \ 城市行甚至重点支行的客户基础、人才情况与发展意愿，通过总行的严格评审后，一点一策地推进实施。

七　发展路径：是否应当并购一家私人银行？

与有着百年历史的瑞士私人银行相比，大型银行集团如何迅速提升私人银行经营能力，并购可谓一条捷径，汇丰与美国银行均为通过并购实现私人银行业务飞速发展的典型。

十几年前，汇丰银行的私人银行和财富管理业务规模小而零散，业务分散在 10 个左右的地区，世界排名落在 50 名开外，每年税前利润仅 8000 万美元，每个业务单元都有独立的品牌、特质和业务模式。1999 年汇丰银行对私人银行业务进行了整合，成立了汇丰私人银行控股公司，先后收购了德国著名私人银行 Guyerzeller、美国的纽约共和银行、欧洲的 Safra 共和控股、安达信下属私人税收顾问业务、百慕大银行等。2004 年，汇丰银行充分吸收被收购的私人银行业务精华，获得核心技术为己所用，与其本身在中国香港和欧洲的私人银行业务经过全面整合，组成了一个强有力的新品牌实体——汇丰私人银行，并形成了规模效应，迄今已在 42 个国家设立了近百个私人银行办事处。

美国银行于 2007 年收购了美国信托公司（U. S. Trust）、2008 年收购了美林公司，将自己原有的板块业务整合进去，构建了全新的全球财富及投资管理（GWIM）板块，包含美林全球财富管理和美国信托—美国银行私人财富管理两个条线，独立开展客户分层服务。经过十多年的精耕细作，汇丰银行与美国银行均已发展成为财富管理与私人银行领域的翘楚。

　　大型金融集团在特定领域开展审慎而合理的收购，可以有效整合业务，吸收核心技术，实现在某领域内经营能力的迅速提升。2016 年 8 月，中国复星集团以 2.1 亿欧元收购德国最古老私人银行——豪克和奥夫豪瑟私人银行，开创了中资企业收购国外私人银行的先河。未来中资私人银行可考虑积极开展海外并购，迅速提升私人银行发展能力与水平。

　　综上所述，本文结合国际私人银行发展经验，对国内私人银行改革与发展中存在的部分问题进行了初步探讨，包含组织模式、与行内部门的关系、盈利模式的选择、服务模式的选择、部门性质、是否直接经营、是否开展并购等方面。不管现阶段我国私人银行采取何种模式，都应该根据自身的情况采取渐进式的改革方案，由当前最优模式逐步向未来的最优模式转化。

国际监管政策变化与国内私人银行离岸金融发展策略

——立足打造全球资产配置能力

中国农业银行总行　宋子霖

随着全球经济一体化的日益发展，中国高净值人群跨境多元化资产配置服务需求日益强烈。兴业银行和波士顿咨询联合发布的《中国私人银行2016：逆势增长，全球配置》显示，有近三成的高净值人士拥有境外投资，而在尚未进行境外投资的高净值人士中，有56%的人表示未来三年内将考虑进行境外投资，显示全球配置的需求旺盛。中国经济全球化的持续深入，将进一步推动高净值人群资产由境内向全球拓展配置。国内私人银行经营机构应因势利导、顺势而为，以离岸金融为发力点，打造全球资产配置服务能力，有效满足高净值人群全球资产配置需求。

一　离岸金融的内涵、特征、类型及对私人银行业务的作用

（一）内涵与特征

离岸金融是指金融机构为非本司法管辖区居民提供的金融服务，包括银行承担金融中介职能为非居民提供的存贷款服务，以及包括银行在内的各类金融机构为非居民提供的基金管理、保险、信托、资产保护、公司咨询理财及税收筹划等服务。[①]

[①]　IMF, "Offshore Financial Centers, The Role of IMF", http://www.imf.org/external/np/mae/oshore/2000/eng/role.htm, June 23 2000.

1. 两头在外

离岸金融业务的资金来源于非居民，资金运用对象也是非居民，俗称"两头在外"。

2. 监管自由化

离岸金融的最大特点就是管制较少①，如经营的货币不受所在国中央银行货币政策的制约，利率可以自由浮动等。

3. 政策优惠

税收优惠、无外汇管制、货币可自由兑换、资金自由流动、存贷款利率自由浮动、商业银行无须缴纳法定存款准备金等，是离岸金融的显著特征。

（二）类型

根据市场运作和监管模式的差别，离岸金融市场可分为两类。第一类是依托国际金融中心形成的离岸市场，如纽约、伦敦、香港等；第二类是借助避税中心形成的离岸市场，如开曼群岛、百慕大、英属维尔京群岛等。

（三）历史沿革

20世纪50年代，欧洲货币市场在伦敦诞生，标志着离岸金融市场正式形成。此后，离岸金融市场迅猛发展。20世纪80年代，美国和日本相继开办了离岸金融市场，在美国国际银行设立的美元和在日本离岸金融市场（JOM）账户中的日元被视为离岸货币存款。② 80年代以后，东亚国家积累大量外汇储备，新加坡、中国香港、泰国等地离岸市场快速发展。国际清算银行（BIS）数据显示，1993年底全球海外借贷总资产为6.5万亿美元，其中14个离岸中心（包括中国香港、新加坡，但不包括英国、美国IBF和日本JOM等，下同）为1.1万亿美元，到2013年一季度末，海外借贷总规模为30.7万亿美元，22个离岸中心为2.8万亿美元。③

（四）离岸金融对私人银行业务的作用

离岸金融与私人银行客户"走出去"的需求高度契合。

---

① 汪争平：《国际金融管理》，中国统计出版社，1998。
② Claessens，S.，Glaessner，T.，"Internationalization of Financial Service in Asia"，载成光：《我国商业银行离岸经营动机分析》，《经济问题探索》2009年第1期。
③ 张剑宇：《私人银行离岸金融服务国际发展趋势及其对国内的借鉴分析》，《中央财经大学学报》2012年第10期。

1. 离岸金融与"走出去"的对象有一致性

对设立在我国境内（如上海自贸区）的私人银行离岸金融服务平台而言，"走出去"的个人、企业属"非居民"，而离岸金融的服务对象正是"非居民"；对筹划"走出去"的境内居民，则由设立在内地之外（如香港、伦敦等）的离岸金融服务平台提供服务，对其而言，境内居民正是"非居民"。综上所述，离岸金融可为客户"走出去"提供全程服务，将客户锁定在本行，化解协助客户"走出去"等同失去客户或客户贡献度下降的困境。

2. 离岸金融供给与"走出去"的金融服务需求相匹配

离岸金融提供的是以可自由兑换货币为标志的金融服务，这些货币要么可以在投资所在地直接使用，要么可以很方便地兑换成当地货币使用，从而能够满足"走出去"在世界各地投资的需要。

3. 离岸金融对于私人银行客户的境外企业发展具有重要作用

由于"走出去"的企业或个人与国内有着千丝万缕的联系，我国商业银行对这些企业或个人的了解比境外金融机构更全面，在提供金融服务方面也更便利，比如对企业可直接提供"内保外贷"业务等。

二　离岸金融监管政策变化趋势及其影响

从全球范围看，离岸中心监管力度不断加强，服务于欧美客户的离岸金融业务急剧萎缩；而基于中国国情，服务于中国客户的离岸金融有望加速推进。

（一）监管政策全方位收紧

1. 国际经济合作组织税收透明化及信息交换

国际经济合作组织（OECD）通过协调各国政府加强国际合作，持续加强离岸资产税收管理。2013 年，被称为"避税天堂"的奥地利同意接受 OECD 谈判，商议修订银行保密法。2014 年 5 月，在 OECD 推动下，瑞士、开曼群岛和泽西岛等承诺将向有关国家交出账户信息；同年 7 月，OECD 发布共同汇报标准（Common Reporting Standard，CRS），用于指导参与司法管辖区定期对税收居民金融账户信息进行交换，旨在通过加强全球税收合作提高税收透明度，打击利用跨境金融账户逃避税行为。CRS 已于 2017 年 1 月 1 日正式生效，截至 2017 年 2 月已有 101 个国家和地区加入 CRS。

2. 国际反洗钱组织持续加强合规监管工作

为加强反洗钱、反恐怖融资全球协同力度，增强工作实效，金融行动特别工作组反洗钱组织（FATF）持续加强与离岸中心的沟通，不断增进信息互换，相应削弱了这些国家或地区对客户信息的保护力度。

3. 美国严惩离岸账户隐匿行为

为加强税收监管，美国持续加大离岸账户追踪处罚力度。2009 年，美国对瑞士银行展开调查，要求其公开美国富人账户，最终迫使瑞士银行以缴纳 7.8 亿美元罚金，提交 8000 名美国客户资料，换取免予起诉。2014 年，美国《海外账户纳税法案》（FATCA）正式实施，要求所有金融机构需向美国披露美国纳税人账户信息，否则将对其所有来自美国收入的 30% 征收预提税。

4. 欧盟征收预提税倒逼账户公开

2005 年，欧盟出台储蓄税指令，规定欧盟各国居民，如在非本国储蓄，要么在资金划转时预扣税，要么允许离岸银行将账户信息披露给本国税务局，之后又数次提高预扣税税率，倒逼居民选择披露账户信息。但因"避税天堂"卢森堡和奥地利阻挠，指令并未实施。直至 2014 年，迫于国际压力和美国 FATCA 法案实施的影响，两国表示支持指令，指令正式获得欧盟批准，从而使税收保密转向税收透明，实现各国税务信息共享。

（二）监管政策收紧有利于中国客户的离岸金融发展

监管政策收紧，将导致服务欧美客户的离岸金融急速萎缩，而服务中国客户的离岸金融将面临难得的发展机遇。

在欧美客户离岸金融方面，除税收优惠、严格保密外，美欧在政治环境、投资便利等方面与离岸中心相当，因此一旦离岸中心失去税收和保密优势，考虑其离岸账户维持成本较高，欧美客户多会选择撤离离岸中心。当前，在欧美的推动下，除巴拿马、列支敦士登等少数国家和地区外，几乎其他避税天堂基本承诺公开客户账户信息，因此离岸中心优势不再，欧美客户撤离离岸中心将成为必然。

在中国客户离岸金融方面，从客户需求层面看，尽管离岸中心监管力度加强，但相对中国等发展中国家而言，它依然存在比较优势，如投资便利、财富避险传承工具丰富等。这些优势，与中国高净值人群跨境多元化资产配置需求相契合，离岸金融发展前景向好。从国家政策层面看，为进一步深化改革，促进经济可持续发展，中国政府积极鼓励资本走出去，通过"一带一路"、自贸区、人民币离岸中心，大力推行人民币国际化，客观上为离岸金融提供了政策便利。

综上所述，笔者认为，服务于中国客户的离岸金融业务有望加速推进。

三　私人银行离岸金融的服务对象、内容、运作模式及优势

（一）私人银行离岸金融的服务对象及内容

私人银行离岸金融是离岸金融的重要内容之一，其服务对象为私人银行客户及家族企业，业务上具有对私对公的综合属性，服务内容主要包括离岸银行服务，如离岸账户开立、传统存贷款及杠杆融资、国际结算、托管等；离岸投资服务，如全权委托资产管理、共同基金、对冲基金、私人股权、证券市场投资、另类投资、衍生产品、保险、经纪等；离岸咨询及其他服务，如设立离岸信托、离岸公司或合伙企业，设立基金及管理、遗产及慈善基金筹划、非金融资产收购等。

（二）私人银行离岸金融的运作模式

私人银行离岸金融运作主要有两种模式，一是国外离岸，二是国内离岸。国外离岸运作模式是在海外（主要为离岸中心）设立私人银行离岸服务平台（收购或新设金融公司，或与国际知名商业银行联合设立特别目的机构SPV），为私人银行客户及其家族企业提供离岸金融服务，服务对象为本国居民。国内离岸主要是借助国内特殊金融管理区域（如上海自贸区、广东自贸区等）设立私人银行离岸金融服务平台，为私人银行客户及其家族企业提供离岸金融服务，服务对象为非本国居民。

（三）私人银行离岸金融的优势

1. 税收优惠

这是私人银行离岸金融服务最吸引人之处。目前全球大约有50个国家

和地区提供不同形式的离岸业务税收优惠。税收优惠程度最高的避税港，除英属维尔京群岛、开曼群岛开征少量印花税外，其他大多全面免征直接税，如个人所得税、公司所得税、资本利得税、利息税等。

2. 信息保密

某些司法辖区①（如瑞士、新加坡、卢森堡等）通过出台银行保密法或允许银行灵活设计产品结构，为银行客户提供双重隐私保护，即便上述司法辖区因故修订或放弃银行保密法，也可通过灵活设计产品结构，达到为客保密目的。②

3. 监管宽松

离岸金融中心一般采取相对宽松的监管措施，如在离岸银行存款免交存款准备金、不存在利率限制和实行存款保险制度等，为金融创新提供便利，刺激大量国际结算、风险防范创新工具的产生与运用。

4. 政治稳定

离岸中心大多具有稳定的政治环境，能为来自政治风险较大国家的客户，提供避险工具。

5. 服务灵活丰富

（1）离岸银行服务简便灵活，多数离岸个人银行账户可通过邮件开立，且大部分离岸银行可根据客户电话或传真指示操作。

（2）离岸投资服务产品丰富，大多数离岸司法管辖区对共同基金、对冲基金限制甚少，促使其成为开放式基金、对冲基金及各类集合投资基金的首选注册地，进而为客户提供丰富多样的投资选择。

（3）离岸咨询及其他服务便捷丰富。一是便利的公司融资服务。受制于国内法制体系与国际成熟法制体系的差异，部分客户名下企业难以在国

---

① 瑞士于1934年通过实施著名的《瑞士银行保密法》，为私人银行业务获取独特竞争优势，成为全球最大的私人银行离岸中心，管理大约占全球私人银行离岸财富的27%。The Boston Consulting Group, "Report Global Wealth: The Battle to Regain Strength," https://max.book118.com/html/2015/1015/27336328.shtm, May 2012。

② 在国际经济合作组织（OECD）及各国政府的压力下，大多数离岸私人银行对个人账户信息，包括"编号"银行账户信息，会按要求向相关当局披露实际受益人信息。但私人银行通过帮助客户设立离岸公司或信托，将个人财产转由离岸公司持有，可以达到为实际受益人隐匿的效果，OECD只要求披露个人账户信息。此外，大多数离岸中心对离岸信托及无限责任合伙企业，基本不要求注册，无须提供信息供公众监督，因此可以更好地满足客户私密要求。

际市场上市，客户可将企业股权转让给离岸公司，达到上市目的。① 此外，客户可通过在离岸注册特殊目的公司，达到规避烦冗监管程序、便捷发行债券的目的。二是个性化的财产赠予、转移及继承的服务安排多是通过设置离岸信托实现。典型的结构由私人银行为客户设立离岸公司以持有离岸信托，从而达到财产风险隔离和遗产避税的目的。三是提供便利国际投资通道。注册离岸公司可为投资于具有税收减免等优惠政策的发展中国家提供便利。Blanco 和 Rogers 发现，大约每 1 美元的离岸资产会带来 0.07 美元对发展中国家的直接投资。②

四 国内私人银行着手布局离岸金融的必要性

（一）满足客户跨境多元化资产配置服务需求

《中国农业银行私人银行 2016 年客户需求分析报告》指出，客户资产"走出去"倾向明显，在接受调查的客户中，有境外投资服务需求的客户占比达到 25.75%（见图 1）。随着高净值人群投资需求的多元化程度不断提高，随着民营企业"走出去"步伐不断加快，随着子女就学、移民等服务需求不断凸显，随着外汇政策、对外投资政策不断松绑，私人银行客户跨境多元化资产配置服务需求将日益旺盛。着手布局离岸金融，是有效满足客户需求的必然要求。

（二）应对国际先进同业竞争

面对国内富裕阶层爆发性增长，外资银行不断加大资源投入，如以稳健保守闻名于世的瑞士私人银行界，近年来也加速进入中国市场的进程。③着手布局离岸金融业务，增强全球资产配置能力，是面对先进外资私人银行竞争、弥补业务劣势、防止客户流失的必然选择。

---

① 大多数离岸公司可在纳斯达克、香港交易所、新加坡交易所申请上市。截至 2010 年初，在伦敦上市的 84 家中国公司中，有 1/4 由泽西岛协助完成。他们首先在泽西岛注册离岸公司，然后以泽西岛公司的身份赴伦敦上市。载刘冰：《我国离岸金融中心监管问题的研究》，《海南金融》2009 年第 12 期。

② L. Blanco & C. Rogers, "Are tax Havens good Neighbors? An LDC Perspective," *Social Science Electronic Publishing* 10（2009）.

③ 继瑞士宝盛银行之后，隆奥银行也以与兴业银行全面合作的形式进入中国私人银行市场。

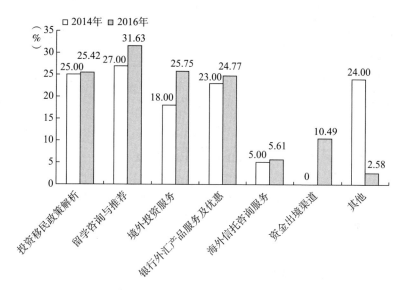

图1 2016年中国农业银行私人银行客户境外投资需求情况（多选）

资料来源：《中国农业银行私人银行 2016 年客户需求分析报告》。

（三）促进在岸业务发展

开展私人银行离岸业务，能有效促进在岸业务发展。通过离岸经营满足在岸客户的境外需求，能有效维护并发展在岸客户关系，增强客户黏性。同时还可以通过在岸、离岸联动，以产品组合创新为纽带，带动在岸资产、负债、中间业务全面发展。

（四）增强国际化服务能力

离岸金融可有效增强国内私人银行的国际化服务能力。一是国内私人银行离岸金融平台可通过"跨境提供"和"境外消费"① 向离岸客户提供服务，弥补境外机构网络的不足。二是在海外已有分支机构的情况下，通过整合营销渠道、产品、信息、客户、人力、服务等资源，发挥离岸经营

---

① WTO 项下《服务贸易总协定》（GATs）规定，国际服务贸易包括跨境交付（Cross-border Supply）、境外消费（Consumption Abroad）、商业存在（Commercial Presence）、自然人流动（Movement of Natural Persons）等四种方式。其中，"跨境交付"是指一成员服务提供者在其境内向在任何其他成员境内服务消费者提供服务，以获取报酬；"境外消费"是指一成员的服务提供者在其境内向来自任何其他成员的服务消费者提供服务，以获取报酬。

和海外机构经营的协同效应。三是为海外新设机构奠定基础，离岸经营可以为海外机构培育客户群体，满足在海外新设机构对海外客户数量和业务量的市场可行性要求。此外，通过离岸经营，还可以培养具有国际金融市场经营管理能力和产品创新、运用能力的管理骨干和业务人才，提升管理的国际化水平，使国内私人银行能真正跟随客户"走出去"。[①]

五　国内私人银行离岸金融发展策略

根据私人银行客户群体跨境金融服务需求的特征，结合离岸金融最新监管形势，笔者认为，当前国内私人银行离岸金融要从平台建设、产品研发两方面入手。

（一）离岸金融平台建设策略

为打造国内私人银行全球资产配置能力，建议逐步构建离岸金融平台。近期可优先考虑在国内自贸区和香港试点建立离岸金融平台，远期则可以人民币离岸中心为依托开展离岸业务。

1. 布局自贸区离岸金融

"上海自贸区的金融形态，事实上就是境内的离岸金融。"[②] 通过在区内设立离岸私人银行平台，利用自贸区"松绑跨境人民币使用"、"放松区内企业资本项下外汇管制"等政策，探索开展海外证券投资、境外融资、离岸信托、大额保单等离岸私人银行服务。

2. 利用香港地区独特优势

香港地区与内地文化同源，其政治环境稳定，拥有成熟的金融市场、健全透明的监管体系、优惠便捷的税收制度和顺畅快捷的资金流通渠道，是理想的离岸金融中心。同时，国内大型商业银行大多在香港设立了分行或办事处，储备了一定的客户和熟知香港金融环境的私人银行人才。基于上述考虑，可选择香港地区作为离岸私人银行平台建设的首选地，争取在香港市场上形成与国际先进私人银行相当的服务能力。

---

① 成光、孙林岩：《我国商业银行离岸经营动机分析》，《经济问题探索》2009 年第 1 期。

② 于舰：《连平：上海自贸区就是离岸金融区》，第一财经日报网，http：//www. p5w. net/news/gncj/201309/t20130909_301793. htm，2013 年 9 月 9 日。

3. 把握人民离岸中心发展机遇

英国和中国香港是境外人民币最主要的集散地①，未来国内私人银行可以依托英国和中国香港人民币离岸市场发展，充分利用伦敦子行和中国香港分行的业务联动优势，更好地满足私人银行客户的境外人民币投资保值增值的需求，建立人民币投资理财产品的先发主导优势。

（二）离岸金融产品研发策略

客户的海外资产配置和管理，主要包括投资移民、企业投融资、海外上市、境内境外资产一体化规划及信托安排等。国内私人银行应围绕上述需求，研发储备离岸金融产品。

1. 创新对接基础银行服务需求

在资产和负债业务方面积极将离岸业务创新组合。以负债业务为例，考虑到私人银行客户境外企业经过一段时间经营后，往往能积累一部分外汇资金，尤其是红筹上市公司，在境外资本市场上筹集了大量外汇资金，通过负债业务创新，可将境内外资金有效连接起来，即以离岸存款为质押开出备用信用证，由境内机构向在岸客户提供人民币授信，简称"离岸存款在岸授信"（见图2）。② 在资产业务方面，可在"内保外贷"产品基础上进行组合创新，形成在离岸协同产品。

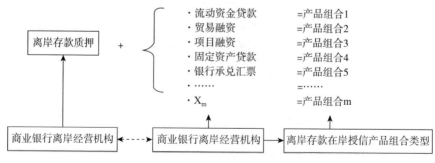

图2 "离岸存款在岸授信"，产品结构

---

① 2017年2月22日《经济日报》报道，英格兰银行发布的2016年前三季度伦敦离岸人民币业务统计数据显示，伦敦离岸人民币在存款沉淀、外汇交易领域，同比和环比都呈现不同程度的增长，市场活跃度进一步提升；新浪财经网，http://finance.sina.com.cn/roll/2017-02-22/doc-ifyarrqs9917824.shtml，2017年2月22日。
② 成光、孙林岩：《我国商业银行离岸业务发展策略》，《经济经纬》2009年第1期。

2. 创新对接红筹上市金融服务需求

境外红筹上市将产生大量金融需求，对此应积极研究利用在离岸业务协同给予满足。总体而言，红筹上市的金融需求包括：上市前对境内公司的资产或股权收购所产生的过桥贷款或股权融资，上市后筹措的大量资金所需要的理财服务，以上市募集资金在离岸作质押、境内人民币融资需求，大量资金跨境流动所需要的结算服务。

3. 创新对接外汇资金集中管理需求

私人银行客户（及其企业）通常在境内外拥有多个外汇账户，为实现境内外外汇资金的集中统一管理，有效调配外汇资金，提高外汇资金的使用效率，需要借助境内外一体化平台利用先进的网上银行技术，及时了解包括境外公司在内的集团旗下企业的资金往来、账户余额等情况，实现境内外外汇资金的合理调配，提高资金的清算、使用效率。

4. 创新对接事务管理类离岸信托需求

作为资产隔离、财富传承的良好工具，家族信托日益受到国内高净值人群的重视。囿于国内法制，家族信托的财富传承、企业控制功能大为限缩。而境外家族信托，特别是离岸中心家族信托，依托健全的法律，实现家族财富的有效传承与管理。可以预见，国内高净值人群对境外家族信托的需求将越来越旺盛。此外，慈善信托等事务管理类信托也将日益成为国内高净值人群感兴趣的新兴事物。国内私人银行应未雨绸缪，提前布局，充分利用国内自贸区和香港地区的政策优势，伺机推出事务管理类信托服务。

国内私人银行业务资产配置服务浅析

交通银行总行　田　野

一　国内私人银行客户服务模式现状

（一）中外私人银行业务起源存在本质差异

私人银行业务在中国落地生根也不过是最近十余年的事情，对中国的高净值客户和提供财富管理服务的金融机构而言，这是一项相对前沿且新兴的"舶来品"业务。在国际上，私人银行已经有三四百年的发展历程，这项曾经只为欧洲少数皇室、贵族、高管及富豪等管理财富，且有着浓郁神秘色彩的个性化定制服务，如今已发展成为海内外众多金融机构和高净值客户广泛参与的现代私人银行业务。从2007年开始，在借鉴海外同业经验的基础上，一些规模较大的中资商业银行开始试水私人银行业务。

国际上，私人银行业务起源于瑞士，据悉，17世纪欧洲的贵族外出打仗，家中财产由留守的贵族代为管理，这些留守贵族逐渐成为第一代私人银行家。而国内的私人银行业务则是个人客户在财富创造并积累的过程中，伴随着财富规模的膨胀与提升，逐渐引发的对财富管理服务的主观需求，因此中国的私人银行服务脱胎于零售业务，是在对零售客户进行精细化分层管理的基础上切割出来的业务单元。由此可见，西方的私人银行业务是由顶层向下推进，而国内则是由底层向上拔高，起源上的本质差异决定了服务模式的显著不同，同时也决定了在业务发展初期我国私人银行可能会面临不同于成熟模式的诸多挑战，当然也无法完全照搬成熟模式来求解。

（二）以产品销售为主的服务模式存在一些弊端

与西方将私人银行同零售银行、投资银行相并列的战略定位不同，国内私人银行在业务开设初期，主要是定位于零售业务或者只是零售业务的"高阶版"，因此服务模式也与零售业务本质上区隔不大，主要还是以产品销售为核心，另外结合高净值客户的特点提供一些主题性的增值服务。但是，在经历初创期的实践探索以后，这种以产品销售为主、增值服务为辅的私人银行服务模式却逐渐显现一些弊端。

1. 无法较好地满足高净值客户的综合化需求

随着经济环境的调整以及客户投资理念的成熟，国内高净值客户的金融需求也日趋复杂，客户正在逐渐回归到对投资理财专业性和金融服务综合化的根本诉求上，具体体现为投资领域的多元化以及投资视野的国际化。因此，相对单一的产品销售服务模式难以满足高净值客户多元配置和全球布局的金融需求。

2. 缺乏建立长期稳定客户服务关系的基础

在以产品销售为主的服务模式下，客户购买单一产品往往将注意力放在产品价格方面，通过询价、比价选择产品价格更具有优势的私人银行（多份调研报告均显示，目前境内的私人银行客户大多持有多个私人银行的账户），从而导致客户的黏性和忠诚度相对较低，同时在单一产品到期后再次营销的成本也较高，不利于稳定客户及其资产，也无法为客户进行相对长期的财富规划服务。

（三）高净值客户金融服务需求日趋成熟

从国内高净值客户的族群背景来看，占比较高的分别是企业主、公司高管及专业人士。由于背景特性，这些人群对宏观经济形势较为敏感，对某些行业、领域的专业度较高。随着经济环境的调整以及客户投资理念的日益成熟，中国高净值客户的金融需求也日趋复杂，主要体现为财富管理的多元配置。

长期以来，中国的投资者已经习惯了与经济高速发展相同步的高投资收益。从历史走势看，在一定时间的区间内，的确存在某类资产相对具有确定的趋势性投资机会,之所以单一投资在过去貌似可行,主要是在投资拉动的经济高速增长背景下,市场融资需求高企,各类资产的回报率都较高,在政府、银行等直接或间接以及显性或隐性的背书下,各类资产的违约风险都较低,因此高收益、低风险的资产也成为现实。但是,在经济增速放缓的情况下,各类资产的回报率均显著下行。例如,"宝宝类"等开放式货币基金年化收益率从 2014 年的 4%～5% 一路下行到 2016 年的 2%～3%;一年期人民币理财产品平均收益率由 2015 年初的 6% 下滑至目前的 4.5% 左右。同时,从更长的时间看,中国主要资产的收益和风险基本是相匹配的,更高的回报率通常对应的是更高的波动率,投资单一资产获利的难度将大大提升。在这样的背景下,客户多元资产配置的需求愈发凸显。这样的变化在高净值客户中由于财富规模效应更加明显,高净值客户将更加积极地寻求更多的投资机会。

(四) 资产配置将成为私人银行客户服务模式发展的重要方向

以目前国内私人银行业务的发展现状来看,尚无法实现像西方成熟私人银行那样为客户提供全视角的财富管理服务,成熟的私人银行接受客户的全权委托,涵盖其从摇篮到坟墓的所有金融和非金融需求,为高净值客户提供以财富管理为核心、以资产保值增值为目标、量身定制的高端金融和非金融服务。

在这样的背景和环境下,国内私人银行已经完成了业务初创阶段的探索,业务模式、盈利模式、服务理念、客户认知等也趋向成熟。因此,将私人银行的服务模式由此前的产品推介转向提供资产配置方案十分必要且可行。资产配置服务模式聚焦于客户金融资产的配置,核心在于为客户开启全市场、全产品的投资视野,并在此基础上提供最佳产品组合的解决方案。

二 资产配置服务的相关理论及内涵

(一) 投资组合理论

投资组合理论是美国经济学家马考维茨 (Markowitz) 于 1952 年提出的,核心思想是通过投资组合来降低非系统性风险,该理论被广泛应用于组合选择和资产配置领域，为有效投资组合的构建和投资组合的分析提供了重要的思想基础和一整套分析体系。

投资组合理论对现代投资管理实践的影响主要体现在以下几方面：一是首次对风险和收益这两个投资管理中的基础性概念进行了准确的定义，此后在投资管理实践中制定投资目标都会同时考虑风险和收益；二是投资组合理论关于分散投资的合理性分析为基金管理行业提供了重要的理论依据，使基金经理从过去较为关注对单个证券的分析转向对构建有效投资组合的重视；三是投资组合理论被广泛应用到各主要资产类型的最优配置活动中，并被实践证明是行之有效的。

（二）美林投资时钟理论

美林投资时钟理论是一种将"资产""行业轮动""债券收益率曲线""经济周期"四个阶段联系起来的方法，是一个实用的指导投资周期的工具。根据经济增长的方向和通胀的高低，美林投资时钟将经济周期分成了四个独立的阶段，分别是衰退、复苏、过热和滞胀，每一阶段都对应着某一特定的资产类别，分别是债券、股票、大宗商品和现金。

（三）资产配置服务内涵

众所周知，高净值客户或者是私人银行客户的需求往往是多元化且个性化的，无论从金融与非金融服务的角度切入，还是从财富保值、增值、传承等方面进行具象，都很难精准定位，这也是目前基于零售业务的国内私人银行服务对客户分析方面遇到的最大的挑战之一（西方私人银行更强调一对一的专户服务，而零售业务则更强调对客群的分类管理）。因此，从客户自身需求属性出发，提供全视角下的财富规划服务目前并未取得很好的进展，难点主要还是体现在对客户需求的挖掘、具象、分类和量化等分析的准确性和可行性上。

为解决上述问题，笔者所提出的资产配置服务将客户的资金需求作为分析对象，与客户需求属性不同，资金需求更容易归纳和量化，同时多个资金需求的集合也可以大略描述客户本身的需求特点。在此基础之上，再针对不同的资金需求进行大类资产的配置选择，以及相应的产品配置组合，就完成了一套相对完整的资产配置服务方案。

三 私人银行资产配置服务模型

（一）资产配置模型

概括来看，资产配置服务模型包含三大模块，分别是资金需求分析、大类资产配置和产品配置组合。

1. 资金需求分析

投资久期（H）和风险承受力（R）两个维度概括描述了客户资金的核心需求，分别对应客户资金的流动性需求和风险偏好。

投资久期是指客户资金对投资期限的要求。一般来说，投资期限在三个月以内的称为短期投资，体现为对投资组合高流动性的需求；三个月至一年的称为中期投资，体现为对投资组合流动性选择的平衡需求；一年以上则称为长期投资，体现为对流动性较低的需求。投资久期可以据此分为短、中、长三类区间需求。风险承受力是指客户资金在风险偏好方面的基本态度，可以分为高、中、低三类风险承受力。因此，客户资金需求可以分为风险承受力低、中、高（R1、R2、R3）和投资久期短、中、长（H1、H2、H3）相互交叉的九大类。

2. 大类资产配置

从投资品的角度看，可投资的大类资产归纳分为货币市场类、债券市场类、权益市场类、另类投资类、跨境投资类和股权投资类六大类，根据美林时钟理论，不同的经济周期大类资产的表现有所差异，因此根据对经济周期、市场趋势的分析，针对上述九大类客户资金需求制定对应的大类资产的配置比例，形成对应的大类资产配置组合。

3. 产品配置组合

将私人银行可为客户提供的产品按照大类资产进行归类，根据每只产品最核心的投资品划分所属的大类资产，例如开放式理财产品可以归为货币市场类资产，股票型基金可以归为权益市场类资产等。根据大类资产配置组合，在大类资产中优选对应的产品，并确定产品配置比例，进而形成产品配置组合。

(二) 资产配置模型的理论优势

1. 综合考虑了市场趋势和客户需求对资产配置决策的影响

根据前文的相关理论分析，可以看出投资组合理论倾向于把握投资主体的需求特征，即风险偏好和预期收益两个维度对投资组合选择的影响，而美林投资时钟理论则将市场特征与资产选择联系起来，资产配置服务模型在现有理论的基础上，结合市场趋势对大类资产的影响，形成符合资金风险偏好和期限需要的资产配置和产品配置组合，该模型既有理论支撑，同时也更加匹配实际场景。

2. 兼顾了客户需求的多元化和实际层面的可操作性

资产配置模型将客户需求转换到客户资金需求层面，既解决了实务层面的可行性问题，又最大限度地对客户需求进行了转换描述。

3. 突破了智能投顾系统只限于标准化产品的局限

目前有一些私人银行推出智能投顾服务，即通过智能化的系统设计将投资组合理论予以实践应用，但投资组合理论对产品的历史收益表现等数据信息要求较高，因此主要适用于基金等标准化产品，从这个层面来看资产配置模型的应用范围相对更广。

(三) 资产配置服务落地配套要求

1. 专业的投资策略分析体系

资产配置服务的前提是分析宏观经济趋势并判断一定时间段内（如月度）大类资产市场的走势，从而确定每一类资金需求客户相应的各大类资产的配置比例。例如，预判下个月债券市场、股票市场的趋势，在此基础上确定固定收益类资产、权益类资产的合理配置比例。

2. 丰富的产品供给货架

资产配置服务要实现良好的配置效果，满足私人银行客户资金多元化、个性化的金融规划需求，必然要求私人银行能够提供相对丰富的产品选择，覆盖各大类资产，包括现金管理类、固定收益类、股票投资类、另类投资和海外投资等，而且各大类资产所对应的产品库能涵盖短、中、长期限及低、中、高风险承受力的产品线。

3. 高效的客户经理服务水平

为客户提供资产配置服务需要客户经理具备较强的专业能力，不仅需要准确分析并把握客户的资金需求特征，还要熟悉大类资产的投资策略以及对全产品线有详尽的了解，并定期跟踪反馈配置组合的表现，根据市场变化调整方案组合。

4. 完备的系统支撑

资产配置服务是一个持续的闭环服务流程，需要定期对客户的配置方案进行跟踪检视，并及时根据市场环境变化调整配置策略，因此对系统支持提出了较高的要求。资产配置服务相关的系统会涉及客户关系管理系统、客户经理工作平台、各类产品销售管理平台、资产配置服务平台等。

（四）资产配置服务的实践意义

1. 满足客户平衡风险与收益条件下的金融需求

通过资产配置可以设计并组合出从较低风险水平到较高风险水平的跨度广、灵活性强的投资组合及组合收益率，在私人银行现行的产品体系下，可以组合出年化收益率从4%到10%以上、风险等级从2R到5R的产品组合，因此可以满足绝大部分私人银行客户的资产配置需求。

2. 根据市场变化调整配置策略及时把握投资机会

大类资产配置是在投资策略指导下进行的，因此可以定期根据市场变化分析各大类资产的走势调整大类资产的配置比例。比如，股票市场快牛行情出现时，增加权益类资产的配置比例；又如货币政策宽松、资金价格下行时，可拉长投资久期锁定收益。在这样的运作机制下，资产配置服务方案是动态调整的，从而能够为客户及时把握各类市场出现的投资机会，同时随着市场环境的变化，客户的风险偏好可能也会调整，动态配置能够更准确地满足客户需求。

3. 提升客户稳定度，改善客户与客户经理之间的关系

在以单一产品销售为主的服务模式下，大部分客户的资金集中于某一只或某一类产品上，这增加了产品到期后资金流失的风险和客户经理持续营销的难度。通过资产配置将资金分散在不同大类资产的不同产品上，各产品到期时间不同避免了资金集中到期产生的销售压力，也改善了客户通过单一询价比价购买产品的模式，同时将资产配置的理念传导给客户，客户经理定期对配置方案进行检视和优化，从而提升客户黏性，将销售关系长期化和稳定化。

四 结语

中资商业银行开展私人银行业务至今已 10 个年头，中国私人银行业务完成了起步阶段的探索，也逐步摸索出一套适应中国市场趋势、适合本土客户特征的业务发展模式。除了上文提到的资产配置服务，私人银行目前还可以为客户提供一类进阶的全权委托顾问式服务，简称"专户服务"，其本质是对客户的受托资产提供一揽子的综合服务解决方案。因此，无论是资产配置服务还是专户服务，都是由私人银行对客户的一笔资金或者一笔资产进行配置规划服务。随着经济环境的调整以及客户投资理念的日益成熟，中国高净值客户的金融需求也日趋复杂，客户正在逐渐回归到对投资理财专业性和金融服务综合化的根本要求上来。在这样的背景下，中资私人银行需要从整合市场资源能力、自身资产管理能力、专业化财富管理能力上强化，以更好地满足客户需求、提升服务能力、彰显服务价值。

私人银行客户资产配置特点研究

中国工商银行大连分行　丁星元

随着中国经济新常态的来临，高净值人群的投资理财方式也发生变化，高净值客户已不再满足于简单的投资收益与回报，而是不断调整投资结构，选择将投资资金分配于不同资产类别以规避风险。笔者拟从工商银行大连分行私人银行客户资产配置变化趋势出发，力图发现私人银行客户资产配置特点，并以资产配置特点为基础，分析适合不同类型私人银行客户的资产配置方案。

一　工商银行大连分行私人银行客户资产配置特点分析

笔者以近三年工商银行大连分行私人银行客户各类产品配置情况为数据基础，分析私人银行客户各类产品变化情况及特点。

1. 存款仍是私人银行客户的基本配置

从近三年数据分析，随着私人银行客户风险意识以及理财观念逐渐增强，储蓄存款在私人银行客户中占比逐年降低（见图1），但是由于储蓄存款的特殊"保本"属性，储蓄存款在私人银行客户资产配置中仍高于1/5，可见储蓄存款仍然是私人银行客户的基本配置，是私人银行客户资产配置的"防火墙"。

2. 个人普通理财占比急速下降，私人银行理财占比迅速提升

理财产品仍是私人银行客户资产配置的主要组成部分之一，个人普通理财及私人银行专属理财合计占比一直维持在55%左右，并无明显波动。但个人普通理财与私人银行专属理财占比出现明显变化，2014～2016年，

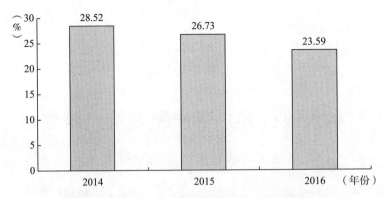

图1 2014～2016年私人银行客户存款配置情况

私人银行客户的私人银行专属理财占比从33.24%上升至46.92%，上升了13.68个百分点（见图2）。此种变化反映了私人银行客户已经不满足于适用于普通客户的理财产品，私人银行客户专属理财产品需求日益增加，对理财产品的专享及定制化需求日益增强。

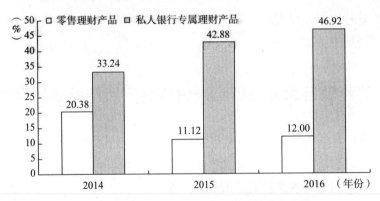

图2 2014～2016年私人银行客户理财产品配置情况

3. 基金产品受市场波动影响较大，具有一定时效性

从近三年数据看，基金产品在私人银行客户产品配置中占比排名第3位，随着市场形势变化，基金占比呈现下降态势（见图3）。

以2015年各月私人银行客户基金产品配置占比为例，可以看到私人银行客户对股票市场具有较强的敏感性，受股票市场影响较大，随着年初股市逐渐上扬，5月时占比达到12.32%。之后随着股市波动下行，基金占比迅速下降，在9月回归至7%左右的历史平均水平。

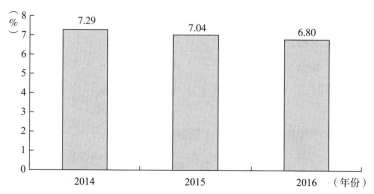

图3　2014～2016年私人银行客户基金产品配置情况

4. 保险及第三方存管产品占比有上升趋势

在保险产品方面，2016年私人银行客户中保险配置占比为5.79%（见图4），较2014年3.57%提高2.22个百分点，增速明显加快。这反映出由于保险具有资产隔离、定向传承、尊贵医疗等特殊的功能，私人银行客户的保险意识逐步增强。

在第三方存管方面，2016年占比为0.5%，呈现历史最低点，这表现出私人银行客户的风险承受能力逐渐降低，相比财富增值而言更注重财富保值。

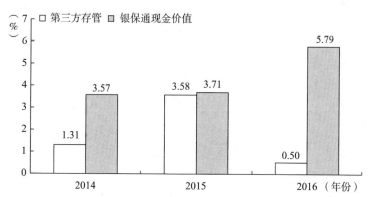

图4　2014～2016年私人银行客户保险及第三方存管配置情况

二　私人银行客户资产配置存在的问题

1. 私人银行客户净值型产品接受度仍较低

随着存款利率市场化的推进，理财产品告别固定收益向净值型发展是大势所趋，但私人银行客户对净值型产品仍然较为谨慎。因此，只有穿透理财产品到投资品，依托对宏观经济走势的研究与分析，借助灵活的大类资产配置策略，才能引导私人银行客户实现从关注静态收益到关注动态收益的转变，帮助客户树立正确的资产配置理念是私人银行的重要工作之一。

2. 私人银行客户保险产品占比仍有待提升

从 2014～2016 年的数据来看，虽然私人银行客户保险产品占比呈上升趋势，但是同其他产品相比，私人银行客户保险产品占比仍然偏低，根据数据测算，私人银行户均保险配置额仅为 70 万元，远远不能够满足私人银行客户对财富传承和保障的需求。

三　私人银行客户资产配置指导意见

为进一步满足私人银行客户资产配置需求，促进私人银行客户资产规模的稳定增长及满意度提升，笔者拟从综合化资产配置角度出发，在对私人银行客户的财富积累来源及整体金融需求进行五大分类的基础上，对客户资产组合提出建议，并拟定出大类投资品的投资比例，将其作为识别和营销私人银行客户时的参考。私人银行客户作为个人客户中的特殊群体，其资产配置方案应在此基础上，针对客户的风险偏好、流动性需求和预期收益率，做个性化安排。

1. 创富型客户

客户范围　以民营企业家为代表的大中型企业主，该类客户多处于事业黄金期，有自己的经营实体，财富积累为本人创业所得。

金融需求　一方面需要资金维持企业正常运营，另一方面个人所积累财富需要保值升值。

产品配置策略　企业经营贷款＋理财产品＋代发工资＋白金卡＋人身险＋"工银财富"私人助理服务＋网上银行。

组合策略　稳健型。

资产组合建议　将稳健型资产、平衡型资产和保障型资产的配置比例设定为 7:2:1（见表 1）。

表 1　创富型投资品比例

单位：%

资产性质	产品类型	理想投资比例
稳健型资产	储蓄存款	30
	稳健型理财产品	40
	偏债型基金	
平衡型资产	平衡型理财产品	20
	混合型基金	
保障型资产	保险产品	10

2. 收入型客户

客户范围　以职业经理人、企业高管和专业人士为代表的高收入群体，该类客户具有较强的财富获得与积累能力，且无经营性支出需要。

金融需求　以财富保值增值为主要目的，希望提供方便快捷的日常金融服务。

产品配置策略　理财产品 + 白金卡 + 人身险 + 网上银行 + 逸贷 + 网银质押贷款 + 个人贷款。

组合策略　平衡稳健型。

资产组合建议　将稳健型资产、平衡型资产、成长型资产和保障型资产的配置比例设定为 4:4:1:1（见表 2）。

表 2　收入型投资品比例

单位：%

资产性质	产品类型	理想投资比例
稳健型资产	储蓄存款	20
	稳健型理财产品	20
	偏债型基金	
平衡型资产	平衡型理财产品	40
	混合型基金	
成长型资产	成长型理财产品	10
	股票型基金	

资产性质	产品类型	理想投资比例
保障型资产	保险	10

3. 投资型客户

客户范围　以期货投资人、股票投资人和小额贷经营者为代表的专业投资者，该类客户大多数是由资本市场获利而跻身高净值客户的行列。

金融需求　有丰富的投资经验及背景，以财富扩张为主要目的，一部分客户希望保证资金高流动性以满足资本市场投资机会，一部分客户希望在日常高风险投资外保有部分安全性强的资金作为"养老金"。

产品配置策略　理财产品＋白金卡＋人身险＋手机银行＋网上银行＋逸贷＋网银理财质押贷款＋个人贷款。

组合策略　平衡成长型。

资产组合建议　将稳健型资产、平衡型资产、成长型资产和保障型资产的配置比例设定为 3∶3∶3∶1（见表3）。

表3　投资型投资品比例

单位：%

资产性质	产品类型	理想投资比例
稳健型资产	储蓄存款	10
	稳健型理财产品	20
	偏债型基金	
平衡型资产	平衡型理财产品	30
	混合型基金	
成长型资产	成长型理财产品	30
	股票型基金	
保障型资产	保险	10

4. 承继型客户

客户范围　以全职太太和富二代等为代表的既得财富者，该类客户多为财富创造者的配偶、子女或父母，为家族或家庭管理财富。

金融需求 追求高品质的生活，总体投资风格偏向稳健，投资期限呈两极化分列，偏向超短期和长期投资。

产品配置策略 理财产品＋白金卡＋重疾险＋手机银行＋网上银行＋贵金属定向投资＋个人贷款＋网银理财质押贷款。

组合策略 稳健平衡型。

资产组合建议 将稳健型资产、平衡型资产、成长型资产和保障型资产的配置比例设定为 5∶3∶1∶1（见表4）。

表4 承继型投资品比例

单位：%

资产性质	产品类型	理想投资比例
稳健型资产	储蓄存款	20
	稳健型理财产品	30
	偏债型基金	
平衡型资产	平衡型理财产品	30
	混合型基金	
成长型资产	成长型理财产品	10
	股票型基金	
保障型资产	保险	10

5. 机遇型客户

客户范围 以收到土地补偿款、拆迁补偿款等机遇性收入而跻身于高净值客户行列的小经营者或土地拥有者为主。

金融需求 以财富保值增值为主要投资目标，既要求投资安全，又渴望获得高收益。

产品配置策略 理财产品＋白金卡＋人身险＋手机银行＋网上银行＋贵金属＋网银质押贷款。

组合策略 稳健型。

资产组合建议 将稳健型资产、平衡型资产、成长型资产和保障型资产的配置比例设定为 6∶2.5∶0.5∶1（见表5）。

表 5　机遇型投资品比例

单位：%

资产性质	产品类型	理想投资比例
稳健型资产	储蓄存款	30
	稳健型理财产品	30
	偏债型基金	
平衡型资产	平衡型理财产品	25
	混合型基金	
成长型资产	成长型理财产品	5
	股票型基金	
保障型资产	保险	10

贵金属在私人银行资产配置中的应用

交通银行北京市分行 刘 轩

一 影响贵金属走势的分析

如何判断贵金属未来的走势是投资贵金属的关键所在，以最具代表性的黄金为例，其影响因素主要包括以下几方面。

（一）影响黄金走势的宏观因素——上层决定下层

在宏观方面，影响黄金价格有四个层面的因素。一是国际政治、地缘政治和大国战略这些层面的问题，这是形成黄金价格中长期趋势的因素，也是黄金投资必须关注的第一层面。二是国际经济。其形势的好坏，一方面和投资市场相关，另一方面和资源的供需均衡相关。三是国际金融形势。若国际金融形势相对稳定，则投资市场中常规机制会显现得更加充分，异常机制会显现得更少一些。四是游资在不同的金融市场中结构分布。

这四个层面因素的相互关系是上一个层面决定下一个层面，即上一个层面因素动荡时，下一个层面对金价的影响机制失灵。因此，如果只关注第三和第四个层面，则在判断黄金市场价格走势的时候就容易迷失方向。

（二）黄金与石油——正向联动

黄金价格与石油有着极强的相关性，一是地缘政治因素所造成的。石油作为目前主要的战略资源，各个国家对石油的争夺愈演愈烈，直接导致了地区动荡甚至局部战争，从而影响黄金的价格。二是石油价格上涨往往使以石油等原料作为投入的生产成本上升，成本推进型的通货膨胀由此产生，为避免通货膨胀风险，黄金就成为理想的投资和保值的工具，因而黄金的需求增加，金价上升，20 世纪石油危机后的金价暴涨便是如此。三是石油市场有可能间接与黄金市场发生联动。油价波动常常影响世界经济尤其是美国经济，而美国经济总量和原油消费量均列世界第 1 位，因此美国的经济走势会直接影响美国资产质量从而引起美元的涨跌，而美元的涨跌又会对国际金价的走势产生重要影响。

二　贵金属在私人银行资产配置中的重要性

贵金属投资是近年来银行理财的投资热点，随着相关政策的陆续出台，社会保障制度的不断完善，贵金属投资成为一种资产配置趋势。在传统投资市场回报受限，收益率下降的背景下，贵金属投资逐渐成为投资者资金配置的新选择。与此同时，投资渠道的不断拓宽、投资品种的不断完善，也使私人银行客户越来越注重贵金属资产在投资理财中的合理配置。

（一）外部因素

国内贵金属市场发展迎来政策机遇。按照 2010 年中国人民银行等六部委《关于促进黄金市场发展的若干意见》和"十三五"规划关于推动黄金市场发展、加快多层次金融市场体系建设的要求，未来商业银行在黄金市场发展中将发挥越来越重要的作用。可以预见，在利率市场化、利差收入缩减的大背景下，黄金业务将成为商业银行转型发展新的利润增长点。

另外，由于通货膨胀、纸币不断贬值、国际地区政治局势不安定等因素的影响，以黄金为代表的贵金属避险作用不断显现，具有保值避险功能的贵金属越来越受投资者的关注。

相较于国内权益类投资市场而言，黄金市场是全球性的资本市场，各国中央银行都参与其中，交易方式更显公平、透明，在现实中很难出现有实力的机构操纵黄金市场。另外，全球参与黄金交易的市场包括伦敦、纽约及中国香港等市场，目前已经形成了 24 小时不间断的黄金交易市场，加强了变现能力。

（二）内部因素

国内市场需求日益旺盛，理财投资工具层出不穷，其中以黄金为代表的贵金属投资吸引了越来越多高净值投资者。无论是投资金银首饰、金条，还是与黄金挂钩的理财产品，需求量均呈现爆发式增长，中国已成为全球黄金消费第一大国。随着投资理念日益成熟，中高端客户尤其是私人银行客户资产配置逐步向多元化方向发展，贵金属资产已成为客户资产配置、投资避险的重要选择，市场潜力巨大。面对利率市场化和利息收入减少，私人银行对黄金和白银等贵金属的需求将持续加大，投资热情已被逐步激发。而在资产组合中将一定的资产比例配置在贵金属理财产品上，可以有效地分散投资风险，具体的配置比例，要视投资者的风险承受能力、风险偏好以及自身情况而定。

三 贵金属在私人银行资产配置中的应用

贵金属投资呈现多元化发展的态势，各家商业银行投资理财品种也越来越丰富，除了原来的贵金属买卖、贵金属递延交易、实物黄金投资等业务外，多家商业银行又推出了账户贵金属、定投、双向交易账户金等业务，增加了投资者的选择品种以分散投资风险。

（一）贵金属投资方式

随着贵金属投资渠道及方法的不断拓宽，以购买黄金、白银或投资账户作为贵金属资产配置已经成为非常普遍的投资行为，各大银行推出的贵金属投资品种也是层出不穷，无论是账户金交易还是实物投资金条，都是私人银行客户资产配置中不可或缺的组成部分。通过银行这一平台，主要有三种投资贵金属的方式：一是投资账户贵金属，通过价差交易获利；二是直接在银行购买实物黄金、白银以求保值增值；三是购买与黄金价格挂钩的理财产品。

1. 投资账户贵金属

在账户贵金属的投资标的中，较流行的有账户金、账户银、账户铂三种，账户金和账户银又以其较大的波动性，最受投资者青睐。在账户贵金属的交易投资中，最简单的获利方式便是低买高卖。

2. 银行实物黄金投资

参与全面投资回购服务的客户不仅可以在银行提供的平台上进行账户

贵金属交易，还可直接在银行购买实物黄金。一般银行销售的实物黄金分为两种，一是没有任何加工工艺的金条，适合投资保值用；二是有一定附加值的工艺金条，兼具收藏和投资的价值。"乱世藏金"的说法自古有之，即使在黄金非货币化的今日，其货币价值依然举足轻重。在中国、印度等黄金消费大国，人们对黄金的喜爱使得黄金的需求量不断攀升，从而间接推高了黄金的价格。黄金作为一种准货币，其流通变现能力自然备受投资者的关注，目前黄金市场的价格已日趋公开透明，变现渠道也日益增多。除传统金店外，银行也陆续推出黄金回购业务，使实物黄金的投资者在黄金上涨的形势下，同样能够锁定收益，落袋为安，这无疑大大增加了投资者去银行购买实物黄金的意愿。

3. 购买与黄金挂钩的理财产品

挂钩黄金的理财产品是一种结构性理财产品，是将所募集的资金投资固定收益证券和与黄金相关的金融衍生品，根据相关标的的价格获得结算最终收益。这种投资方式既可以使客户参与黄金市场价格走势的分析，又可以通过产品结构的设计减少投资风险，实现稳健投资的目的。

（二）银行贵金属主要投资品种

1. 账户贵金属

账户贵金属俗称"纸黄金"或"纸白银"，是一种个人凭证式黄金或白银，投资者按银行报价在账面上买卖"虚拟"黄金或白银，投资者通过买卖价差赚取收益。无须提取黄金实物，免于支付储藏、运输、鉴别等各项费用，交易成本低廉。账户贵金属包括人民币账户金和美元账户金两种，人民币账户金投资起点为 10 克，美元账户金的投资起点为 0.1 盎司，银行报价与国际市场黄金价格实时联动，透明度高。近年来，各家商业银行陆续推出了纸黄金的双向交易，让纸黄金投资者在下跌行情中也可以获利。

2. 实物黄金

实物黄金是相对"纸黄金"而言的，是指发生实际黄金交割行为可提取实物的黄金品种。一般来说商业银行的实物黄金业务可分为银行自主品牌实物黄金和个人代理实物黄金两类。

（1）银行自主品牌实物黄金是商业银行自行设计并委托专业黄金精炼

企业加工的黄金产品。

（2）个人代理实物黄金是指商业银行凭借与上海黄金交易所共同构建的黄金交易系统，根据投资者委托，代理进行的实物黄金交易、资金清算及实物交割。该业务采取投资者自主报价的方式，实盘交易，撮合成交，实物交割。

3. 贵金属延期品种

贵金属延期品种是指以分期付款方式进行交易，客户可以选择合约交易日当天交割，也可以延期至下一个交易日进行交割，同时引入延期补偿费机制来平抑供求矛盾的一种现货交易模式。目前，商业银行代理上海黄金交易所 Au（T+D）、Ag（T+D）、Au（T+N1）、Au（T+N2）四个现货黄金延期品种。贵金属延期品种提供"卖空"机制，投资者可进行双向交易，预期黄金价格上涨或下跌均可通过交易获利，投资者可同时申请实物交割，也可通过申请"中立仓"获取延期补偿费。

4. 黄金期货、黄金远期和黄金期权等衍生品

（1）黄金期货是黄金实物的金融衍生品，是通过期货交易所买卖标准化的黄金期货合约而进行的一种交易方式。

（2）黄金远期是投资者由于套期保值需要与银行签订的以美元计价、在未来某一约定时间买入或卖出黄金的交易。投资者以美元与银行做黄金远期交易（包括远期卖出黄金或远期买入黄金），最迟需在远期合约到期前2个工作日，通过反向交易对冲该笔交易，并于到期日进行美元资金差额清算，而不进行黄金实体交割业务。

（3）黄金期权是指投资者按事先商定的价格、期限买卖一定数量的黄金的权利。投资者可以根据自己对黄金价格未来走势的判断，向银行支付一定金额的期权费后买入相应面值、期限和执行价格的黄金期权（看涨期权或看跌期权），如果价格走势对投资者有利，则会行使其权利而获利；如果价格走势对其不利，投资者则放弃购买的权利，损失的是当时购买期权时的费用。黄金期权具有较强的杠杆作用，以少量资金进行大额投资，与传统的"纸黄金"相比，个人黄金期权具备以小搏大的杠杆效应，并为投资者提供了做空黄金的工具。

5. 黄金定投

黄金定投又称为黄金积存业务，是指投资者在商业银行开立黄金积存账户，选择每月固定投资一定金额或一定数量的黄金，实现长期的黄金积存，客户也可以根据资金状况进行不定期的主动购买，进行黄金积存交易。对于积存账户内的黄金余额，客户可以选择赎回获得货币资金或按商业银行相应黄金产品的实有规格提取黄金实物。由于黄金期货、黄金期权等衍生品风险较大，而黄金定投投资门槛低，普通投资者所购买的黄金相当于在较长一段时间内以"均价"买入，可以分散价格风险，实现"小积累、大财富"。

6. 挂钩黄金理财产品

在目前市场中，理财产品收益率与黄金价格变化有三种关系，即看涨型、看跌型和区间型。看涨型的理财产品收益率水平与黄金价格正相关；看跌型的理财产品收益与黄金价格负相关，金价越高，理财产品收益越低；区间型的理财产品往往设置一个价格区间，当黄金价格处于这个区间内，理财产品收益较高，一旦突破这个区间，则收益较低。黄金挂钩类理财产品投资者能通过选择不同的收益结构规避系统性风险，但其收益率高低和黄金价格关系较为复杂，需要投资者对价格走势做出自己独特的判断，因此投资难度较高。

（三）贵金属投资的风险与策略

1. 要合理控制仓位

根据实际情况制订资金运作比例，下单前需慎重考虑，为可能造成的损失留下一定回旋的空间与机会，满仓操作风险较高。成功的投资者，其中一项原则是随时保持 2~3 倍甚至以上的资金以应付价位的波动，如果资金不充分，就应减少手上所持的仓位，否则就可能因保证金不足而被迫平仓，即使后来证明眼光准确也无济于事。

2. 顺势而为

在市场出现单边行情时，不要刻意猜测顶部或底部的点位而进行反向操作，只要行情没有出现大的反转，不要逆势操作，市场不会因人的意志而转移，市场只会是按市场规律运行。

3. 树立良好的投资心态

心态平和时思路会比较清晰，要冷静、客观地分析行情波动因素，不确定时，暂且观望，减少盲目跟风操作的次数，保持理性操作。投资者并非每天都要入市，初入行者往往热衷于入市买卖，但成功的投资者则会等待机会，感到疑惑或不确定时亦会先行离市，暂抱观望态度，待时机成熟时再进行操作。

4. 严格止损、降低风险

进行投资时应确立可容忍的亏损范围，善于止损投资才不至于出现巨额亏损。亏损范围应依据账户资金情形，最好设定在账户总额的 3% ~ 10%，当亏损金额已达到容忍限度时应立即平仓，从而避免行情转坏、损失无限扩大的风险。同时投资者要以账户金额衡量投资数量，不要过度投资，一次投资过多很容易产生失控性亏损，投资额度应控制在一定范围内，除非你能确定目前走势对你有利，可以满仓投入，否则每次投入不要超过总投入的 30%，从而有效控制风险。

四 私人银行发展贵金属业务的策略

当私人银行开展贵金属业务时，应将贵金属业务定位为专业性平台业务，通过发展贵金属业务，丰富资产配置品种，提升综合服务竞争力，以吸引和维护高端客户，从而实现增加储蓄存款、增加手续费收入、优化收入结构的目的。此外，还可以通过不断地培训和提升私人银行顾问的专业水平，打造一支资产配置型的专业化理财团队。

（一）稳健经营，树立品牌

私人银行要积极打造系统稳定、交易便捷、重视风险、值得信赖的贵金属投资理财品牌。坚持合作发展，构建多层次的营销体系，实现联动营销、分层服务。通过私人银行、贵金属旗舰店相互联动的模式，对私人银行客户提供差异化的特色金融服务，以黄金定制、大宗交易等方式来维护私人银行客户的特殊需求。

（二）开拓新的市场空间

面对金融产品与服务同质化竞争日益激烈的形势，私人银行业务要在金融市场中占有一席之地，必须运用"蓝海战略"，依托贵金属开创有特色的私人银行业务，尝试开拓新的市场空间，持续丰富业务品种，通过推出贵金属租赁和贵金属质押贷款等融资类业务，形成完整的产品线。加快产品的研发与创新，依托"实物类、交易类、融资类、理财类"四大产品线，通过研发与创新进一步丰富业务品种，确立贵金属在资产配置中的地位和作用。

（三）重视客户体验

实践证明，持续、良好的客户服务体验有助于建立长远的客户关系。以黄金延期（TD）交易客户为例，该业务客户群大多是具有一定资金量的优质客户，尤其是专业投资类客户，在开展客户服务时应把握以下三点。一是做好客户的风险评估和投资者教育，针对客户的风险承受能力，推荐适合的交易品种；二是做好业务解答，需要配备熟悉 TD 交易的营销人员，为客户答疑解惑，但不可代客操盘、代客投资决策；三是采取各种形式与客户进行交流、互动，普及贵金属知识、市场动态、投资分析方法等，通过专业的投资分析及市场研判保持与客户定期沟通，从而实现对高净值客户的有效维护方式。

自贸区背景下农行私人银行离岸业务发展对策探讨

中国农业银行大连市分行　包楠迪

2017 年 4 月 10 日，中国（辽宁）自由贸易试验区大连片区（以下简称大连自贸区）在大连金普新区揭牌。大连自贸区将重点发展港航物流、金融商贸、先进装备制造、高新技术、循环经济和航运服务等产业。其中在金融领域，按照《辽宁自贸试验区大连片区金融创新方案》规划，将实施 6 个方面 44 条金融创新举措，支持商业银行在区内扩大相关离岸业务，深化金融开放创新，着力在金融国际化上实现新突破。大连自贸区的成立，为大连范围内的商业银行开展离岸业务特别是私人银行业务提供了机遇，自贸区的金融改革将逐渐由机构业务扩展到个人业务，因此建立自贸区，为私人银行离岸业务提供了巨大的发展空间。作为国有五大行之一的农业银行应抓住机遇，以自贸区为依托，积极发展私人银行离岸业务。

一　自贸区下农行布局私人银行离岸金融的必要性

（一）满足客户跨境多元化资产配置服务需求

改革开放以来，我国经济持续高速增长，高净值人群数量不断上升，客户群体已经形成。随着经济进入"新常态"时期，我国私人财富总量仍然保持增长。兴业银行与波士顿咨询公司（BCG）联合发布的《中国私人银行 2016 年度报告》指出，在中国经济增速趋缓的背景下，高净值人群的财富增长仍将十分稳健，预计到 2020 年中国高净值家庭的数量将增加至

388 万户。

随着中国经济增速放缓，经济结构转型步入新常态，越来越多的高净值客户意识到资产全球化配置的重要性。报告分析指出：2015 年中国金融和投资市场的剧烈波动，使中国高净值客户投资更加多元化，尤其是随着中国经济全球化持续深入，高净值人群资产全球配置的需求显著上升，中国大陆个人境外资产配置比例将从 2015 年的 4.8% 上升到 2020 年的 9.4% 左右，新增市场规模将达到 13 万亿元（见图 1）。随着高净值人群投资需求多元化的程度不断提高，民营企业"走出去"步伐不断加快，子女就学、移民等服务需求凸显，外汇政策、对外投资政策不断松绑，私人银行客户跨境多元化资产配置服务需求将日益旺盛。

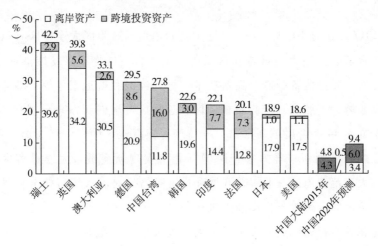

图 1　全球个人金融资产境外投资（跨境＋离岸）占总体可投资金融资产比例

资料来源：兴业银行与波士顿咨询公司《中国私人银行 2016 年度报告》。

2008 年金融危机后，大量从事跨境投资的高净值客户降低了对外资银行的信心和信任度，转而选择更加稳健、审慎的中资银行为其打理资产，加之很多高净值客户的企业、家庭仍与境内保持密切联系，这使他们迫切需要一家同时具备境内外资产管理、信贷融资、本外币结算、投行业务能力的大型综合性金融机构全面为其服务。因此，农业银行私人银行抓住机遇布局离岸金融，是有效满足客户需求的必然选择。

（二）金融国际化是大连自贸区实现新突破的必然选择

大连地处东北亚经济区中心，毗邻日本、韩国，是我国最早对外开放城市之一，是我国与东北亚国家经贸往来和开放合作的重要枢纽。建立自贸区，积极打造东北亚重要国际航运中心、国际物流中心、国际金融商贸中心需要强有力的金融服务跟进，因此深化金融开放创新，着力在金融国际化上实现新突破是大连自贸区建设的重要目标之一。自贸区的建立为商业银行大力发展离岸金融业务带来了机遇，也为商业银行开展离岸私人银行业务提供了发展空间。与此同时，在自贸区背景下银行大力发展离岸私人银行业务能够促进自贸区金融服务开放创新，推动自贸区经济更好更快地发展。

（三）有效应对同业竞争，促进农行在岸业务发展

据不完全统计，目前至少有中国银行、交通银行、招商银行、浦发银行和兴业银行等已在私人银行领域推出了面向高端客户的全球资产配置服务。2013 年，上海自贸区成立，浦发银行抓住机遇，积极开展自贸区背景下的私人银行离岸业务，为高端私人银行客户量身打造离岸金融服务方案，由此积累了大量宝贵的经验。在大连自贸区挂牌成立之时，农行也应抓住机遇着手布局私人银行离岸金融业务，增强农行全球资产配置能力，这是弥补业务竞争劣势、防止客户流失的必然选择。

开展私人银行离岸业务，能有效促进在岸业务发展。一是稳定和发展在岸客户关系。通过离岸经营满足在岸客户的境外需求，有效维护并发展在岸客户关系，增强客户黏性。二是拓展和开发在岸客户，通过离岸金融，能拓展和开发有跨境金融服务需求的在岸客户。三是带动业务全面发展，通过在离岸联动，以产品组合创新为纽带，带动在岸资产、负债、中间业务全面发展。

二　离岸金融业务、离岸金融中心与自贸区

（一）离岸金融业务内涵

国际顶尖的私人银行往往为高净值客户提供包括商业银行、投资银行、资产管理在内的专业化、个性化、全球化的整合金融解决方案。离岸金融业务是私人银行服务体系非常重要的组成部分，也是私人银行全球服务能力的主要体现。国际货币基金组织对离岸金融业务有以下定义：离岸

金融业务是银行及其他金融机构为非本司法管辖区居民提供的金融服务，包括银行承担金融中介职能为非居民客户提供的存贷款，也包括银行及各金融机构为非居民提供的基金管理、保险、信托、资产保护、公司咨询理财和税收筹划等服务。离岸金融业务具有特殊的法律和货币经营特征，一是离岸金融业务往往独立于东道国在岸金融体系之外，离岸、在岸账户分离，适用不同的法律；二是离岸金融机构吸收和运用东道国国家货币之外的其他国际货币。

私人银行离岸金融业务主要有三个方面，一是离岸银行服务，包括离岸账户开立、传统存贷款以及杠杆融资、国际结算、托管等；二是离岸投资服务，包括全权委托资产管理、证券市场投资、共同基金、对冲基金、私人股权、财产和房地产、结构性产品、另类投资、衍生产品、保险、经纪等；三是离岸咨询及其他服务，包括设立离岸信托、离岸公司、离岸合伙企业，设立基金及管理，游艇及私人飞机注册，遗产及慈善基金或计划，非金融资产收购、融资和管理等。

（二）离岸金融中心与自贸区

一般来说，私人银行经营机构是依托各离岸金融中心开展离岸金融业务的。在理论上一般将离岸金融中心分为三类，一是以伦敦为代表的伦敦型离岸金融中心，其经营的货币是境外货币，市场的参与者既可以经营离岸金融业务，又可以经营自由市场业务。在管理上没有什么限制，经营离岸业务不必向金融当局申请批准。二是以纽约为代表的纽约型离岸金融中心，经营离岸业务的本国银行和外国银行必须向金融当局申请，经营离岸金融业务可以免交存款准备金和存款保险金，享有利息预扣税和地方税的豁免权。离岸业务所经营的货币可以是境外货币，也可以是本国货币，但离岸业务和传统业务必须分别设立账户。三是避税型离岸金融中心，一般设在风景优美的海岛和港口，如英属维尔京群岛、开曼群岛等，这些地方政局稳定，税收优惠，没有金融管制。

2013 年上海自贸区成立，业界普遍认为离岸金融业务有望成为上海自贸区发展较大的领域。专家学者认为，上海自贸区的金融形态从本质上来说具有离岸的属性，是境内的离岸金融中心。大连自贸区在借鉴上海自贸区经验的基础之上，努力在金融国际化上实现新突破，着力将自身打造成东北亚离岸金融中心。但是，自贸区虽具有离岸的属性，而与传统离岸金融中心相比，仍存在一定的差距。一是大连自贸区与国际发达的离岸金融市场相比仍然存在较大的差距，我国的经济建设起步较晚，大连与临近的日本东京和中国香港等发达的国际离岸金融中心相比，仍存在较大的差距。面对亚洲的激烈竞争，大连自贸区的离岸业务如果仅依靠金融综合实力来吸引境外资本，很难得到快速发展。二是自贸区较低的金融自由限制了离岸业务的发展，虽然大连自贸区在借鉴上海自贸区经验的基础之上，深化金融开放创新，着力在金融国际化上实现新突破，但是面对管制放松带来的一系列风险，在大连自贸区发展初期，外汇政策改革将面临较大的阻力，金融自由化步伐也会相对谨慎。外币与本币无法自由兑换，资本项目在短期也无法实现完全可兑换，阻碍了离岸资金市场的形成和发展。由于大连自贸区在短期内还不能放开资本流动管制实现投资自由化，这在一定程度上也限制了部分私人银行离岸金融业务的发展。

三　自贸区背景下农行开展私人银行离岸金融业务的策略

虽然大连自贸区与国际传统离岸金融中心存在一定差距，短时间内资本项目仍受到管制和制约，但是农业银行在紧盯客户需求的基础上，应根据自贸区现有金融优惠政策积极进行私人银行离岸金融业务的探索。

（一）以自贸区为依托积极布局海外投资

根据外汇管理局规定，当前中国资本账户尚未实现完全可兑换，资本项下个人对外投资只能通过规定的渠道，如合格境内机构投资者（QDII）等实现。但是，在自贸区内个人可以开设自由贸易账户，区内境外个人也可以开设自由贸易账户，待相关配套细则一出台，个人就可以通过自由贸易账户投资境外资本市场。农业银行应抓住机遇，在自贸区内设置离岸私人银行平台，在为私人银行客户做好离岸账户开立、国际结算等离岸金融服务的基础上，积极探索海外证券投资、境外融资、对冲基金、私人股权、财产和房地产、结构性产品、另类投资、衍生产品，以此提升离岸投资服务。

（二）积极把握区内跨境人民币发展机遇

根据《辽宁自贸试验区大连片区金融创新方案》，支持区内各类主体开展跨境人民币投资，允许区内企业和金融机构按照宏观审慎原则从境外借用人民币资金。鉴于此，农业银行在布局海外投资时，应积极探索以人民币计价的金融投资产品，规避汇率风险，更好地满足私人银行客户境外人民币投资保值增值的需求。

（三）积极研发储备产品

以自贸区为依托，创新对接基础银行服务需求。在负债和资产业务方面积极进行离岸业务创新组合。在负债方面，由于私人银行客户的企业在自贸区经过一段时间的经营会积累一定的外汇资金，区外银行可以以外汇资金为质押开出备用信用证，向区外企业进行人民币授信；在资产业务方面，可在"内保外贷"产品基础上进行组合创新，形成区内区外、在岸离岸协同产品。

创新对接事务管理类离岸信托需求。作为资产隔离、财富传承的良好工具，家族信托日益受到国内高净值人群的重视。囿于国内法律制度，能纳入家族信托的资产类型仅限于现金类金融资产和部分理财、信托产品，而房产和股权等无法纳入，导致家族信托的财富传承、企业控制功能大为限缩。而境外家族信托，特别是离岸中心家族信托，依托于当地健全的法律制度，能实现其完整功能。可预见，国内高净值人群对境外家族信托的需求将越来越旺盛。此外，慈善信托等事务管理类信托也将日益成为国内高净值人群感兴趣的新兴事物。农业银行应未雨绸缪，提前布局，充分利用自贸区的政策优势，伺机推出事务管理类信托服务。

（四）积极推进在岸离岸协同

在岸业务与离岸业务在经营对象、经营环境、经营风险、遵循的惯例以及金融监管等方面存在明显差别，但两者作为两个子业务系统，相互交融、相互促进，共同服务于私人银行客户全球资产配置与管理。

1. 通过共享或分享客户信息，实现在岸离岸信息协同

整合在岸离岸信息系统所收集的客户信息建立数据库，统一存储、统一分析，通过大数据挖掘，了解客户历史交易记录、金融服务偏好等，在此基础上，进行产品创新组合，为客户提供在岸离岸一体化金融服务。

2. 实现在岸离岸战略合作、资源统筹、人员调配、体制机制方面协同管理

就战略合作来讲，开展在岸业务时要充分考虑离岸业务发展，并适当在资源上予以倾斜；就体制机制协同来讲，在综合绩效考核中，既要将离岸业务对在岸业务的贡献纳入经营机构考核，也要将在岸业务对离岸业务的贡献纳入经营机构考核。

3. 推进营销协同

营销协同主要包括客户拓展、产品定价、渠道建设三个方面的协同。通过协同，实现从离岸客户中拓展在岸客户，从在岸客户中拓展离岸客户；统筹在岸离岸客户情况，根据业务拓展需要，在确保总体收益不变的情况下，降低或提高部分离岸或在岸产品价格，在增加产品风险缓释手段的同时，扩大产品定价腾挪空间；借助国内渠道优势，协助离岸机构进行产品销售、客户咨询、业务传递、客户关系维护等，节约离岸经营成本。

4. 离岸业务的风险

离岸业务与在岸业务相比，信用风险更加突出，面临较大的市场风险、操作风险和流动性风险以及较高的政策风险。针对上述风险尤其信用风险，应积极推进风险控制协同。例如，应对离岸客户和在岸客户信用风险进行整体控制，要进一步完善同一客户的授信管理模式，对同一客户授信既要包括其在岸企业的授信，也要包括其离岸企业的授信，避免多头授信和分散授信。在授信总额项下分割为在岸客户授信和离岸客户授信，将离岸风险控制纳入全行统一的风险管理体系之中。

投资者教育

加强投资者教育　促进银行资管业态优化

中国邮政储蓄银行深圳市分行　朱　妙

当前，商业银行正面临日趋规范的监管环境和日益激烈的竞争环境，尤其是伴随着利率市场化的持续推进，传统资产负债业务利差收入为主的盈利模式受到巨大冲击，强化"中间业务收入"的结构性调整成为行业流行趋势和预算计划的制高点，整个银行业正悄然经历着革命性变化。其中银行资管业务处在这场变革的风口浪尖，为避免银行资管行业陷入传统息差收入困局，除了在丰富产品设计、优化投资结构、提升风险控制能力等方面着手强化以外，更应该高度关注投资者教育在银行资管行业转型发展进程中不可替代的决定性作用。

一　投资者教育是银行资管业健康发展的基础

（一）监管规范发展的铺垫

2017 年 4 月以来，银监会连发 7 份文件，"监管风暴"骤然刮起。涉及银行资管业务的主要以回归本源、明晰主业、服务实体、防范风险为中心。整体监管框架在于推动银行理财打破刚性兑付、产品净值化等一系列改革目标，其推进路径十分清晰。一方面使资管行业正本清源，回归到代客理财的本质，实现代客理财"卖者有责，买者自负"，摆脱"影子银行"误区；另一方面使理财资金"脱虚向实"，让表外金融更加有效地服务于实体经济，做好"银行的影子"。若没有相应的投资者教育工作相配套，"破刚"的净值化转型之路难以打通，买方倒逼与实体放空的叠加必然会成为银行资管规范化发展的拦路虎。

（二）信息披露生效的要件

长期以来，银行资产管理机构为零售客户带来全方位、一体化的金融服务，承载着客户的信任和托付，既要珍惜这种信任和托付，努力让客户的资产保值增值，同时也应该让客户主动承担本应由客户承担的风险和责任。目前，我国大部分投资者对理财产品的收益性和安全性缺乏识别能力，即使在银行进行充分信息披露的前提下，投资者对其仍然不能有一个清楚的认识，更谈不上风险计量和风险控制，因此投与不投，取决于投资者在充分认知风险的基础上，选择风险自留还是风险规避。当本金损失或无法兑现预期收益时，投资者往往通过舆论或媒体进行风险转嫁处理。投资者教育这一中间传导机制不到位，银行端即使有再完善的信息披露，也难以有效地明晰银行与客户之间的权责利关系。

（三）市场价格扭曲的顽疾

当客户对理财产品收益实现产生误解而转向诉诸舆论时，商业银行出于市场份额和声誉考虑，可能会选择承担隐性担保职责，对产品进行刚性兑付，而投资者对收益的刚性心理导致资管产品的定价出现迁就买方的现象，从而使银行理财产品的收益率无法充分实现市场化，投向不同风险水平标的的理财产品的客户收益率趋同，理财产品自身的风险收益属性出现异化现象。银行资管产品端这种异化的刚性约束有时也会将收益与风险之间扭曲的匹配关系传导到资产端，进而使银行资管行业的投资领域也会偶然出现定价扭曲的现象，如临近银行理财成本边际的低风险资产的收益率刚性现象和显著高于银行理财平均成本的高风险资产的收益率弹性过大等现象。

综上所述，商业银行在资管行业健康发展的道路上，应积极借鉴国内外经验，在资管行业改革和创新环境下进一步加大对投资者的教育，通过对投资者教育来创造条件适应资管的新周期，同时也减轻因刚性兑付而可能产生的不良影响，引导参与主体在法制框架下规范运行，保障各方合法权益，促进资管业务健康长远地发展。

二　产品"教具"化是投资者教育工作的手段

近期，民生银行某支行以"银行的名义"编撰故事欺骗投资者造成

"飞单"事件，涉案规模高达 30 亿元。银行由于自身原因给投资者带来的危害自不必说，然而作为投资者是否应该加强对"飞单"的识别能力从而避免由于"飞单"事件而造成的道德风险值得深思。[①]

投资者对银行理财产品的了解一般是通过银行自助渠道阅读产品说明书、银行合规渠道的宣传材料和软文以及网点银行业务人员的推介和讲解。前两种产品认识方式主要是客户对产品的识别，属于客户在自身认知水平之内对产品进行辨识和自我需求匹配的过程；通过银行业务人员介绍的认识方式或是入门级投资引导，或是专业级沟通宣传引导。不论是哪个渠道、哪个层次的认知过程，都是基于理财产品，围绕着产品要素和属性展开的，因此理财产品本身就是最直接有效的投资者教育工具，理财产品教具化是投资者教育最好的手段。

（一）"教具"得以初步推广

2014 年末，银监会出台了《商业银行理财业务监督管理办法（征求意见稿）》，核心思想是银行理财产品由预期收益率型逐步向净值型产品转型，2016 年下半年第二次征求意见依旧如此。在此过程中，多家银行开始尝试净值型产品推广。2016 年，共有 59 家银行发行了 829 只净值型理财产品，同比增速 9.37%，其中城商行与股份制银行共占市场份额的73.01%，农村金融机构占比为 9.75%（见图 1），且大部分产品风险等级为 PR3 级，部分银行通过略带复杂设计要素的产品进行投资者教育已经有了积极尝试，可以说具备一定的导向基础和市场实践。

（二）"教具"有待升级和丰富

目前大多数商业银行发行的净值型产品与预期收益型产品在表现形式上差异并不大，一方面投资者对风险承受能力有限，另一方面也是为了争取一定的市场份额，大部分银行净值型产品还是以参照业绩基准为表现形式，采用成本法估值，且信息披露不够充分，仅少数银行对估值进行了简单披露，整个市场伪净值型产品占比较高，"教具"过于初级，教育意义不大。此外，与公募基金的投资方向相比，已发行的净值型理财产品偏于

---

① 银行的"飞单"是指银行柜台人员或理财销售人员利用投资者对银行的信任，假借银行名义，向客户销售未经银行准入的理财产品或保险产品，从而获得高额佣金提成。

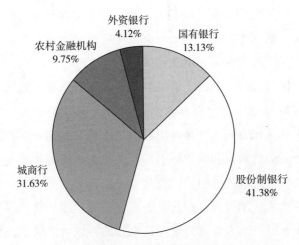

图1 2016 年人民币净值型理财产品分布

保守，仍然以债券、存款、债权类等固定收益类资产为主要投资方向，2016 年下半年权益类资产占比才逐步有所增加，理财产品投资标的类型和组合投资策略不够丰富。

（三）"师资"水平有待提高

在未来的银行理财净值化市场中，产品的设计过程比传统的预期收益型理财产品对银行及产品研发团队的要求更高，不仅对银行投研团队的投资管理能力、交易能力、资产配置能力提出了更高的要求，也对银行渠道端的营销能力提出了更高的要求。此外，银行还需针对投资者的风险承受能力及其与不同风险等级产品的匹配度进行深入研究，才能设计出适合各类投资者的理财产品，做到因材施教。可以说各银行理财产品之间的竞争必将演变为资产管理投资能力、设计能力和营销能力的比拼，各科目"师资"水平的自我提升。通过银行资管的专业化提升促进投资者成熟是一个不可回避的问题。

三 强化投资者教育的资管专业化提升措施

（一）提升投研管理能力、加强产品设计研发

银行资管为打破刚兑，为尽快适应新的金融市场环境，应专注提高产品研发能力和投资管理能力。一是在产品设计中应加快对产品类型的转

型、加大对净值型产品研发力度，设计出来的产品既要符合银行客户风险偏好，也要在市场上具有一定吸引力，产品研发团队从产品的主题设计、投资方向、投资比例、开放周期、估值方法、投资回报率以及客户收益计算方式等方面开展深入研究。二是在投资管理中应从传统的债权投资向全市场资产配置转变，同时也应根据市场走势加强对大类资产的相机抉择能力，投资操作也从传统的以持有到期、配置为主转为配置和交易兼顾。商业银行只有通过不断提高专业能力做好产品研发设计才能满足更多投资者的需求。

（二）完善信息披露管理

商业银行在各环节应尽职合规，其中主要包括对投资产品的投前调查、风险审查和投后管理的充分尽职，在产品说明书中应对投资报告进行充分揭示。对于股票、债券等公开市场的投资，投资者判定相对容易；而针对非标准化的项目投资，商业银行需要进一步加强对底层资产的信息披露；对产品与资产的估值方法、风险等级做到一致并对投资者进行充分揭示。只有完善的产品信息披露，才能做好客户对产品适销性评估，更加有效地引导客户选择合适的产品，从而能够更加有效地进行投资者教育。

（三）提高渠道建设能力

一是从日趋严格的监管到外部竞争者的挑战，都会使部分管理能力较弱、渠道有限的商业银行面临一定压力。因此，为优化服务渠道商业银行应提高产品市场竞争力，为客户进行分类管理给投资者教育提供更加有利的教育环境。各家银行应通过整合内外部资源并根据各自优势及传统业务营造出具有各行特色的财富管理及私人银行的品牌。二是在渠道建设方面应积极借鉴国内外银行经验，通过金融科技不断完善理财渠道建设，并通过网上银行、手机银行、自助银行系统的不断更新优化，使银行能主动建立和完善客户大数据。这些举措节约了经营成本，提高了交易的便捷性，拉近了银行与投资者的距离，不但有利于提高投资者理财交易的主动性，让其积极参与理财交易为银行前线营销提供有力的支持，同时也为商业银行对投资者教育提供了良好的渠道。

（四）推进营销队伍建设

投资者对理财产品收益率及风险属性的认知程度充分反映出销售人员

专业性和职业道德，他们应当成为加强投资者教育的直接宣传人。因此，银行需要加大推进培养专属、专业的高素质营销队伍建设的力度。一是银行应当完善专业人才培养体系，选拔一批高素质员工定期对其他员工进行专业知识更新及技能的培训，使员工能够准确根据市场变化和客户需要对客户进行适当的财富管理产品推介。二是建立良好的内部激励机制，引入内部竞争机制，优先提拔业绩突出人才。三是在建立一整套投资者教育制度的同时，指导和规范其分支机构的投资者教育工作，注重加强对相关人员的道德和法律教育，从制度和观念两个层面加强投资者教育工作。

（五）进行舆论传媒引导

社会各方要创造有利的外部环境，需要媒体、政府、监管机构和法院的正确引导。为防范刚性兑付被打破时出现的市场恐慌，监管机构应深层次地研究和解决相关监管问题，司法部门也应建立健全相关司法程序和金融申诉机制，需要充分征求专家意见，既要保护投资者的利益，也要科学合理判定买卖双方的责任，但法律毕竟是最终的救济手段。在资产管理的变革中，理财产品净值化将会更彻底地让客户承担主要的风险和收益，真正让客户接受亏损是最好的投资者教育。

随着资管行业的改革创新，特别是银行在把握理财产品转型发展的契机下，银行应不断提高自身能力，帮助投资者树立正确的风险投资意识和投资理财观念，提高投资者对投资风险的认知能力和风险识别能力，使其懂得风险是获得投资收益的前提；使投资者逐步放弃对银行理财产品"刚性兑付和隐性担保"的旧观念，进一步推动资管行业健康有序地发展。

加强投资者教育 促进资本市场健康发展

中国邮政储蓄银行总行 卜振兴

一 引言

随着我国经济的快速增长，居民收入不断增加，我国居民的投资理财观念发生了很大的转变，投资方式也变得更加灵活多样。投资领域由以储蓄存款为主，逐步扩展到理财产品、股票、债券、基金等。投资领域的多样化，拓展了我国资本市场的融资渠道、增强了市场的流动性。但是，大量的投资者缺乏投资理念和风险意识，从众效应、博傻心理、投资冲动等不但会损害投资者利益，同时对资本市场也产生了不良的影响。

近年来，资本市场突飞猛进，资产管理规模不断提升，投资者数量不断增长，投资者教育的重要性愈发显现。如何帮助投资者规避风险，减少不必要的投资损失已经成为投资者教育的关键议题。根据国际证券委员会（IOSCO）的定义，投资者教育是指对投资者进行有计划、有目的的培训和教育，以提升投资者素质和能力。因此，加强投资者教育不仅是保障投资者利益的民生工程，也是维护资管市场稳定发展的系统性工程。

二 投资者教育的意义

（一）维护投资者利益的前提

投资者教育是帮助投资者树立正确的投资理念，纠正"一夜暴富"

"天降横财"的投机心理，从盲目入市转为理性投资。目标是在防范风险的基础上，获取与投资相匹配的收益水平。

资本市场上的投资者主要分为两类：一类是机构投资者，一类是个人投资者。个人投资者又分为高净值投资者和中小投资者。机构投资者和高净值投资者的专业性较高，对资本市场反应比较灵敏，同时由于在资本市场中具有较为特殊的地位，很容易识别和规避风险。比较而言，中小个人投资者专业知识参差不齐、掌握信息有限，往往在资本市场中处于劣势。同时资本市场中的投资品种纷繁复杂，投资风险千差万别，投资者教育对于他们显得至关重要。中小投资者在资本市场上所占的人数比例较大，并且很多都是中低收入家庭的投资者。投资者教育是为保护他们的权益做好事，是保护投资者的前提和基础，是一项民心工程。同时他们也是资本市场稳定的基础，保护他们的利益，也是维护市场的正常运转。

（二）稳定资本市场的基础

资本市场是由大量的投资者组成的，投资者的稳定性决定了金融市场的稳定性。资产管理的规模越大，投资者教育的重要性就愈加显现。根据波士顿咨询公司（BCG）的研究，截至 2015 年底，我国资产管理的规模已经达到 93 万亿元，近三年的年均增长率达到 51%，资产管理规模的扩张异常迅速。从非银行金融机构资管规模发展来看，虽然增速较前期有所放缓，但仍然保持较高的增速。

同时，资产管理机构面向投资者发售的理财产品规模也呈现快速增长。理财产品的发行数量和募集金额都有了明显增长。发行数量由 2013 年底的 144043 支增长到了 2015 年底的 186792 支，增长了 29.68%；募集资金规模由 2013 年底的 70.48 万亿元增长到了 2015 年底的 158.41 万亿元，增长了 124.76%。

快速增长的资产管理规模和理财产品规模背后是投资者数量的快速增长，庞大的投资者群体如果没有接受完善的市场教育和培训，一旦发生兑付风险问题，将会对整个金融市场乃至全社会的稳定产生重要影响。因此，从金融市场的稳定性角度来看，对投资者的教育具有极其重要的作用。

（三）推进利率市场化的需要

利率市场化可充分反映市场上资金供给与需求。但是，我国金融市场目前存在大量刚性兑付的情况，阻碍了利率市场化的推进。刚性兑付导致投资者收益与风险完全不匹配，违反了市场的基本规则。同时，刚性兑付也让投资者忽视了投资风险，一旦发生不能兑付的情况，极易对市场产生严重的冲击。而且刚性兑付削弱了代客理财的本质，提高了融资成本，破坏了货币政策的传导机制，不利于利率市场化改革的推进。为此，我国近年来也一直在采取各种措施，破解刚性兑付。

近年来，资产管理行业也在坚持逐步打破刚性兑付这一理念。一是对投资对象进行了区分。根据投资者承受风险的能力，投资者可以分为 R1（谨慎型）、R2（稳健型）、R3（平衡型）、R4（进取型）、R5（激进型）五个等级。等级越高，表示承受的风险能力越强。二是对产品进行区分。以银行理财产品为例，目前包括保本型（保本收益类、保本浮动收益类）和非保本型（非保本浮动收益型）。随着打破刚性兑付的要求和利率市场化改革的推进，非保本型产品，尤其是净值型产品将会成为市场主流，并逐步替代保本型理财产品。目前，非保本浮动收益型产品已经占到总募集产品的 77.79%，并有继续上升的趋势。三是出现亏损产品。对于银行业资产管理行业而言，也在逐步破解刚性兑付。

自 2013 年开始，理财产品也逐步出现了不能完全兑付本金和收益的产品。亏损和不能到期完全兑付收益产品的出现，有助于打破刚性兑付，对于提升投资者风险意识和推进利率市场化具有重要意义。

三　投资者教育现状及问题

（一）投资者教育现状

1990 年和 1991 年上海证券交易所和深圳证券交易所先后成立。证券市场成立后，投资者教育问题一直没有得到应有的重视，投资者风险意识淡薄，投资能力缺乏，给投资者和资本市场带来了很大的冲击。比较而言，资产管理业务开展的时间较晚。从 2004 年光大银行发行首支外币理财产品开始，资产管理业务逐步开展，投资者教育也随着市场的发展逐步展开。

投资者教育在国际上提出近 30 年，正式引入我国是在 2000 年前后，至今不到 20 年。按照引入我国后的演变历程，投资者教育可以分为以下几个阶段。第一阶段（2000～2007 年）为引入期，这一阶段主要是强调引入投资者教育理念的重要性，并开始推行投资者教育。第二阶段（2007～2010 年）为转型期，主要针对前一阶段投资者教育中出现的问题进行反思，并结合成熟市场的经验提出改进措施和意见。第三阶段（2010 年至今）是发展期，开始逐步提出系统的投资者教育理念和措施。同时，对于投资者教育的法律法规体系也在逐步建立。2013 年，国务院首部关于投资者教育的文件《关于进一步加强资本市场中小投资者合法权益保护工作的意见》正式颁布，2014 年国务院在《关于进一步促进资本市场健康发展的若干意见》中再次强调了加强投资者教育的重要性。

（二）投资者教育问题

投资者教育引入国内近 20 年，取得了长足发展，但是也存在很多问题，主要表现在以下方面。一是投资者教育的分工不够明确，造成教育的盲区和重叠区。二是投资者教育是单方面进行的，都是监管机构和金融机构对投资者进行教育，缺乏投资者的反馈。三是很多机构对投资者教育的意义认识不足，投资者教育流于形式，教育的方式单调重复，缺乏创新，不能激起投资者兴趣。四是投资者教育方式粗放，没有根据投资者的个体差异进行有针对性的培训和教育。五是投资者教育的共享机制尚未建立，不能充分发挥资源优势。

四　投资者教育的建议

针对投资者教育中出现的问题，笔者提出以下建议。

（一）规范管理、明确分工

目前，我国资本市场投资者教育的主体是监管机构和金融机构，营业部、营业网点已经成为当前投资者教育的主要平台。但营业部和网点受自身财力、物力和人力的约束与出于自身利益的考虑，在教育宣传方面存在一定的倾向性，不能客观地引导客户形成对市场的正确认识。

因此，在投资者教育方面要明确分工，逐步规范，可以通过法律法规、指导意见等方式逐步规范投资者教育的职责范围，使投资者教育逐步规范化、系统化。

（二）鼓励参与、重视反馈

对投资者进行教育是一项系统性工程，单纯依靠主管部门和金融机构的努力是不够的。针对投资者教育缺乏反馈的问题，各相关主体部门应加强投资者教育对象的反馈工作。一是建立反馈机制。监管机构和金融机构应该重视投资者对于教育内容的反馈和意见，逐步建立反馈机制和制度，让教育反馈成为常态。二是鼓励投资者参与反馈。通过奖励、再教育等方式鼓励投资者参与反馈，使投资者教育由单向教育变为双向互动。三是畅通反馈渠道。相关部门要畅通反馈的渠道，使投资者的意见和声音能够及时、准确、完整地传递到投资者教育的主管部门和单位，提升反馈沟通的效率。四是重视反馈意见。收集投资者意见只是反馈工作的基础，更重要的是对投资者意见的处理，通过总结归纳、逐步筛选，对有代表性的问题和意见要及时回复和公示，同时在后续教育工作中逐步吸纳和采用改进的意见和措施。

（三）拓宽渠道、创新方式

投资者教育的方式决定了教育的效果和投资者接受内容的程度。目前投资者教育常见的渠道是营业部或营业网点，宣传的媒介主要集中在发放传单、开展讲座等方面。这种教育方式较为单调，投资者参与程度不高，宣传教育的效果并不理想。为了提升投资者教育的效果，在投资者教育方式上要不拘一格，不断推陈出新。一是拓展投资者教育的渠道。除了线下的营业部、网点等渠道，还要充分利用手机、电视、网络等线上渠道，尤其要重视新媒体（如微信、微博、QQ 等）的宣传渠道，使投资者教育随手可得、随处可见。二是丰富投资者教育的内容。除了传统的理论教育，还要结合案例、点评、分析等，使投资者教育不再是枯燥的说教，而是生动活泼的相互交流。三是创新投资者教育的方式。除了采用传统的宣传材料、海报、光盘等方式，还可以采取培训、论坛、会议、展览等方式，或通过使用游戏、视频、电视片等各类创意型的方式开展投资者教育，寓教于乐，提升效果。

（四）资源共享、合作共赢

投资者教育是一项系统工程，这就决定了它绝非一朝一夕就能够完成，需要持续推进。同时，投资者教育也需要巨大的人力、物力和财力的投入。但是，现有的机制无法实现资源共享，缺乏相互学习借鉴和合作交流，无法形成合力，不能充分发挥教育资源的优势，导致在整体上进行投资者教育的成本相当高。因此，投资者教育亟待建立共享机制。

一是建立投资者教育基金。通过出资进行创新研究，不断开拓新的教育模式和教育方式。二是建立投资者教育智库。广泛发动社会力量参与，邀请学术界，监管机构、银行、证券、保险等行业在资产管理领域的资深专家建立智库，分享先进的教育理念、教育方式和方法，提升资本市场投资者的整体教育水平。三是建立共享交流渠道。通过共享平台、共享经验、共享案例等方式，相互学习和借鉴，共同利用现有的资源，提升投资者教育效果。

（五）针对性辅导、差别化教育

资本市场上投资者千差万别，投资品种也迥然相异。为避免出现重复教育或教育漏洞，在开展投资者教育前，应对个人投资者情况进行调查，以深入了解投资者的投资行为、偏好和需求，提高投资者教育的针对性。同时，根据投资者和投资品种的差异，采取有针对性的辅导和差别性的教育。

从投资者角度来讲，可以按照进入市场的时间、收入水平、风险承受能力、持仓情况等采取有针对性的教育，按照参与市场的情况，可以采取差别化教育。对资管市场持观望态度的投资者，要鼓励他们参与投资，把握机遇；对初入市场的投资者，要提示他们注意风险，学习规则，根据自己的风险承受能力选择相匹配的投资品种，谨慎投资；对具有一定投资经验的投资者，要着重培养投资理念、提升投资能力；对具备丰富投资经验的投资者，要重视加强投资技巧、投资体系的教育。同时，也要根据市场的变动，采取有侧重的投资者教育。通过差别化教育，提升投资者教育的针对性和投资者教育的效率。

需要强调的是：投资者教育的重点是风险教育，但是风险教育并不等同于投资者教育。投资者教育一方面要让投资者敬畏市场、敬畏规则，另一方面要维护投资者投资的积极性、主动性，让投资者既要防范风险，也要把握机遇。

您好，我们在线！

浙商银行舟山分行　王对红

　　我是一名普通的理财经理，从 2012 年到现在。在这些年，理财正逐渐成长为银行零售业的发展重心，我深有体会。当分配岗位时，我还因为被分配到理财岗位而消沉一段日子，觉得那个岗位学不到什么，不就是卖理财吗。现在行里配备了专门的财富管理团队，高强度的培训和每天打不完的客户电话，使我深刻体会到："理财"正以我们看得见的速度闯入人们的生活，成为人们生活不可或缺的一部分。2005 年到现在是我国个人理财业务发展的完善期，但客户们真的理解这"理财"二字吗？

一　我们正在线：请按"复读"键

　　我作为一名在银行理财岗位上奋斗多年的理财经理，总会不遗余力地运用自己的知识向每个客户多次宣传有关财富管理的知识和理念，这不仅是我的工作职责所在，还能引导客户走出一条正确的生财之道，何乐而不为。张阿姨是我行的"存单大户"，她是一有钱就只存定期。有一天，阿姨在柜台上唉声叹气，我接待后发现了阿姨的难处。她有 50 万元的一笔钱要存入，但不知道什么时候用，她正在为那笔难入口袋的利息难过。听完阿姨的难处，我也感叹阿姨的那份"肉疼"，并再一次地向她介绍我行的理财产品，有随取随用的增金包、涌金钱包；如果有一部分钱可以暂时不动，还可以把产品分开，我深入浅出地向阿姨解释了把鸡蛋分在不同篮子里的道理，阿姨最终把这笔钱放进了涌金钱包，而我也随时致电阿姨，多次向其介绍我行的产品。现在她已经是我行的产品大户了，每次来都会问我行最新的理财产品，还陆陆续续地将她身边的朋友介绍给我，而我在她的心目中也由一名银行理财经理变成了她的一位朋友。其实要吸引客户，就好像火车上卖盒饭的服务员，虽然服务员已经来来回回走了三遍，一遍遍地叫卖，好像大多数人置若罔闻，但盒饭却在不知不觉中卖完了，在服务员眼中，每一个旅客都是买盒饭的潜在客户，而在这一遍遍地来回走动中，就是你想买时，我就在你身边。财富管理这四个字甚至到了现在，与许多中老年人都无所关联，因为他们一直信奉老祖宗留下来的生财观念：节俭才是生财，把钱放银行存个一年或三年就是理财。许多老人对除了定期存款以外的任何服务都有着强烈的抗拒心理，"中国式"的理财还稳稳地扎在许多人心中。这时，就需要我们这些站在一线的理财经理，点起"复读"功能，电话营销、街道宣传，向每个客户传达健康的、与时俱进的财富管理观念，也许你觉得你已经"复读"了无数遍而无人理你，但是请相信"读"完下一遍，那个人会站在柜台前，向你咨询。

二　我们正在线：请按"跳动"键

我分行有一群活泼可爱的财富管理人员，别看大多是个子小小的女职员，但每个人发起"飙"来都是"攻"气十足，我们的工作信条是：你的目的就是我们的目的，你的目标也是我们的目标！

时常会听到叔叔阿姨们说在银行工作好啊，夏天吹冷风，冬天吹暖风，下午4点半就可以下班了。每当听到这些，我在心里都会默默地回一句：叔叔阿姨们，事情不是你想的那样，而是恰恰相反。作为一名基层理财经理，有时恨不得脚上能长个风火轮，风风火火，忙前忙后地为客户服务。我时常觉得自己还有许多的文件没有读透、许多个客户还未维护透彻。虽然不停地培训加自学，还是感觉自己在工作中有很多不成熟的地方需要改进。用"5＋2""白加黑"来形容银行人的生活还挺形象。财富管理它不是一次性服务，它是一个持续性的跟踪服务，在与客户接触时要以最短的时间用通俗易懂的语言向每一个潜在客户介绍我行的在售产品，让一个陌生客户对我行的产品产生兴趣，这就是我们要做的。如果客户有进一步的意愿，我们将用所有能利用的时间去说服客户让其踏出第一步。而在这第一步中，理财经理的作用至关重要。我们要花费精力了解每一个产品的定位导向、风险范围、产品未来走势。客户的服务诉求并不会因为时间、地点改变或停止。只有紧盯走势，及时反馈市场信息，协助客户做出正确的投资决定，才能得到认可，才会让客户在有其他投资意愿时想到你。一个优秀的理财经理，总能不知不觉地留住客户，甚至能让客户做他的"口碑营销"，这是因为他们自己花了大量的时间去听、去看、去学习，才获得营销上的成绩。我看到过一边匆匆挂掉正在和打点滴儿子通话的她，一边又接起客户的询问电话，然后扯起风衣拎起包急匆匆地跑出单位；也看到过为了能更好地服务客户，抓住客户的心，冥思苦想各种方案而加班到深夜的他；还有更多为了达到客户的满意来回奔波于单位和家庭之间的他们，他们每个人的身上仿佛都安了个马达，有着不达目的誓不罢休的劲头。财富来自财富管理，这句话我十分认同，而财富管理的发展离不开对理财经理的培育，一个好的财富管理品牌出现必须两手抓：一手抓服务创新，一手抓服务质量，双管齐下，以创新来引导服务管理。一个好的创新服务会为品牌带来意想不到的效果，而我们这些小小的"螺丝钉"，在自己的岗位上为财富管理增姿添彩。我们正在进步，正在改变，正在跳跃！

三　我们正在线：请按"倾听"键

在我的工作中经常有这样一些客户。

有的客户在购买理财产品的时候不问问题，都是点头表示清楚，接着会在深夜给我致电，在电话里要我反复确认，这个理财产品没有风险，至少是保证本金的。然后我再次用通俗的语言向他们解释"理财非存款，投资需谨慎"这10个字，阿姨叔叔们似懂非懂，最后总以"小王我相信你"来收尾。

有的客户进门就找自己熟悉的理财经理，如果刚好该经理不在，要不转身不买，要么就是等到"天荒地老"。嘴上永远都是那句"我只相信你，你快帮我挑一支你们行最好的理财产品"。

有的客户对理财的风险提示显示出不耐烦的情绪，觉得自己是从股票、基金的"枪林弹雨"中过来的，怎么会不知理财的套路，如果玩心跳玩风险就不会买理财了，股票会亏天经地义，理财亏本那就是"天理不容"了。

这几类客户基本不会去关注产品本身的一些特征，就是以"人情"为主，你和她熟，她相信你的"人品"然后就下注了，或者别人相信，盲目跟风。每当这时，我都恨不得有一百张嘴来向我的客户解释理财的定义和风险，而客户也会以不明白来搪塞我，他们只要我一句"没有风险"就行了。

近年来，媒体报道银行理财产品发生风险的事件正在逐渐上升，原因各有不同，但大多是风险系数过高与客户承受能力不相配，员工违规销售承诺收益等。但老百姓的想法是：银行"吃"了他们的钱。投资者投资股市的钱亏了自己背，而放在银行的钱亏了，会在感情上不能接受。2014年银监会下发了《商业银行理财业务监督管理办法（征求意见稿）》，决心从根上解决银行理财产品"刚性兑付""隐形担保"的问题，化解产品的潜在风险，引导理财业务回归资产管理的本质。但是"刚性兑付"并非一纸文书就能改变，"买者自负"更需要投资者教育的引导。所以在科学理财、理性投资的大背景下，投资者教育和管理者合理推荐至关重要。

在这方面，我行在理财产品上也是狠抓合规，下发了许多关于合规理财的文件，紧跟监管部门的步伐，每笔理财都有"双录"，以确保客户充分知晓产品的风险系数、产品定位。除了这些"硬性设备"，理财经理还必须加强投资者教育，如何更好更通俗地向投资者传达"理财非存款，投资有风险"这10个字的意思，已成为财富管理的一大主题，有些客户嘴上说清楚知晓，其实在心理上是不接受"亏损"二字的。大部分投资者由于信息不对称和缺乏投资理财知识，其投资行为是建立在对理财经理信任的基础上，正因如此，我始终觉得肩上有许多"担子"，我们扛着桌子扯着横幅，在社区、在街道、在广场向每一个路过的潜在客户宣传我行的最新产品，并形象地向他们解释"篮子"和"保险柜"的区别。公益性金融理财知识的普及已成为人们生活中重要的一部分，这能让每个人都能理性认识到自己的实际情况，然后根据自己的风险承受能力理性地选择产品，而不是盲目地跟风。我们也埋头学习人民银行、总行、分行下发的各类文件，磨合消化，并转化为自己的养分。然后让客户静下心来"听"我们的产品介绍，在心理上与我行"志同道合"。这种倾听是相互的，这是规划服务中的"双赢"。一夜暴富许多人都幻想过，所以就有了倾家荡产买彩票、砸锅卖铁入股市的悲剧。让投资者有一个健康的投资理念和规划，是一个金融从业者的义务，同时也是责任。投资方式有很多，要从投资者的家庭收入与债务管理、家庭财富保障、税务规划等多方面了解后，制订出一份贴近其生活且易承受的理财目标，了解客户并明确客户的需要是理财工作的第一步也是最为关键的一步。如果制定的计划与客户实际情况不符，说什么也是无用。用心做，用心回馈，随着宣传范围的扩大，投资者也会渐渐摆正心态，从而选择一些适合自己的理财产品。财富从来不是某一类人的专属，当然，理财更不是"有钱人"独有的。理财规划既可以是以单项理财为目标的规划，也可以是涵盖客户所有主要理财目标的综合理财规划，对两者的选择主要由客户愿意提供的信息和需求所决定。我们乐于倾听，从接触的每个客户做起，向他们灌输正确的理财知识，让人们都能正确认识存款和理财的区别与作用，让客户能明白自己的钱在哪里"发光发亮"，加快实现从"资产持有"向"资产管理"过渡。

其实，作为银行人是有累有苦，但更多的是每当服务好客户后的满足感。通过与客户的沟通，对其投资误区进行讲解，充分揭示风险和披露信息，并推荐其合适的产品，提高客户的满意度，而客户的认可就是我们银行人的价值体现。如何进行财富管理，这是一个不断涌现新答案的问题，因为社会在变，人在变，相应的产品也会改变，而不变的就是我们银行人的初心。不管市场如何变，我们将不断地丰富专业金融知识，严格遵守职业操守，向大众宣传正确的理财价值观，真正实现风险与收益相匹配。

也说新形势下的投资者教育

重庆银行 罗 剑

身为一名银行从业人员，每天都会接到很多咨询，而"互联网＋"的兴起，使我们面临着越来越多的挑战，除了传统的银行，客户可选择的投资渠道越来越多，与此同时骗子的套路越来越深，丑恶嘴脸也隐藏得越来越好，在这种情况下，我们应该怎么做呢？

一 投资者受骗在于贪婪

规避陷阱的最高境界就是能主动抵制高收益的诱惑，如果每个人都能按照传统文化的要求抵制贪婪，骗子就会没有存活的土壤。关于贪婪，业界经常讲"你想他的利息，他想你的本金"说的就是这个。在想高收益的时候，骗子在想怎么能把你的本金卷走。牛顿在英国的南海泡沫破灭后也曾经感叹"无法计算人们的疯狂"，其实任何一个骗局的内在动因都是源于人们的贪婪。

"阳光下无新事"（《圣经·传道书》，and there is no thing new under the sun）。我们翻翻历史，确实能得出这个结论。骗子的手法再多变，本质其实都差不多。远的不说，从当年震惊全球的伯纳德·麦道夫事件到近期某地打着"互联网＋"旗号的"冯某某"传销案都是这样。他们都有典型的庞氏骗局特征，把新投资者的钱作为盈利快速付给最初投资的人，以诱使更多的人上当。

抵制诱惑是很难的，这与接受过专业知识的学习无关，不是有了更多的专业知识就不会上当。当年，伯纳德·麦道夫骗了很多的专业机构，甚至连国际奥委会都上当了。这些机构过于相信自己的专业知识了。

其实，骗子就是骗子，总是会露出蛛丝马迹的。伯纳德·麦道夫事件中的哈利·马克伯罗斯，自 1999 年以来一直在举报麦道夫。他根据公开信息分析出麦道夫管理资产的收益率有很大的问题。但纳斯达克股票市场前董事会主席的光环非常耀眼，善良的人们相信这样的人是不可能出现道德问题的，而且人们的双眼也被贪念所蒙蔽——不成为麦道夫的客户就意味着损失，这甚至一度成为西方社会的共识。

再来说说"冯某某"的传销案，骗子们看到茅台酒又涨价了，高端酒的消费市场似乎又开始景气起来，于是打着"互联网＋"的旗号，包装了一个电商平台，号称将盈利的 30％ 用来分红，宣称每股 3.6 万元赠送白酒60 瓶，承诺参与者每天可以享受分红 100～200 元，4 个月保证可盈利14000 元。互联网的确创造了很多财富奇迹，于是人们就相信了。根据媒体报道，到公安机关发出立案告知书为止，冯某某共吸收了超过 2 亿元的资金。

二 没有完美的陷阱

有了这些例子，身为从业人员如果没有办法做客户的心灵导师，让客户控制贪婪，主动抵制那些诱惑，至少要引导客户看到他准备投资项目中的可疑之处，尽我们所能，提示客户关注风险。

以麦道夫的诈骗事件为例，他给客户的年回报率为 8％～12％，而且不管金融市场形势如何都旱涝保收，年年如此。麦道夫甚至声明，不论上涨还是下跌，他都能赚钱，他每个月都会向客户提交投资报告，客户也能在数日之内赎回资金。这的确是他的高明之处，有这样一个"金鸡"，人们怎么舍得赎回呢？

其实，在麦道夫事件爆发之前被清算的长期资本已经在提醒人们了。为了能超越市场的上涨和下跌获取相对稳定的收益，长期资本选择了对冲基金，而对冲基金必然涉及杠杆操作，它们根据历史数据建立了市场模型，并据此进行相关的套利活动。拥有诺贝尔经济学奖得主、前财政部副部长及美联储副主席等众多天才人物的梦幻组合的对冲基金——长期资本管理公司（LTCM），在一开始的时候的确不负众望，超越市场为投资人赚取了丰厚的回报。市场总是不确定的，当小概率事件出现的时候，在俄罗斯债券上做错了方向的长期资本，最终不得已落寞收场。而麦道夫在投资市场上是如何规避随时可能出现的小概率事件的呢？长期资本的投资人是清楚自己的投资会出现风险的，而麦道夫却告诉他的投资人不要考虑风险问题，这是不合乎逻辑的。

对于"冯某某"传销案，可以不知道这家企业生产的白酒通过所谓的电商平台转一圈后能获取多少的利润，但只要知道按照贵州茅台披露的年报，参照其销售利润率和加权平均净资产收益率的水平，就可计算出这家企业销售收入不能低于 4.65 亿元，净资产应该有 8.18 亿元。而实际上这家企业的注册资本只有 2050 万元，工商登记的股东实际出资额只有 50 万元，这么大的反差在善良的投资人眼中被忽略，在贪念的作用下，受骗者芸芸。

三　投资者教育任重道远

骗子在什么时候都有，只是有些时候他们比较猖獗，有些时候相对低调罢了。所以，关于对客户的风险教育一定是一个长期的工作。从国务院办公厅 2015 年印发《关于加强金融消费者权益保护工作的指导意见》开始，在监管机构的强力推动下，各家金融机构都加强了相关的工作，金融知识进万家的活动，做了一场又一场，可是我们真的做到位了吗？

以近期新闻媒体报道的某银行的虚假理财案为例，如果所有的人合规操作，骗局根本不会发生，可是还是有人心存侥幸，违规操作，直接导致悲剧的发生。我们在谴责操盘虚假理财的那些违规的从业人员之外，是不是还应该考虑更多的事情呢？对于案件的发生，人们不禁要问，这些客户难道只是和这家银行打交道吗，同样服务于这些客户的其他银行的客户经理是否在这个案子里面"尽职"了。如果其他金融机构的客户经理能反复提示客户：正规银行理财产品一定可以在中国理财网上找得到，银行所有合规销售的产品包括代销产品客户都可以在网点看到公示信息。这样就会少一些受害者。如果人人都事不关己高高挂起，就会有更多的人被骗。

随着市场的繁荣，在银行之外，又出现了不少新的投资渠道。除了P2P，还有各类阳光私募、有限合伙基金等等，这里也是陷阱重重。作为银行从业者，要做的投资者教育工作更是任重而道远。

客户最容易碰到的就是销售人员有意误导。以某第三方美元理财产品为例，销售人员号称收益率 12%，产品形式为 FOF，有摩根士丹利做风控，产品的收益来自租金分红加物业升值，过往收益率年化为 14% ～ 17%。销售人员利用客户对美国市场的不熟悉，避重就轻地给客户画了一个美好的远景：分红年化为 4% ～5%，而物业上涨后赎回相应的份额可以获取 8% ～9% 的收益，同时告诉客户基于美国经济发展强劲以及美元升值，出现亏损的可能性几乎为 0。可是，我们的专业人员介入以后发现了问题。产品是一个有限合伙的基金，而同期美国地产项目内部收益率到 15% 以上就是高风险项目了，完税和扣费后客户到手的回报一般不会超过 9%，如果产品是根据境外法规合法设立的，那么它本身就是一个高风险的产品，并不是稳赚不赔的。在这个案例中，第三方机构没有保障客户的知情权。但对所有服务于这些客户的机构而言，应该保障金融消费者的受教育权，从这一点出发，当客户来咨询的时候，我们应该尽自己所能为客户分析产品的风险。

用这样的金融产品去误导消费者，那实实在在的就是一个骗局。而客户对这个高风险产品的一句话让我们感到了"贪婪的力量"，客户说"这款产品不一定会出事吧？"这款产品协议已经露出了马脚：明明是一个有限合伙的产品，偏偏要把它包装成私募基金；明明这个产品不可能在基金业协会备案，却偏偏要让投资者声明查实；明明没有托管机构，销售人员却偏偏说这是为了帮投资者省钱。其实，细想一下就会明白，因为贪婪的缘故，很多人都会想——这一次情况和之前的有所不同，应该不会走同样的路吧。麦道夫事件就是因为这些问题而被推迟发现了近十年。如果当时人们能够警觉起来，他制造的窟窿也不会有这么大，也绝不会有人因为他而走上绝路。

我们都希望好人越来越多，我们都希望自己被善待，为了和谐的社会，为了我们中华民族的伟大复兴，身为银行从业人员，让我们从现在做起，从关心客户做起，从客户的风险教育做起。

以专业化推进　由投资者教育护航
加速推动理财业务回归资产管理业务本源

招商银行总行　方大楣

自 2004 年第一只人民币理财产品发行以来，银行理财业务悄然已至"豆蔻年华"。一方面她展示出了令人向往的"青春活力"，是各类金融业务之中的未来之星，不仅在规模上当仁不让位居各类资产管理业务的首位，在促进金融市场改革深化、支持实体经济发展、增加居民财产性收入、推动银行转型发展等方面光彩熠熠；另一方面她也不可避免地遭遇了"成长的烦恼"，是市场、媒体和监管机构眼中的问题少女，因为"隐性刚兑""嵌套投资"等问题经常受到批评和诟病。同时，随着经济发展步入新常态，"三期因素"叠加之下，其面临的烦恼和成长的压力还在进一步增加。因此理财业务如何妥善地解决成长的烦恼，顺利地迈向"成人之路"——回归资产管理业务"受人之托，代客理财"的本源，也成为银行业乃至整个社会共同关心的问题。

笔者认为理财业务回归资产管理业务本源离不开专业化、投资者教育和监管推动三个关键因素。其中，专业化是"引擎"，是理财业务回归本源的核心能力；投资者教育是"安全垫"，理财业务回归本源离不开投资者教育的保驾护航；监管推动是"催化剂"，将有效加快理财业务回归本源的进程。

一　以专业化为"引擎"，推动理财业务回归资管业务本源

当前我国经济发展步入"新常态"，一方面经济增速换挡造成收益风

险比高的资产相对缺乏，市场整体呈现优质资产"资产荒"，理财投资"躺着赚钱"的时代结束。并且随着经济结构调整以及增长由要素驱动、投资驱动转向创新驱动，债券（包括资产证券化）、股票和股权投资等直接融资发展加速，理财业务将越来越倚重专业化的投资能力。另一方面在"三期因素"叠加之下，煤炭、钢铁等局部市场仍存在风险隐患，房地产、非上市公司股权等局部领域存在资产泡沫，以及各类信用风险事件不断暴露，都对理财业务的风险管理提出更高要求。

（一）专业化投资是核心

资产管理业务的核心是投资管理，投资管理的基础在于专业化投资能力。在成熟市场中，资产管理机构覆盖的产品、投资标的和策略极其多元，其背后的重要支撑就是大类资产配置能力和各细分领域的专业化投资能力。纽约梅隆银行资产管理业务"精品店"模式便是典型代表。该行通过自建和并购形成 13 家专业投资机构（精品店），13 家精品店各具所长，且在投资决策方面高度独立。纽约梅隆资管以这些精品店的投资能力为基础，按客户需求提供丰富的投资组合方案。

相比之下，理财业务发端于银行金融市场业务，一方面，投资较为依赖银行自营业务的传统优势领域，如债券、货币市场工具、存款投资，或依托银行的信用风险管理优势，在非标债权等债权类资产投资方面占据优势。如表 2 所示，截至 2016 年底，银行业理财资金投资上述四类资产的存续规模近 27 亿，占全部理财资产的比重高达 91%（见表 1）。另一方面，理财业务在经营上仍掣肘于信贷模式，在文化上信贷文化有余，投资文化不足。在综合因素影响之下，理财业务虽经过十余年的发展，但投资能力建设仅行至中途，远未臻于成熟。

表 1　2016 年底理财产品资产配置情况

单位：万亿元，%

资产类别	金额	占比
债券	12.8	44
非标准化债权资产	5.1	17
现金及银行存款	4.8	17

续表

资产类别	金额	占比
货币市场工具	3.8	13
其他资产[*]	3	9
合计	29	100

注：*其他资产包括权益类资产、公募基金、私募基金、产业投资基金等。

资料来源：银行业理财登记托管中心《中国银行业理财市场年度报告（2016）》。

　　如何提高理财业务的专业化投资能力？人、财、物的倾斜投入首当其冲。目前从事理财投资的银行员工的考核和激励市场化程度较低，导致核心人才向非银行资产管理机构流失严重，直接削弱了银行理财业务的核心竞争力。在银行现行机制下，在直接加大对理财专业投资人员薪酬激励的同时，如何避免打破银行薪酬体系的整体平衡将是难点，问题的最终解决出口仍在于机制和文化。

　　因此，一方面银行需要通过一定的机制设计（如将理财事业部定位于利润中心、推进理财业务子公司运作等）赋予理财业务在"人、财、物"方面更为独立的权限，从而构建起适合资产管理行业的考核激励机制留住、吸引核心人才；另一方面理财业务需从信贷文化过渡到投资文化，以形成与资产管理业务相匹配的经营模式和决策流程，让投资人才有更大的作为空间。

　　此外，科技在投资中扮演着越来越重要的角色，互联网金融正方兴未艾，转眼又步入"智能"时代，金融科技（Fintech）正从投资决策的后台加速走向前台。面对未来，理财业务必须对金融科技加强投入。全球最大的资产管理公司贝莱德推出"未来顾问"（Future Advisor）智能投顾服务和国内招商银行推出"摩羯智投"都是在这方面的尝试。

（二）专业化运作是基础

　　国内外领先的资产管理业务都以专业化运作为基础。在组织架构上，欧美大型商业银行受监管法规要求（如风险隔离）、收购兼并历史以及与基金公司等专业投资机构充分竞争等因素的影响，普遍采取子公司的模式经营资产管理业务。在业务运作上，它们普遍达到了"信息透明、组合投资、公允估值、动态管理、风险分散"等要求。

国内理财业务自 2014 年银监会发布《关于完善银行理财业务组织管理体系有关事项的通知》以来，专业化运作水平大幅提升。在组织架构上，各银行通过事业部制改革已普遍建立起一套符合资产管理业务要求的业务运作体系。光大银行、浦发银行、中信银行和南京银行等已开始探索资产管理子公司模式。同时，在业务运作方面，单独管理、单独建账、单独核算、风险隔离、规范销售等运作要求也普遍得到落实。下一步，理财业务专业化运作的突破口将在于加快推进子公司运作模式的探索，以及提高在信息披露、公允估值、独立托管、风险分散等方面的专业化水平。

（三）专业化风险管理是保障

成熟市场对资产管理业务的风险管理基于一个大的前提是在"受人之托，代客理财"的法律关系下，资管产品的风险随投资收益真实地传递给投资者，即投资者直接承担基础资产的风险，资产管理人出于受托职责，主要承担流动性风险、操作风险和声誉风险等。

国内理财业务多采用约定收益率方式发行（主要发行预期收益型产品）和银行信用背书，带有"隐性刚兑"特征，阻碍了理财基础资产的风险随收益向投资者传递，导致理财基础资产的风险仍留存于银行体系内。因此，从长远来说，理财业务的专业化风险管理应以打破刚性兑付为基础，通过产品的净值波动最大限度缓释风险。但在理财业务尚未回归本源的过渡期内，风险管理在放眼未来的同时必须兼顾当前，为理财业务转型发展提供充分保障。

1. 基于当前理财的投资特点，充分挖掘银行风险管理的强项

前文谈到理财投资目前较为依赖银行自营资金投资的优势领域和债权类资产，对于其中的风险，银行表内业务已有一套完整的管理机制，理财业务要充分借鉴学习。

2. 注重防范交叉性金融风险等新型风险

现阶段理财投资由于理财产品法律主体地位缺失、分业监管标准不一致以及部分投资管理结构需要等原因，而通过信托计划、券商资产管理计划等资产管理产品进行嵌套投资，其中蕴含的交叉性金融风险不容忽视。理财业务要切实穿透至底层，实现对底层资产的实质性风险管控。

3. 逐步建立起以投资经理或组合经理为核心的全面风险管理体系

国外领先资产管理机构的风险管理理念值得借鉴。贝莱德集团认为，

以警察角色管理风险往往意味着沟通有效性的失败。管理风险最好的方式是帮助组合经理了解和管理风险，协助组合经理去做正确的事。纽约梅隆的资产管理机构强调风险管理部门的职责不是管理每一个具体风险，而是建立全面有效的风险管理机制并让所有人在机制内运转。在具体实践上，理财业务可逐步凸显组合经理在风险管理中的角色。比如，风险评审部门可对非标资产进行评级而非审批，改变目前风险部门审批通过后、组合经理被动配置资产的方式，让组合经理能基于投资策略更自主地选择资产。

二　以投资者教育护航，为理财业务回归资产管理业务本源创造良好的市场环境

风险收益共担的成熟投资理念是资产管理业务良性运作的前提条件，但当前银行对理财业务信用背书的客观存在，容易带来"道德风险"，并导致相当一部分投资者将银行理财视作无风险投资。因此，理财业务回归本源之路离不开投资者教育的"保驾护航"，否则缺少成熟投资者相伴的理财业务回归本源之路势必将崎岖不平。

（一）　主动"脱钩"银行信用背书

银行在"隐性担保"之下，理财产品销售难度、销售成本大幅降低，规模也容易实现快速增长，因此理财业务缺乏内生动力主动脱钩银行信用背书。但是理财业务加速回归资产管理业务本源，脱钩银行信用是必经历程。短期之内，理财业务可从"真正了解你的客户""将适合的产品卖给适合的客户"着手，将理财产品的适当性销售落到实处，并在销售时充分揭示理财产品风险。长期来看，理财业务可通过推进子公司运作、理财产品的净值化转型，主动"脱钩"银行信用背书。

（二）　推动产品净值化转型

净值型产品能通过产品净值的波动将风险与收益真实地传递给投资者，与预期收益型产品相比，信息披露更透明，风险收益更加直观量化，有助于客户选择风险收益特征与自身风险偏好符合的理财产品，这是理财业务打破刚性兑付、回归资产管理业务本源的关键。但净值型产品也面临净值计算复杂、信息披露要求高以及投资者接受程度低等困难。因此，理

财产品的净值化转型应是基于投资者接受的程度，分阶段循序渐进推进的过程。

第一阶段，可以先行试点向私人银行（或高净值）客户发行股票类净值型产品。一方面私人银行客户风险容忍度高，资产配置需求强，更易于接受净值型产品；另一方面股票公允价值易获取、易估值、流动性强，且客户对其风险已有充分认识。因此，理财业务可以先从私行客户开始，试点发行股票类净值型产品，积累净值型产品运作经验。

第二阶段，逐步推动全部产品（技术上或名义上的）的净值化转型。之所以注明是技术上或名义上实现全部产品向净值化转型，是考虑到部分净值型产品在一定时期内，可能由于基础资产（如非标准化债权资产）缺乏市场公允价值或估值方法差异而出现净值未能完全波动的情形。但即使是部分产品净值未能完全反映基础资产的收益风险，也仍然可以引导投资者逐步接受净值波动，逐渐培养其风险意识。

最后一个阶段，产品风险与收益真实地向投资者传递，产品全部实现向净值化转型。在本阶段，随着理财资产主要转向债券、股票等具有公允价值的标准化资产以及估值方法的持续改进，产品净值将能充分反映基础资产的收益和风险，同时客户对净值型产品接受程度也在不断提高，全部产品可完全实现向净值化转型。

（三）提升与投资者的交互水平

理财业务与成熟市场资管业务相比，个人投资者占比重较高，机构投资者占比相对较低（见表 2，扣除银行同业客户占比后，机构客户占比为

表 2　2016 年国内外资管业务机构、个人投资者占比情况

单位：%

分类	纽约梅隆	摩根大通	贝莱德集团	国内理财业务
机构客户占比	71	47	64	47 *
普通个人客户占比	24	27	11	46
高净值、ETF 客户占比	5	26	25	7 **

注：* 理财业务机构客户占比为机构类专属客户占比（26%）与银行同业类客户占比（21%）之和；** 理财业务高净值、ETF 客户占比数据为私人银行专属理财产品占比。

资料来源：国内资料来自银行业理财登记托管中心《中国银行业理财市场年度报告（2016）》，2017 年 5 月；境外资管机构数据根据官网公开资料整理。

26%）。个人投资者与机构投资者相比，专业能力和投资经验相对缺乏，在信息获取上也处于弱势地位，通常是投资者教育和投资者利益保护的重点。当前"中晋资产""e租宝"等以资产管理服务为名、行非法集资和诈骗之实的事件时有发生，客观上也反映出居民财富管理意识的觉醒速度与其对金融投资的认识程度不匹配，亟须加强投资者教育和利益保护。

关于投资者教育，目前监管部门已要求各银行在销售理财产品时必须做到风险揭示，但在刚性兑付的市场环境之下，投资者容易将风险揭示视作"走过场"。因此，理财业务应改进单方面揭示风险的做法，从提升与投资者的交互水平着手，加强投资者教育。一是风险揭示应杜绝"走过场"。银行在客户购买理财产品时应充分揭示风险，让客户真实了解收益与风险密不可分，并通过产品、资产信息的披露让投资者能及时跟踪了解投资情况。二是投资者教育应跳出风险揭示这一简单的外延，体现出更多的互动特征。比如，通过举办财富管理沙龙、理财投资经理路演等形式向客户介绍理财主流产品的运作机理，让投资者真正基于对产品投资策略的认同而主动选择产品。三是投资者教育应凝聚社会合力。在"大资管"时代，仅凭理财业务一己之力势必难以承担起对整个社会投资者教育的重任，必须凝聚金融机构、监管机构、行业自律组织、教育机构和宣传机构等形成社会合力。

三　以监管从严为契机，加速推动理财业务回归资产管理业务本源

理财市场的健康发展离不开"无形之手"和"有形之手"的共同作用。一方面市场的无形之手奠定了理财业务蓬勃发展的基础；而另一方面市场固有其缺陷，仅凭其自身机制修正往往需要付出巨大的时间成本和经济代价，有形之手的规范引导必不可少。银监会自2005年发布《商业银行个人理财业务管理暂行办法》以来，通过持续加强理财业务的监管，不断推动理财业务的健康发展。银行业协会理财业务专业委员会自2012年成立以来，通过强化行业自律，为理财业务创造了可持续发展的行业环境。

2017年以来，理财业务监管全面从严。中央经济工作会议提出"要把防控金融风险放到更加重要的位置"。习近平总书记在中央政治局第四十

次集体学习时强调：要加强金融监管，确保金融系统良性运转，补齐监管短板，避免监管空白。银监会主席郭树清在 2017 年 3 月的国务院新闻发布会上强调：金融业要回归本源。从央行正在牵头制定的《关于规范金融机构资产管理业务的指导意见（内审稿）》和银监会《商业银行理财业务监督管理办法（征求意见稿）》的内容来看，无论是理财投资端的去非标、去杠杆、消除多层嵌套等限制，还是产品端的严禁保本、保收益的要求，其核心都剑指打破刚性兑付，加速推动理财业务回归资产管理业务本源。

毫无疑问，加强监管正在成为理财业务回归资管业务本源的"催化剂"。理财业务要以此为契机，充分把握好业务短期转型阵痛与长期健康发展的关系，勇敢地走出舒适区，以回归资产管理业务本源为目标，持续提高专业化投资和运作能力，加强风险把控，并辅之以投资者教育，为广大居民提供规范、稳健的资产管理服务。如此一来，豆蔻年华的理财业务虽可能会经历转型的阵痛，但终将去除成长的烦恼，迈向更广阔的未来。

话说银行资产管理人

　　说起银行职员，你的脑海中应该浮现出在拥挤的地铁上有一些这样的人：西装革履、拿着早餐、边挤边吃，他们还不停地打着电话，涉及的内容动辄千万上亿元……"拿着卖白菜的钱，操着卖白粉的心"便是对这群人的真实写照。

　　银行资产管理人从事着被冠以"高大上"的行业。然而只有他们自己知道，每一个"高"都是成年累月由低而至，每一个"大"都是细水长流积少成多，每一个"上"都是几经波折孤注一掷。当银行资产管理行业的资产规模站上 26 万亿元的高峰，成为银行利润的重要来源时，银行的资产管理团队也就成为这个时代的明星。

　　说起银行资产管理人，其实是一群极富中国特色的投行人。在目前我国大金融的背景下，银行资产管理业务考验的不仅是专业投资能力，还有与渠道包括其他同业机构渠道，以及银行内部零售渠道的资源协调能力。

　　笔者作为银行资产管理人中的一员，2015 年 3 月开始接触资产管理业务，接触的首单业务即是整个广发银行系统内的首单定向增发业务。笔者当时已经在支行做过两年的对公客户经理，熟悉的是银行传统信贷模式，彼时对定向增发几乎没有概念，对资产管理业务更是无从谈起。其实在银行从事资管业务的人员大部分起点不高，多是半路出家的"和尚"。在银行做资产管理，尤其是刚开始接触资产管理业务的新人，总有被别人牵着鼻子走的感觉。为了能与专业的基金经理无缝对接，为了能在高净值的大客户面前显示出专业性，他们总是在不停地鞭策自己——如何做个好资管，如何在风云变幻的资本市场中游刃有余，每个银行资产管理人一直在寻找答案。

笔者目前所在的广发银行广州分行金融市场部，真正接触资产管理业务最早就在2015年，资产管理团队也是从原来金融市场部代客团队的子团队分拆出来的，队内人员由原来的3~4人扩充至目前的8人。两年间无论在人员储备抑或业务规模上都实现了成倍的增长。

团队的整体业绩好是基础，每个资产管理人特别是产品经理的业务能力和业绩指标的提升是推动分行整体资产管理业务健康高速发展的助推器。对于如何做一个"好的银行资管人"，笔者有一些自己的浅见。

首先，要搭建自己的交易系统，形成自己的投资风格。搭建自己的交易系统关键在于专注，专注某个行业或者领域。不专注是影响资产管理生涯的最大敌人。笔者认为，银行资产管理和银行信贷从本质上说是相通的。一个好的银行信贷人员一定要有自己擅长的行业或领域，只有将某个行业摸透了，了解整体的运作流程、风险点和盈利点，才能在银行信贷审批及后续监管上做到游刃有余。资产管理产品经理也是一样。专注是成功的基础。如果你专注医药行业、地产行业、金融行业，或者并购重组业务等都可以成就辉煌。问题是你必须知道自己最熟悉的是哪个领域，只有这样才能成功。在行业或领域形成自己特有的、别人不可复制的投资风格，才能有更大的发展空间。

其次，要具备一定的宏观解读能力。国内资本市场风云变幻，政策上的风吹草动都会对资产管理业务形成不小的冲击。鉴于此，优秀的资产管理人必须具备参透政策、应对政策的能力。加强自己的宏观解读能力，不盲目跟风投资或引荐。资产管理业务的客户留存不似信贷客户，不稳定性更高，他们更多看中的是你的专业性、前瞻性，而非交际应酬的公关能力。

最后，出众的执行力是业务成功的关键。如果说宏观解读能力和投资风格是基础，那么执行力则是一道门槛，缺乏极强执行力，所有的一切基础是零，成为一个出类拔萃的资产管理人，关键在于个人的智慧，这是一生的修行。否则，你的辉煌只有一次。

"资产管理什么都是轻的，只有人是重的。"这是一位股份制银行资产管理部总经理对资产管理的描述，恰如其分地映射了"大资管"时代的特征。好的资产管理业务一线人员是各家银行资产管理业务成功的一半。目前银行在资产管理业务方面还存在许多问题，譬如人才流失与激励机制的矛盾、缺乏自主决策权等。这些都导致银行资产管理人普遍存在焦虑。这种焦虑产生于和其他资产管理行业的比较，以及自身转型的困惑。更进一步来说，焦虑来自优势的丧失。银行资产管理的优势是什么，这个问题恐怕要从银行理财的起源说起。银行理财业务的兴起和银行业监管，特别是存贷比的限制有很大关系。在存款一定的前提下，有一部分非标准化债权没有办法直接以表内信贷的形式放出，于是就有了通过非存款募集资金进行对接的需求。由此，可以很明显地看到银行做所谓的资产管理，在资产端，其优势体现在非标准债权资产；在资金端，银行依靠其社会信誉，能够以较低的成本募集资金，且资金量大，是市场上毫无争议的"大金主"。也就是说，银行资产管理深深嵌在银行母体中，既得益于母体，同时也受限于银行的信贷思路。

目前，银行资产管理规模已达 26 万亿元以上，掌控着大量资金，在资产管理产业链条上，银行资产管理被称为最大的"甲方"，但同时也面临其他市场化程度更高的资产管理机构的挑战，其挑战点在于与券商、基金无法媲美的激励机制，以及依托于银行体系的决策权制约等问题。银行资产管理人是一群极富中国特色的投行人。一方面他们从事的业务紧密联系市场，需要具备极高的专业性、流程效率和自主风险管理能力；另一方面银行资产管理业务自主经营空间较小，没有在风险管理上与传统银行信贷体系实现实质性的隔离，种种因素致使银行资产管理人在很多时候是在"夹缝"中做业务。应该说，在银行做资产管理需要具备更高的综合素质，除去熟知资本市场各类业务，对表内各项业务具体操作及风控点也要有非常明确的认知。

影响银行资产管理人职业生涯的主要原因是缺乏职业规划，没有明确的发展方向和目标。这一点在笔者身上体现得比较明显。在对未来迷茫的状态下，难免会失去前进的动力。做资产管理英雄不问出处，有追求才有未来。什么是资产管理的目标，很简单，就是追求年稳定收益率。管理资金的规模大小不是追求，而稳定的收益率才是硬道理。所以，优秀的资产管理人必须给自己确定一个目标，也只有这样你才知道自己该怎么努力。很多人平时被行情所困惑，大部分时间看报表查资料听消息，唯独忘记最重要的学习。能否掌控机遇，关键在于你对机遇的驾驭能力，而驾驭机遇的能力完全来自学习和提高自我。研究经济和做金融业务的人都知道，这是一个知识常新的领域，不学习就会倒退。

以笔者所在的部门来说，每一个资产管理产品经理在银行的从业经历都不同，每个人的教育背景、业务能力也都不尽相同。从2015年初首次接触资产管理业务开始，某银行系统内首笔定向增发、首笔平层模式债券配资等，这些工作都是在笔者所在的部门落地的，尽管两年之内无论从部门人员配置抑或产品业务类型都有一定的变化，但是广州分行资产管理团队的资产管理人从未停止在业务道路上的探索与追求。资产管理业务常做常新，需要源源不断的知识储备输入。此外，大多数资产管理业务对时效性的要求远远超过传统信贷业务，以上种种对每一个从事资产管理业务的产品经理提出了更高的要求。上至总行、下至分行的银行资产管理人日复一日用高度饱满的工作热情对待每一笔业务。但是银行资产管理目前仍存在各式各样的问题，与一直以来银行的整体运作模式有关。在银行的庞大体系中，人的作用相对弱化。近几年，资产管理业务成为新的利润中心之后，地位逐渐上升，虽然资产端的依附程度日渐降低，但资金端的关联依然无法取代。鉴于此，每个银行资产管理人都应清晰地认识到，在短时间内体制改变的可能性不大，推动整个银行资产管理业务发展的动力更多地来源于基层，来源于每个资产管理产品经理做的每一项业务，通过不断探索新的业务模式，找到在资本市场最大限度发挥银行优势的契合点，是每个银行资产管理人一以贯之的目标。

银行资产管理人，和千千万万奋斗在工作第一线的职员一样，有着平凡的小追求，比如按时下班回家吃饭；也有珍贵的梦想，比如一点一滴自我实现。这样的一群人和很多人一样，一面回顾过去总结得失，一面期冀未来暗自蓄力。

一个段子引发的财富思考

汉口银行青山支行　陈飞翔

最近在网上看到很火的一个段子，讲的是这样一个故事：A 先生，开电子厂的，员工近百人，去年的利润只有 7 万元。B 先生，啥也没做，前年在深圳买了套房，涨了 280 万元。C 先生，外企高管，去年重仓美股，涨幅跟 B 先生的房子差不多，一年下来，他成了三人中收益最高的人。

外行看热闹，内行看门道。在莞尔一笑之余，作为专业理财师的我，也不禁思索起这个段子里的深意。

思考之一：专业理财师的核心竞争力在哪里？

现在不少人都有这样一个观点：认为自己买个房或者选一只股，一年下来，收益轻松超过专业理财师。谈到投资时，有客户这样说："我 2015 年 1 月满仓，6 月清仓，本金翻了一番。"也有客户这样说："我去年在武汉买的房，现在已经涨了 50%。"乍听上去，似乎挺有道理。一个银行最专业的理财师，用最完善的资产配置，一年也不过 6 ~ 7 个百分点的收益。但是仔细回想客户说的话，我发现他们忽略了投资学里从头到尾都在讲的一个词——风险。然而"控制风险"正是理财师的核心竞争力。

巴菲特说过："在最顺利的时候，也必须牢记风险。"如果炒股的客户 2015 年 6 月没有清仓，那么他可能在 1 年后割肉离场；又或者是碰巧投资港股，满仓买入一天就跌了 85% 的辉山乳业；炒房子的客户也一样，谁能保证他不会碰到 1992 年海南房地产崩盘，或者是 2012 年鄂尔多斯地产泡沫。

风险来自你不知道自己在做什么，也许你在某一个时点，跟风或无意识地投资了某项资产，幸运的是资产涨了很多，那么你就认为自己找到了赚钱的法宝，从此可以开始辉煌的人生。这种思维就是罗素提出的火鸡思维。在现实社会里，和圣诞节的火鸡一样，当系统风险或黑天鹅来临时，你通过归纳概括而得到的伪结论最终被无情地推翻了，无力回天时，你只会感到深深的遗憾。

理财师所做的努力，就是避免客户成为那只可怜的火鸡。运用他们的专业知识和投资技巧，合理规避风险。防止客户因为跟风炒作或者无意识地投资而导致生活困难甚至家破人亡。所以财富管理的核心思维并不是追求最高收益，而是通过降低投资收益的标准差和资产间的相关性，加强风险控制。并通过持续的复利，达到资产的保值增值。

思考之二：在经济新常态下如何正确配置资产？

在专业人士眼里，前文说的三个投资者都是不合格的，因为他们都没有进行资产配置，那么在经济新常态下，应该如何进行理财规划呢？

首先我们要搞清楚什么是经济新常态。简单地说：经济新常态分为两个方面六大特征。两个方面一是调结构稳增长的经济，而不是总量经济；二是着眼于经济结构的对称态及在对称态基础上的可持续发展，而不仅仅是 GDP、人均 GDP 增长与经济规模最大化。经济新常态就是用增长促发展，用发展促增长。六大特征：一是增长速度由高速转向中高速；二是发展方式由规模速度型的粗放式增长向质量效率型的集约式增长转变；三是产业结构由中低端向中高端转换；四是增长动力由要素驱动向创新驱动转换；五是资源配置由市场起基础性作用向起决定性作用转换；六是经济福祉由非均衡型向包容共享型转换。

段子中的 A 先生投资了实体经济，一个厂子养活了近百人，对社会的贡献毫无疑问是三个人中最大的。那么为什么他的利润只有区区 7 万元？用中国经济新常态的六大特征比照一下可知，A 先生所开的厂，明显不符合新常态特征中的第 2、3、4 条。由此可以看出，A 先生赚不到钱不是因为他不努力，也不是因为他吃喝玩乐，而是企业结构的问题，原有的生产力适应不了新的生产标准。所以要对症下药，以 A 先生的企业为中心，做财富管理。一是税务筹划，开源节流。看看 A 先生企业的财务报表有没有问题，能不能合理节税。二是人员调整，精兵简政。改革必然伴有阵痛，现在的人员结构是 A 先生企业的最大问题，应将过剩岗位人员调整到需求岗位，进行转岗，并视情况淘汰掉部分创造效益很低的员工。三是引进资本，做大做强。通过股权融资、定向增发等手段吸引资金，用来聘请高级人才和引入先进设备。四是想好退路，防范风险。可以通过保险规划来避免企业因为破产而导致生活困难的风险。

段子中的 B 先生代表着大部分中国工薪阶层，买房付个首付，其他的贷款，每天看着房价蹭蹭上涨，干起活来也有劲。沾了房价飙涨的光，B 先生当然是得意扬扬，如雷军说的："站在台风口，猪都可以飞起来。"可是有没有想过，台风过了，猪也会摔下来。中国经济正在逐渐摆脱以房地产业为 GDP 增长点的经济模式。新常态的第二个方面（着眼于经济结构的对称态及在对称态基础上的可持续发展，而不仅仅是 GDP、人均 GDP 增长与经济规模最大化）说的就是这个道理，中央高层不止一次谈到了房子应该恢复居住功能，而不是投机。政策也在不断紧缩，如周小川行长 3 月在博鳌论坛中说的，全世界的 QE 都已接近周期尾部，货币政策或将不会宽松。如果 B 先生是贷款买房，持有房产会不会觉得寝食难安？所以 B 先生的财富管理应围绕房产进行。一是进行财务诊断，看看 B 先生家庭的收入支出和资产负债情况。房屋贷款是否在合理范围内。二是制定保险规划，防范 B 先生出现意外，如失能或失业对家庭造成的影响。三是制定投资规划，B 先生的收入有限，前期主要是靠房产使财富增值，应进行多元化投资以对冲风险。四是制定养老规划，及早计算养老缺口（含通胀）并储备资金。

段子中笑得最开心的是 C 先生，可谓人生赢家。他不仅是外企高管，工作好、收入高，而且有头脑，不跟风操作，不盲目投资。美股不是谁都能买的，中国证券市场可以买的是 B 股，和 C 先生操盘美股完全不是一个概念。A 先生投资了实体经济，一个厂子养活了近百个人，对国家、对员工毫无疑问贡献是最大的。B 先生投资了房产，虽然有泡沫，但是资金一直在国内流转，也从侧面为国家贡献了 GDP。C 先生要投资美股，必先将人民币换汇成美元，再通过美元购买美股，国内资本外流。论收益，C 先生是最高的；但是论贡献，C 先生最低。这是由 C 先生的投资方式决定的，是改变不了的事情。在经济新常态下，中国必将走出 L 底，而国外因为各种政策的不确定性，反而变数更大，C 先生的财富管理应围绕着投资来进行。一是员工持股，高管一般有股权激励，C 先生应计算手中的股权何时变现最划算。二是汇率套期保值，在汇率走势不明朗的情况下，锁定远期汇率，可进可退。三是创业规划，若 C 先生看好国内市场和资源，可将外企先进经验引入国内，并创业成立一家公司。四是子女教育储蓄，计算未来子女教育支出并贴现，储蓄一笔资金。五是保险规划，按照生命价值法规划，身故后为家庭留下一笔财富。

思考之三：财富管理，贵在持之以恒

如果是笔者编段子，一定要加上一个 D 先生。D 先生在银行请了一个理财师做了一个 200 万元的资产配置，上年赚了 10 万元。A、B、C 三人不屑一顾。30 年后，四个人又碰到了一起，这个时候 A 先生的企业转型失败；B 先生早已为房子耗尽了青春，国家调控，遏制住了房子猛涨的势头；由于金融风暴，C 先生被外企裁员，老无所依。只有 D 先生因为持续、正确的投资，不仅周游了世界，还有一大笔钱安享晚年。这个段子的结局是有长期资产配置的 D 先生笑到了最后。

段子毕竟是段子，而现实中的财富管理有两个回避不了的问题，一是虽然现在我国的私人银行业务飞速发展，理财客户规模也在不断地增加，从业人员理财素质也在不断提高，但是理财圈子里存在一股浮躁的风气，理财客户来到私人银行只谈收益不谈风险，理财经理为客户配置资产想的只是短期业绩不想长期规划，所以造成了客户和理财经理之间的相互不信任。如何解决客户与理财经理之间的相互信任问题，让客户能够放心地把积蓄交给理财经理打理？

二是技术上的革命，2017 年 2 月中旬，《麻省理工科技评论》称，2000 年高盛总部的现金股票交易柜台，雇用了 600 名交易员为机构客户进行股票买卖。但时至今日，却仅剩下 2 名交易员"看守"柜台。在国内，银行也正在转型，采取新的交易方式，银行的柜台越来越少，机器越来越多。民生银行的离柜业务率达到了 99%，网上也有智能理财出现，如招商银行的"摩羯智投"，不吃不喝不睡，还很专业。试问现在理财师的核心竞争力在哪里？

未来的财富管理，既离不开客户对理财师的信任，也离不开智能化的交易系统。这是时代发展的必然趋势。在未来，理财师的核心竞争力来自三个持之以恒。一是理财师服务上的持之以恒。国外的理财师都是家族顾问式的，一个人服务几代人，几十年如一日，这种感觉永远是机器给不了的。二是财富管理上的持之以恒。如果一个资产配置，连理财师自己都坚持不了30年，如何说服他人坚持下去。三是理财师学习上的持之以恒。一项技术、一个产品会很快更新，理财师要不断地学习新知识，才能够站在财富管理的最前沿！

图书在版编目（CIP）数据

回归本源 规范发展：第二届财富管理征文大赛作品汇编/中国银行业协会理财业务专业委员会编 . -- 北京：社会科学文献出版社，2018.8
ISBN 978 - 7 - 5201 - 2594 - 9

Ⅰ.①回… Ⅱ.①中… Ⅲ.①资产管理 - 文集 Ⅳ.①F830.593 - 53

中国版本图书馆 CIP 数据核字（2018）第 079008 号

回归本源 规范发展
——第二届财富管理征文大赛作品汇编

编　　者 / 中国银行业协会理财业务专业委员会

出 版 人 / 谢寿光
项目统筹 / 杜文婕
责任编辑 / 高　启　高振华

出　　版 / 社会科学文献出版社·区域发展出版中心（010）59367143
　　　　　　地址：北京市北三环中路甲 29 号院华龙大厦　邮编：100029
　　　　　　网址：www.ssap.com.cn
发　　行 / 市场营销中心（010）59367081　59367018
印　　装 / 三河市尚艺印装有限公司

规　　格 / 开 本：787mm × 1092mm　1/16
　　　　　　印 张：24.75　字 数：393 千字
版　　次 / 2018 年 8 月第 1 版　2018 年 8 月第 1 次印刷
书　　号 / ISBN 978 - 7 - 5201 - 2594 - 9
定　　价 / 68.00 元

本书如有印装质量问题，请与读者服务中心（010 - 59367028）联系